U0717476

纯粹哲学丛书

黄裕生 主编

本书为教育部2024年社科规划项目"通观的真理"（24YJA720015）研究成果；2022年福建省社科规划重点项目"真理的通观性理论研究"（FJ2022A020）研究成果

通观的真理

TONGGUAN DE ZHENLI

概念、谱系、功能及意义研究

周建漳　著

江苏人民出版社

图书在版编目(CIP)数据

通观的真理：概念、谱系、功能及意义研究/ 周建
漳著. -- 南京：江苏人民出版社，2025. 7. -- (纯粹
哲学丛书). -- ISBN 978 - 7 - 214 - 29318 - 3

Ⅰ. B023.3

中国国家版本馆 CIP 数据核字第 2024E59136 号

书　　　名	通观的真理——概念、谱系、功能及意义研究
著　　　者	周建漳
责 任 编 辑	薛耀华
装 帧 设 计	许文菲
责 任 监 制	王　娟
出 版 发 行	江苏人民出版社
地　　　址	南京市湖南路 1 号 A 楼,邮编:210009
照　　　排	江苏凤凰制版有限公司
印　　　刷	江苏凤凰通达印刷有限公司
开　　　本	652 毫米×960 毫米　1/16
印　　　张	20.25　插页 3
字　　　数	263 千字
版　　　次	2025 年 7 月第 1 版
印　　　次	2025 年 7 月第 1 次印刷
标 准 书 号	ISBN 978 - 7 - 214 - 29318 - 3
定　　　价	86.00 元

(江苏人民出版社图书凡印装错误可向承印厂调换)

从纯粹的学问到真实的事物
——"纯粹哲学丛书"改版序

江苏人民出版社自 2002 年出版这套"纯粹哲学丛书"已有五年，共出书 12 本，如今归入凤凰出版传媒集团"凤凰文库"继续出版，趁改版机会，关于"纯粹哲学"还有一些话要说。

"纯粹哲学"的理念不只是从"纯粹的人"、"高尚的人"、"摆脱私利"、"摆脱低级趣味"这些意思引申出来的，而是将这个意思与专业的哲学问题，特别是与德国古典哲学的问题结合起来思考，提出"纯粹哲学"也是希望"哲学""把握住""自己"。

这个提法，也有人善意地提出质询，谓世上并无"纯粹"的东西，事物都是"复杂"的，"纯粹哲学"总给人以"脱离实际"的感觉。这种感觉以我们这个年龄段或更年长些的人为甚。当我的学生刚提出来的时候，我也有所疑虑，消除这个疑虑的理路，已经在 2002 年的"序"中说了，过了这几年，这个理路倒是还有一些推进。

"纯粹哲学"绝不是脱离实际的，也就是说，"哲学"本不脱离实际，也不该脱离实际，"哲学"乃是"时代精神"的体现；但是"哲学"也不是要"解决"实际的具体问题，"哲学"是对于"实际-现实-时代""转换"一个"视角"。"哲学"以"哲学"的眼光"看""世界","哲学"以"自己"的眼光"看"世界,也就是以"纯粹"的眼光"看"世界。

为什么说"哲学"的眼光是"纯粹"的眼光?

"纯粹"不是"抽象",只有"抽象"的眼光才有"脱离实际"的问题,因为它跟具体的实际不适合;"纯粹"不是"片面",只有"片面"的眼光才有"脱离实际"的问题,因为"片面"只"抓住-掌握""一面",而"哲学"要求"全面"。只有"全面-具体"才是"纯粹"的,也才是"真实的"。"片面-抽象"都"纯粹"不起来,因为有一个"另一面"、有一个"具体"在你"外面"跟你"对立"着,不断地从外面"干扰"你,"主动-能动"权不在你手里,你如何"纯粹"得起来?

所以"纯粹"应在"全面-具体"的意义上来理解,这样,"纯粹"的眼光就意味着"辩证"的眼光,"哲学"为"辩证法"。

人们不大谈"辩证法"了,就跟人们不大谈"纯粹"了一样,虽然可能从不同的角度来"回避"它们,或许以为它们是相互抵触的,其实它们是一致的。

"辩证法"如果按日常的理解,也就是按感性世界的经验属性或概念来理解,那可能是"抽象"的,但那不是哲学意义上的"辩证"。譬如冷热、明暗、左右、上下等等,作为抽象概念来说,"冷"、"热"各执一方,它们的"意义"是"单纯"的"抽象",它们不可以"转化",如果"转化"了,其"意义"就会发生混淆;但是在现实中,在实际上,"冷"和"热"等等是可以"转化"的,不必"变化"事物的温度,事物就可以由"热""转化"为"冷",在这个意义上,执著于抽象概念反倒会"脱离实际",而坚持"辩证法"的"转化",正是"深入""实际"的表现,因为实际上现实中的事物都是向"自己"的"对立面""转化"的。

哲学的辩证法正是以一种"对立面""转化"的眼光来"看-理解"世界的,不执著于事物的一面——偏,而是"看到-理解到"事物的"全面"。

哲学上所谓"全面",并非要"穷尽"事物的"一切""属性",而是"看到-理解到-意识到"凡事都向"自己"的"相反"方面"转化","冷"必然要"转化"为"非冷",换句话说,"冷"的"存在",必定要"转化"为"冷"的"非存在"。

在这个意义上,哲学的辩证法将"冷-热"、"上-下"等等"抽象-片面"的"对立""纯粹化"为"存在-非存在"的根本问题,思考的就是这种"存在-非存在"的"生死存亡"的"大问题"。于是,"哲学化"就是"辩证化",也就是"纯净化-纯粹化"。

这样,"纯粹化"也就是"哲学化",用现在流行的话来说,就是"超越化";"超越"不是"超越"到"抽象"方面去,不是从"具体"到"抽象",好像越"抽象"就越"超越",或者越"超越"就越"抽象",最大的"抽象"就是最大的"超越"。事实上恰恰相反,"超越"是从"抽象"到"具体","具体"为"事物"之"存在"、"事物"之"深层次"的"存在",而不是"表面"的"诸属性"之"集合"。所谓"深层",乃是"事物"之"本质","本质"亦非"抽象",而是"存在"。哲学将自己的视角集中在"事物"的"深层",注视"事物""本质"之"存在"。"事物"之"本质","本质"之"存在",乃是"纯粹"的事物。"事物"之"本质",也是"事物"之"存在",是"理性-理念"的世界,而非"驳杂"之"大千世界"-"感觉经验世界"。"本质-存在-理念"是"具体"的、"辩证"的,因而也是"变化-发展"的。并不是"现象""变"而"理念-本质""不变",如果"变"作为"发展"来理解,而不是机械地来理解,则恰恰是"现象"是相对"僵化"的,而"本质-理念"则是"变化-发展"的。这正是我们所谓"时间(变化发展)"进入"本体-本质-存在"的意义。

于是,哲学辩证法也是一种"历史-时间"的视角。我们面对的世界,是一个历史的世界、时间的世界,而不仅是僵硬地与我们"对立"的"客观世界"。"客观世界"也是我们的"生活世界",而"生活"是历史性的、时间性的,是变化发展的,世间万事万物无不打上"历史-时间"的"烙印","认出-意识到-识得"这个"烙印-轨迹",乃是哲学思考的当行,这个"烙印"乃是"事物-本质-存在""发展"的"历史轨迹",这个"轨迹"不是直线,而是曲线。"历史-时间"的进程是"曲折"的,其间充满了"矛盾-对立-斗争",也充满了"融合-和解-协调",充满了"存在-非存在"的"转化",充满了"对立面"的"转化"和"统一"。

以哲学-时间-历史的眼光看世界,世间万物都有相互"外在"的"关系"。"诸存在者"相互"不同",当然也处在相互"联系"的"关系网"中,其中也有"对立",譬如冷热、明暗、上下、左右之类。研究这种"外在"关系,把握这种"关系"当然是非常重要的,须得观察、研究以及实验事物的种种属性和他物的属性之间的各种"关系",亦即该事物作为"存在者"的"存在""条件"。"事物"处于"外在环境"的种种"条件""综合"之中,这样的"外在""关系"固不可谓"纯粹"的,它是"综合"的、"经验"的;然则,事物还有"自身"的"内在""关系"。

这里所谓的"内在""关系",并非事物的内部的"组成部分"的关系,这种把事物"无限分割"的关系,也还是把一事物分成许多事物,这种关系仍是"外在"的;这里所谓"内在"的,乃是"事物""自身"的"关系",不仅仅是这一事物与另一事物的关系。

那么,如何理解事物"自身"的"内在""关系"?"事物自身"的"内在""关系"乃是"事物自身""在""时间-历史"中"产生"出来的"非自身-他者"的"关系",乃是"是-非"、"存在-非存在"的"关系",而不是"白"的"变成""黑"的、"方"的"变成""圆"的等等这类关系。这种"是非-存亡"的关系,并不来自"外部",而是"事物自身"的"内部"本来就具备了的。这种"内在"的"关系"随着时间-历史的发展"开显"出来。

这样,事物的"变化发展",并非仅仅由"外部条件"的"改变"促使而成,而是由事物"内部自身"的"对立-矛盾"发展-开显出来的,在这个意义上，"内因"的确是"决定性"的。看到事物"变化"的"原因""在""事物自身"的"内部"，揭示"事物发展"的"内在原因"，揭示事物发展的"内在矛盾"，这种"眼光"，可以称得上是"纯粹"的（不是"驳杂"的），是"哲学"的，也是"超越"的，只是并不"超越"到"天上"，而是"深入"到事物的"内部"。

以这种眼光来看世界，世间万物"自身"无不"存在-有""内在矛盾"，一事物的"存在"必定"蕴涵"该事物的"非存在"，任何事物都向自身的"反面""转化"，这是事物自己就蕴涵着的"内在矛盾"。至于这个事物究竟"变成""何种-什么"事物，则要由"外部""诸种条件"来"决定"，但是哲学可以断言的，乃是该事物-世间任何事物都不是"永存"的，都是由"存在""走向-转化为""自己"的"反面"——"非存在"，"非存在"就"蕴涵""在"该事物"存在"之中。在这个意义上，我们对事物采取"辩证"的态度，也就是采取"纯粹"的态度，把握住"事物"的"内在矛盾"，也就是把握住了"事物自身"，把握住了"事物自身"，也就是把握住了"事物"的"内在""变化-发展"，而不"杂"有事物的种种"外部"的"关系"；从事物"外部"的种种"复杂关系"中"摆脱"出来，采取一种"自由"的、"纯粹"的态度，抓住"事物"的"内在关系"，也就是"抓住"了事物的"本质"。

抓住事物的"本质"，并非不要"现象"，"本质"是要通过"现象""开显"出来的，"本质"并非"抽象概念"，"本质"是"现实"，是"存在"，是"真实"，是"真理"；抓住事物的"本质"，就是要"透过现象看本质"。"哲学"的眼光，"纯粹"的眼光，"辩证"的眼光，"历史"的眼光，正是这种"透过现象""看""本质"的眼光。

"透过现象看本质"，"现象"是"本质"的，"本质"也是"现象"的，"本质""在""现象"中，"现象"也"在""本质"中。那么，从"本质"的眼光来"看""现象-世界"又复何如？

从"纯粹"的眼光来"看""世界",则世间万物固然品类万殊,但无不"在""内在"的"关系"中。"一事物"的"是-存在"就是"另一事物"的"非-非存在","存在""在""非存在"中,"非存在"也"在""存在"中;事物的"外在关系",原本是"内在关系"的"折射"和"显现"。世间很多事物,在现象上或无直接"关系",只是"不同"而已。譬如"风马牛不相及","认识到-意识到""马""牛"的这种"不同"大概并不困难,是一眼就可以断定的。对于古代战争来说,有牛无马,可能是一个大的问题。对于古代军事家来说,认识到这一点也不难,但是要"意识到-认识到""非存在"也"蕴涵着""存在",二者是一而二、二而一的,并不因为"有牛无马"而放弃战斗,就需要军事家有一点"大智慧"。如何使"非存在""转化"为"存在"? 中国古代将领田单的"火牛阵"是以"牛"更好地发挥"马"的战斗作用的一例,固然并非要将"牛""装扮"成"马",也不是用"牛"去"(交)换""马",所谓"存在-非存在"并非事物之物理或生物的"属性"可以涵盖得了的。"存在-非存在"有"历史"的"意义"。

就我们哲学来说,费希特曾有"自我""设定""非我"之说,被批评为主观唯心论,批评当然是很对的,他那个"设定"会产生种种误解;不过他所论述的"自我"与"非我"的"关系"却是应该被重视的。我们不妨从一种"视角"的"转换"来理解费希特的意思:如"设定"——采取一种"视角"——"A-存在",则其他诸物皆可作"非 A-非存在"观。"非 A"不"=(等于)""A",但"非 A"却由"A""设定","非存在"由"存在""设定"。我们固不可说"桌子"是由"椅子""设定"的,这个"识见"是"常识"就可以判断的,没有任何哲学家会违反它,但是就"椅子"与"非椅子"的关系来说,"桌子"却是"在""非椅子"之内,而与"椅子"有一种"对立统一"的关系,"非椅子"是由于"设定"了"椅子"而来的。扩大开来说,"非存在"皆由"存在"的"设定"而来,既然"设定""存在",则必有与其"对立"的"反面"——"非存在""在","非存在"由"存在""设定",反之亦然。

"我"与"非我"的关系亦复如是。"意识-理性""设定"了"我",有了"自我意识",则与"我""对立"的"大千世界"皆为"非我",在这个意义上,"非我"乃由"(自)我"之"设定"而"设定",于是"自我""设定""非我"。我们看到,这种"设定"并不是在"经验"的意义上来理解的,而是在"纯粹"的意义上来理解的,"自我"与"非我"的"对立统一"关系乃是"纯粹"的、"本质"的、"哲学"的、"历史"的,因而也是"辩证"的。我们决不能说,在"经验"上大千世界全是"自我""设定"——或者叫"建立"也一样——的,那真成了狄德罗批评的,作如是观的脑袋成了一架"发疯的钢琴"。哲学是很理性的学问,它的这种"视角"的转换——从"经验"的"转换"成"超越"的,从"僵硬"的"转换"成"变化发展"的,从"外在"的"转换"成"内在"的——并非"发疯"式的胡思乱想,恰恰是很有"理路"的,而且还是很有"意义"的:这种"视角"的"转换",使得从"外在"关系看似乎是"风马牛不相及"的"事物"都有了"内在"的联系。"世界在普遍联系之中"。许多事物表面上"离"我们很"远",但作为"事物本身-自身-物自体"看,则"内在"着-"蕴涵"着"对立统一"的"矛盾"的"辩证关系",又是"离"我们很"近"的。海德格尔对此有深刻的阐述。

"日月星辰"就空间距离来说,离我们人类很远很远,但它们在种种方面影响人的生活,又是须臾不可或离的,于是在经验科学尚未深入研究之前,我们祖先就已经在自己的诗歌中吟诵着它们,也在他们的原始宗教仪式中膜拜着它们;尚有那人类未曾识得的角落,或者时间运行尚未到达的"未来",我们哲学已经给它们"预留"了"位置",那就是"非我"。哲学给出这个"纯粹"的"预言",以便一旦它们"出现",或者我们"发现"它们,则作出进一步的科学研究。"自我"随时"准备"

着"迎接""非我"的"挑战"。

"自我"与"非我"的这种"辩证"关系,使得"存在"与"非存在""同出一元",都是我们的"理性""可以把握-可以理解"的:在德国古典哲学,犹如黑格尔所谓的"使得""自在-自为之物""转化"为"为我之物";在海德格尔,乃是"存在"为"使存在",是"动词"意义上的"存在","存在"与"非存在"在"本体论-存在论"上"同一"。

就知识论来说,哲学这种"纯粹"的"视角"的"转换",也有相当重要的意义。知识论也"设定"一个不以人的意志为转移的"客体",这个"客体"乃是一切经验科学的"对象",也是"前提",但是哲学"揭示"着"客体"与"主体"也是"对立统一"的"辩证关系",一切"非主体"就是"客体",于是仍然在"存在-非存在"的关系之中,那一时"用不上"的"未知"世界,同样与"主体"构成"对立统一"关系,从而使"知识论"展现出广阔的天地,成为一门有"无限"前途的"科学",而不局限于"主体-人"的"眼前"的"物质需求"。哲学使人类知识"摆脱""急功近利"的"限制",使"知识"成为"自由"的。"摆脱""急功近利"的"限制",也就是使"知识-科学"有"哲学"的"涵养",使"知识-科学"也"纯粹"起来,使"知识-科学"成为"自由"的。古代希腊人在"自由知识"方面给人类的贡献使后人受益匪浅,但这种"自由-纯粹"的"视角",当得益于他们的"哲学"。

从这个意义来看,我们所谓的"纯粹哲学",一方面当然是很"严格"的,从康德到黑格尔的德国古典哲学,哲学有了自己很专业的一面,再到胡塞尔,曾有"哲学"为"最为""严格"(strict-strenge)之称;另一方面,"纯粹哲学"就其题材范围来说,又是极其广阔的。"哲学"的"纯粹视角",原本就是对于那表面上似乎没有关系的、在时空上"最为遥远"的"事物",都能"发现"有一种"内在"的关系。"哲学"有自己的"远"、"近"观。"秦皇汉武"已是"过去"很多年的"事情",但就"纯粹"的"视角"看也并不"遥远",它仍是伽达默尔所谓的"有效应的历史",仍在"时间"的"绵延"之"中",它和"我们"有"内在"的关系。

于是,从"纯粹哲学"的"视角"来看,大千世界、古往今来,都"在""视野"之"中",上至"天文",下至"地理","至大无外"、"至小无内",无不可以"在""视野"之"中";具体到我们这套丛书,在选题方面也就不限于讨论康德、黑格尔、海德格尔等等专题,举凡社会文化、政治经济、自然环境、诗歌文学,甚至娱乐时尚,只要以"纯粹"的眼光,有"哲学"的"视角",都在欢迎之列。君不见,法国福柯探讨监狱、疯癫、医院、学校种种问题,倡导"穷尽细节"之历史"考古"观,以及论题不捐细小的"后现代"诸公,其深入程度,其"解构"之"辩证"运用,岂能以"不纯粹"目之?

"纯粹哲学丛书"改版在即,有以上的话想说,当否敬请读者批评指正。

叶秀山
2007 年 7 月 10 日于北京

序"纯粹哲学丛书"

　　人们常说,做人要像张思德那样,做一个"纯粹的人",高尚的人,如今喝水也要喝"纯净水",这大概都没有什么问题;但是说到"纯粹哲学",似乎就会引起某些怀疑,说的人,为避免误解,好像也要做一番解释,这是什么原因? 我想,这个说法会引起质疑,是有很深的历史和理论的原因的。

　　那么,为什么还要提出"纯粹哲学"的问题?

　　现在来说"纯粹哲学"。说哲学的"纯粹性",乃是针对一种现状,即现在有些号称"哲学"的书或论文,已经脱离了"哲学"这门学科的基本问题和基本要求,或者可以说,已经没有什么"哲学味",但美其名曰"生活哲学"或者甚至"活的哲学",而对于那些真正探讨哲学问题的作品,反倒觉得"艰深难懂",甚至断为"脱离实际"。在这样的氛围下,几位年轻的有志于哲学研究的朋友提出"纯粹哲学"这个说法,以针砭时弊,我觉得对于哲学作为一门学科的发展是有好处的,所以也觉得是可以支持的。

　　人们对于"纯粹哲学"的疑虑也是由来已久。

　　在哲学里,什么叫"纯粹"? 按照西方哲学近代的传统,"纯粹"

(rein，pure)就是"不杂经验"、"跟经验无关"，或者"不由经验总结、概括出来"这类的意思，总之是和"经验"相对立的意思。把这层意思说得清楚彻底的是康德。

康德为什么要强调"纯粹"？原来西方哲学有个传统观念，认为感觉经验是变幻不居的，因而不可靠，"科学知识"如果建立在这个基础上，那么也是得不到"可靠性"，这样就动摇了"科学"这样一座巍峨的"殿堂"。这种担心，近代从法国的笛卡尔就表现得很明显，而到了英国的休谟，简直快给"科学知识""定了性"，原来人们信以为"真理"的"科学知识"竟只是一些"习惯"和"常识"，而这些"习俗"的"根据"仍然限于"经验"。

为了挽救这个似乎摇摇欲坠的"科学知识"大厦，康德指出，我们的知识虽然都来自感觉经验，但是感觉经验之所以能够成为"科学知识"，能够有普遍的可靠性，还要有"理性"的作用。康德说，"理性"并不是从"感觉经验"里"总结-概括"出来的，它不依赖于经验，如果说，感觉经验是"杂多-驳杂"的，理性就是"纯粹-纯一"的。杂多是要"变"的，而纯一就是"恒"，是"常"，是"不变"的；"不变"才是"必然的"、"可靠的"。

那么，这个纯一的、有必然性的"理性"是什么？或者说，康德要人们如何理解这个（些）"纯粹理性"？我们体味康德的哲学著作，渐渐觉得，他的"纯粹理性"说到最后乃是一种形式性的东西，他叫"先天的"——以"先天的"译拉丁文 a priori 不很确切，无非是强调"不从经验来"的意思，而拉丁文原是"由前件推出后件"，有很强的逻辑的意味，所以国外有的学者干脆就称它作"逻辑的"，意思是说，后面的命题是由前面的命题"推断"出来的，不是由经验的积累"概括"出来的，因而不是经验的共同性，而是逻辑的必然性。

其实，这个意思并不是康德的创造，康德不过是沿用旧说；康德的创造性在于他认为旧的哲学"止于"此,就把科学知识架空了,旧的逻辑只是"形式逻辑"——"止于"形式逻辑,而科学知识是要有内容的。康德觉得,光讲形式,就是那么几条,从亚里士多德创建形式逻辑体系以来,到康德那个时代,并没有多大的进步,而科学的知识,日新月异,"知识"是靠经验"积累"的,逻辑的推演,后件已经包含在前件里面,推了出来,也并没有"增加"什么。所以,康德哲学在"知识论"的范围里,主要的任务是要"改造"旧逻辑,使得"逻辑的形式"和"经验的内容"结合起来,也就是像有的学者说的,把"逻辑的"和"非逻辑的"东西结合起来。

从这里,我们看到,即使在康德那里,"纯粹"的问题,也不是真的完全"脱离实际"的;恰恰相反,康德的哲学工作,正是要把哲学做得既有"内容",而又是"纯粹"的。这是一件很困难的工作,康德做得很艰苦,的确也有"脱离实际"的毛病,后来受到很多的批评,但是就其初衷,倒并不是为了"钻进象牙之塔"的。

康德遇到了什么困难?

我们说过,如果"理性"的工作,只是把感觉经验得来的材料加工酿造,提炼出概括性的规律来,像早年英国的培根说的那样"归纳"出来的,那么,一来就不容易"保证""概括"出来的东西一定有普遍必然性,二来这时候,"理性"只是"围着经验转",也不大容易保持"自己",这样理解的"理性",就不会是"纯粹"的。康德说,他的哲学要来一个"哥白尼式的大革命",就是说,过去是"理性"围着"经验"转,到了我康德这里,就要让"经验"围着"理性"转,不是让"纯粹"的东西围着"不纯"的东西转受到"污染",而是让"不纯"的东西围着"纯粹"的东西转得到"净化"。这就是康德说的不让"主体"围着"客体"转,而让"客体"围着"主体"转的意义所在。

我们看到,不管谁围着谁转,感觉经验还是不可或缺的,康德主观上并不想当"脱离实际"的"形式主义者";康德的立意,还是要改造旧逻辑,克服它的"形式主义"的。当然,康德的工作也只是一种探索,有许多值得商讨的地方。

说实在的,在感觉经验和理性形式两个方面,要想叫谁围着谁转都不很容易,简单地说一句"让它们有机地结合起来"当然并不解决问题。

康德的办法是提出一个"先验的"概念来统摄感觉经验和先天理性这两个方面,并使经验围着理性转,以保证知识的"纯粹性"。

康德的"先验的"原文为 transcendental,和传统的 transcendent 不同,后者就是"超出经验之外"的意思,而前者为"虽然不依赖经验但还是在经验之内"的意思。

康德为什么要把问题弄得如此的复杂?

原来康德要坚持住哲学知识论的纯粹性而又具有经验的内容,要有两个方面的思想准备。一方面"理性"要妥善地引进经验的内容,另一方面要防止那本不是经验的东西"混进来"。按照近年的康德研究的说法,"理性"好像一个王国,对于它自己的王国拥有"立法权",凡进入这个王国的都要服从理性为它们制定的法律。康德认为,就科学知识来说,只有那些感觉经验的东西,应被允许进入这个知识的王国,成为它的臣民;而那些根本不是感觉经验的东西,亦即不能成为经验对象的东西,譬如"神-上帝",乃是一个"观念-理念",在感觉经验世界不存在相应的对象,所以它不能是知识王国的臣民,它要是进来了,就会不服从理性为知识制定的法律,在这个王国里,就会闹矛盾,而科学知识是要克服矛盾的,如果出现不可避免的矛盾,知识王国-科学的大厦,就要土崩瓦解了。所以康德在他的第一批判——《纯粹理性批判》里,一方面要仔细研究理性的立法作用;另一方面要仔细厘定理性的职权范围,防止越出经验的范围之外,越过了自己的权限——防止理性的僭越,管了那本不是它的臣民的事。所以康德的"批判",有"分析"、"辨析"、"划界限"的意思。

界限划在哪里?正是划在"感觉经验"与"非感觉经验-理性"上。对于那些不可能进入感觉经验领域的东西,理性在知识王国里,管不了它们,它们不是这个王国的臣民。

康德划这一界限还是很有意义的,这样一来,举凡宗教信仰以及想涵盖信仰问题的旧形而上学,都被拒绝在"科学知识"的大门以外了,因为它们所涉及的"神-上帝"、"无限"、"世界作为一个大全"等等,就只是一些"观念"(ideas),而并没有相应的感觉经验的"对象"。这样,康德就给"科学"和"宗教"划了一条严格的界限,而传统的旧形而上学,就被断定为"理性"的"僭越";而且理性在知识范围里一"僭越",就会产生不可克服的矛盾,这就是他的有名的"二律背反"。

在这个意义上,我们看到,在知识论方面,康德恰恰是十分重视感觉经验的,也是十分重视"形式"和"内容"的结合的。所以批评康德知识论是"形式主义",猜想他是不会服气的,他会说,他在《纯粹理性批判》里的主要工作就是论证"先天综合判断"如何可能,既然是"综合"的,就不是"形式"的,在这方面,他是有理由拒绝"形式主义"的帽子的;他的问题出在那些不能进入感觉经验的东西上。他说,既然我们所认知的是事物能够进入感觉经验的一面,那么,那不能进入感觉经验的另一面,就是我们科学知识不能达到的地方,我们在科学上则是一无所知;而通过我们的感官进得来的,只是一些印象(impression)、表象(appearance),我们的理性在知识上,只能对这些东西根据自己立的法律加以"管理",使之成为科学的、具有必然真理性的知识体系,所以我们的科学知识"止于""现象"(phenomena),而"物自身"(Dinge an sich)、"本体"(noumena)则是"不可知"的。

原来,在康德那里,这种既保持哲学的纯粹性,又融入经验世界的"知识论"是受到"限制"的,康德自己说,他"限制""知识",是为"信仰"留有余地。那么,就我们的论题来说,康德所理解的"信仰"是不是只是"形式"的? 应该说,也不完全是。

我们知道,康德通过"道德"引向"宗教-信仰"。"知识"是"必然"的,所以它是"科学";"道德"是"自由"的,所以它归根结蒂不能形成一门"必然"的"科学知识"。此话怎讲?

"道德"作为一门学科,讨论"意志"、"动机"、"效果"、"善恶"、"德性"、"幸福"等问题。如果作为科学知识来说,它们应有必然的关系,才是可以知道、可以预测的;但是,道德里的事,却没有那种科学的必然性,因而也没有那种"可预测性"。在道德领域里,一定的动机其结果却不是"一定"的;"德性"和"幸福"就更不是可以"推论"出来的。世上有德性的得不到幸福,比比皆是;而缺德的人往往是高官得做、骏马得骑。有那碰巧了,既有些德性,也有些幸福的,也就算是老天爷开恩了。于是,我们看到,在经验世界里,"德性"和"幸福"的统一,是偶尔有之,是偶然的,不是必然的。我们看到一个人很幸福,不能必然地推断他一定就有德性,反之亦然。在这个意义上,这种关系,是不可知的。

所谓"不可知",并不是说我们没有这方面的感觉经验的材料,对于人世的"不公",我们深有"所感";而是说,这些感觉材料,不受理性为知识提供的先天法则的管束,形不成必然的推理,"不可知"乃是指的这层意思。

"动机"和"效果"也是这种关系,我们不能从"动机"必然地"推论"出"效果",反之亦然。也就是说,我们没有足够的理由说一个人干了一件"好事",就"推断"他的"动机"就一定也是"好"的;也没有足够的理由说一个人既然动机是好的,就一定会做出好的事情来。

之所以会出现这种情况,乃是因为"道德"的问题概出于意志的

"自由",而"自由"和"必然"是相对立的。

要讲"纯粹",康德这个"自由"是最"纯粹"不过的了。"自由"不但不能受"感觉经验-感性欲求"一点点的影响,而且根本不能进入这个感觉经验的世界,就是说,"自由"不可能进入感性世界成为"必然"。这就是为什么康德把他的《实践理性批判》的主要任务定为防止"理性"在实践-道德领域的"降格":理性把原本是超越的事当做感觉经验的事来管理了。

那么,康德这个"自由"岂不是非常的"形式"了?的确如此。康德的"自由"是理性的"纯粹形式",它就问一个"应该",向有限的理智者发出一道"绝对命令",至于真的该做"什么",那是一个实际问题,是一个经验问题,实践理性并不给出"教导"。所以康德的伦理学,不是经验的道德规范学,而是道德哲学。

那么,康德的"纯粹理性"到了"实践-道德"领域,反倒更加"形式"了?如果康德学说止于"伦理学",止于"自由",则的确会产生这个问题;但是我们知道,康德的伦理道德乃是通向宗教信仰的桥梁,它不止于此。康德的哲学"止于至善"。

康德解释所谓"至善"有两层含义:一是指单纯意志方面的,是最高的道德的善;一是更进一层为"完满"的意思。这后一层的意义,就引向了宗教。

在"完满"意义上的"至善",就是我们人类最高的追求目标:"天国"。在这个意义上,我们人类要不断地修善,"超越""人自身"——已经孕育着尼采的"超人"(?),而争取进入"天国"。

在"天国"里,一切的分离对立都得到了"统一"。"天国"不仅仅是"理想"的,而且是"现实"的。在"天国"里,凡理性的,也就是经验的,反之亦然。在那里,"理性"能够"感觉"、"经验的",也就是"合理的",两者之间有一种"必然"的关系,而不像在尘世那样,两者只是偶尔统一。这样,在那个世界,我们就很有把握地说,凡是幸福的,就一定是有德的,而绝不会像在人间尘世那样,常常出现"荒诞"的局面,让那有德之人受苦,而缺德之人却得善终。于是,在康德的思想里,"天国"恰恰不是"虚无缥缈"的,而是实实在在的,它是一个"理想",但也是一个"现实";甚至我们可以说,唯有"天国"才是既理想又现实的,于是,我们可以说这是一种"完满"意义上的"至善"。

想象一个美好的"上天世界"并不难,凡是在世间受到委屈的人都会幻想一个美妙的"天堂",好像在那里他的委屈就会得到平复;但是建立在想象和幻想上的"天堂",是很容易受到怀疑和质询的,从中国古代屈原的"天问",直到近年描写莫扎特的电影 *Amadeus*,都向这种想象的产物发出了疑问,究其原因,乃是这个"天堂"光是"理想"的,缺乏"实在性";康德的"天国",在他自己看来,却是"不容置疑"的,因为它受到严格的"理路"的保证。在康德看来,对于这样一个完美无缺、既合理又实实在在的"国度",只有理智不健全的人才会提出质疑。笛卡尔有权怀疑一切,康德也批评过他的"我思故我在"的命题,因为那时康德的领域是"知识的王国";如果就"至善-完满"的"神的王国-天国"来说,那么"思"和"在"原本是"同一"的,"思想的",就是"存在的",同理,"存在"的,也必定是"思想"的,"思"和"在"之间,有了一种"必然"的"推理"关系。对于这种关系的质疑,也就像对于"自然律"提出质疑一样,本身"不合理",因而是"无权"这样做的。

这样,我们看到,康德的"知识王国"、"道德王国"和"神的王国-天国",都在不同的层面和不同的意义上具有现实的内容,不仅仅是形式的,但是没有人怀疑康德哲学的"纯粹性",而康德的"(纯粹)哲学"不是"形式哲学"则也就变得明显起来。

表现这种非形式的"纯粹性"特点的,还应该提到康德的第三批判:《判断力批判》。就我们的论题来说,《判断力批判》是相当明显地表现了形式和内容统一的一个领域。

通常我们说,《判断力批判》是《纯粹理性批判》和《实践理性批判》之间的桥梁,或者是它们的综合,这当然是正确的;这里我们想补充说的是:《判断力批判》所涉及的世界,在康德的思想中,也可以看做是康德的"神的王国-天国"的一个"象征"或"投影"。在这个世界里,现实的、经验的东西,并不仅仅像在《纯粹理性批判》里那样,只是提供感觉经验的材料(sense data),而是"美"的,"合目的"的;只是"审美的王国"和"目的王国"还是在"人间",它们并不是"天国"。在这个意义上,我们具有(有限)理性的人,如果努力提高"鉴赏力-判断力",提高"品位-趣味",成了"高尚的人","脱离了低级趣味的人",那么就有能力在大自然和艺术品里发现"理性"和"感性"、"形式"和"内容"、"合目的性"和"合规律性"等等之间的"和谐"。也就是说,我们就有能力在经验的世界里,看出一个超越世界的美好图景。康德说,"美"是"善"的"象征","善"通向"神的王国",所以,我们也可以说,"美"和"合目的"的世界,乃是"神城-天国"的"投影"。按基督教的说法,这个世界原本也是"神""创造"出来的。

"神城-天国"在康德固然言之凿凿,不可动摇对它的信念,但是毕竟太遥远了些。康德说,人要不断地"修善",在那绵绵的"永恒"过程中,人们有望达到"天国"。所以康德的实践理性的"公设"有一条必不可少的就是"灵魂不朽"。康德之所以要设定这个"灵魂不朽",并不完全是迷信,而是他觉得"天国"路遥,如果灵魂没有"永恒绵延",则人就没有"理由"在今生就去"修善",所以这个"灵魂不朽"是"永远修善"所必须要"设定"的。于是,我们看到,在康德哲学中,已经含有了"时间"绵延的观念,只是他强调的是这个绵延的"永恒性",而对于"有限"的绵延,即人的"会死性"(mortal)则未曾像当代诸家那么着重地加以探讨;但是他抓住的这个问题,却开启了后来黑格尔哲学的思路,即把哲学不仅仅作为一些抽象的概念的演绎,而是一个时间的、历史的发展过程,强调"真理"是一个"全""过程",进一步将"时间"、"历史"、"发展"的观念引进哲学,形成了一个庞大的哲学体系。

黑格尔哲学体系可以说是"包罗万象",是百科全书式的,却不是驳杂的,可以说是"庞"而不"杂"。人们通常说,黑格尔发展了谢林的"绝对哲学",把在谢林那里"绝对"的直接性,发展为一个有矛盾、有斗争的"过程",而作为真理的全过程的"绝对"却正是在那"相对"的事物之中,"无限"就在"有限"之中。

"无限"在"有限"之中,"有限""开显"着"无限",这是黑格尔强调的一个非常重要的思想。这个思路,奠定了哲学"现象学"的基础,所以,马克思说,《精神现象学》是理解黑格尔哲学的钥匙。

"现象学"出来,"无限"、"绝对"、"完满"等等,就不再是抽象孤立的,因而也是"遥远"的"神城-天国",而就在"有限"、"相对"之中,并不是离开"相对"、"有限"还有一个"绝对"、"无限"在,于是,哲学就不再专门着重去追问"理性"之"绝对"、"无限",而是追问:在"相对"、"有限"的世界,"如何""体现-开显"其"不受限制-无限"、"自身完满-绝对"的"意义"来。"现象学"乃是"显现学"、"开显学"。从这个角度来说,黑格尔的哲学显然也不是"形式主义"的。

实际上黑格尔是在哲学的意义上扩大了康德的"知识论",但是改变了康德"知识论"的来源和基础。康德认为,"知识"有两个来源:一个是感觉经验,一个是理性的纯粹形式。这就是说,康德仍然承认近代英国经验主义者的前提:知识最初依靠着感官提供的材料,如"印象"之类的,只是康德增加了另一个来源,即理性的先天形式;黑格尔的"知识"则不依赖单纯的感觉材料,因为人的心灵在得到感觉时,并不是"白板一块",心灵-精神原本是"能动"的,而不仅仅是"被动"地接受。"精神"原本是自身能动的,不需要外在的感觉的刺激和推动。精神的能动性使它向外扩展,进入感觉的世界,以自身的力量"征服"感性世界,使之"体现"精神自身的"意义"。因而,黑格尔的"知识",乃是"精神"对体现在世界中的"意义"的把握,归根结蒂,也就是精神对自身的把握。所以在这个意义上,黑格尔的"科学－知识"(Wissenschaft),并不是一般的经验科学知识理论,而是"哲学",是"纯粹的知识",即"精神"在历史发展的进程中、在时间的进程中对精神自身的把握。

精神(Geist)是一个生命,是一种力量,它在时间中经过艰苦的历程,征服"异己",化为"自己",以此"充实"自己,从一个抽象的"力"发展成有实在内容的"一个""自己",就精神自己来说,此时它是"一"也是"全"。精神的历史,犹如海纳百川,百川归海为"一",而海因容纳百川而成其"大－全"。因此,"历经沧桑"之后的"大海",真可谓是"一个"包罗万象、完满无缺的"大－太一"。

由此我们看到,黑格尔的《精神现象学》作为"现象学－显现学",乃是精神——通过艰苦卓绝的劳动——"开显""自己""全部内容"的"全过程"。黑格尔说,这才是"真理－真之所以为真(Wahrheit)"——一个真实的过程,而不是"假(现)象"(Anschein)。

于是,我们看到,在康德那里被划为"不可知"的"本体－自身",经过黑格尔的改造,反倒成了哲学的真正的"知识对象",而这个"对象"不是"死"的"物",而是"活"的"事",乃是"精神"的"创业史",一切物理的"表象",都在这部"精神创业史"中被赋予了"意义"。精神通过自己的"劳作",把它们接纳到自己的家园中来,不仅仅是一些物质的"材料"－"质料",而是一些体现了"精神"特性(自由－无限)的"具体共相－理念",它们向人们——同样具有"精神"的"自由者－无限者(无论什么具体的事物都限制不住)"——"开显"自己的"意义"。

就我们现在的论题来说,可以注意到黑格尔的"绝对哲学"有两方面的重点。

　　一方面,我们看到,黑格尔的"自由-无限-绝对"都是体现在"必然-有限-相对"之中的,"必然-有限-相对"因其"缺乏"而会"变",当它们"变动"时,就体现了有一种"自由-无限-绝对"的东西在内,而不是说,另有一个叫"无限"的东西在那里。脱离了"有限"的"无限",黑格尔叫做"恶的无限",譬如"至大无外"、"至小无内",一个数的无限增加,等等,真正的"无限"就在"有限"之中。黑格尔的这个思想,保证了他的哲学不会陷于一种抽象的概念的旧框框,使他的精神永远保持着能动的创造性,也保持着精神的历程是一个有具体内容的、非形式的过程。在这个意义上,黑格尔的"绝对"并不是一个普遍的概念,而是具体的个性。这个"个性",在它开始"创世"时,还是很抽象的,而在它经过艰苦创业之后"回到自己的家园"时,它的"个性"就不再是抽象、空洞的了,而是有了充实的内容,成了"真""个性"了。

　　另一方面,相反的,那些康德花了很大精力论证的"经验科学",反倒是"抽象"的了,因为这里强调的只是知识的"普遍性",这种普遍性又是建立在"感觉的共同性"和理性的"先天性-形式性"基础之上的,因而它们是静止的,静观的,而缺少精神的创造性,也就缺少精神的具体个性,所以这些知识只能是"必然"的,而不是"自由"的。经验知识的共同性,在黑格尔看来,并不"纯粹",因为它不是"自由"的知识;而"自由"的"知识",在康德看来又是自相矛盾的,自由而又有内容,乃是"天国"的事,不是现实世界的事。而黑格尔认为,"自由"而又有内容,就在现实之中,这样,"自由"才是具体的,不是抽象的形式。这样,在黑格尔看来,把"形式"与"内容"割裂开来,反倒得不到"纯粹"的知识。

　　于是,我们看到,在黑格尔那里,"精神"的"个性",乃是"自由"的"个性",不是抽象的,也不是经验心理学所研究的"性格"——可以归到一定的"种""属"的类别概念之中。"个体"、"有限"而又具有"纯粹性",正是"哲学"所要追问的不同于经验科学的问题。

那么,为什么黑格尔哲学被批评为只讲"普遍性"、不讲"个体性"的,比经验科学还要抽象得多的学说?原来,黑格尔在《精神现象学》中许诺,他的精神在创业之后,又回到自己的"家园",这就是"哲学"。"哲学"是一个概念的逻辑系统,于是在《精神现象学》之后,尚有一整套的"逻辑学"作为他的"科学知识(Wissenschaften)体系"的栋梁。在这一部分里,黑格尔不再把"精神"作为一个历史的过程来处理,而是作为概念的推演来结构,构建一个概念的逻辑框架。尽管黑格尔把他的"思辨概念-总念"和"表象性"抽象概念作了严格的区别,但是把一个活生生的精神的时间、历史进程纳入到逻辑推演程序,不管如何努力使其"自圆其说",仍然留下了"抽象化"、"概念化"的痕迹,以待后人"解构"。

尽管如此,黑格尔哲学仍可以给我们以启示:黑格尔的"绝对精神"既是"先经验的-先天的",同样也是"后经验的-总念式的"。

"绝对精神"作为纯粹的"自由",起初只是"形式的"、没有内容的、空洞的、抽象的;当它"经历"了自己的过程——征服世界"之后",回到了"自身",这时,它已经是有内容、充实了的,而不是像当初那样是一个抽象概念了。但是,此时的"精神"仍然是"纯粹"的,或者说,这才是真正意义上的有了内容的"纯粹",不是一个空洞的"纯粹",因为,此时的经验内容被"统摄"在"精神-理念"之中。于是就"精神-理念"来说,并没有"另一个-在它之外"的"感觉经验世界"与其"对立-相对",所以,这时的"精神-理念"仍是"绝对"的,"精神-理念"仍是其"自身";不仅如此,此时的"精神-理念"已经不是一个"空"的"躯壳-形式",而是有血肉、有学识、有个性的活生生的"存在"。

这里我们尚可以注意一个问题:过去我们在讨论康德的"先验

性-先天性"时,常常区分"逻辑在先"和"时间在先",说康德的"先天条件"乃是"逻辑在先",而不是"时间在先",这当然是很好的一种理解;不过运思到了黑格尔,"时间"、"历史"的概念明确地进入了哲学,这种区分,在理解上也要作相应的调整。按黑格尔的意思,"逻辑在先-逻辑条件"只是解决"形式推理"问题,是不涉及内容的,这样的"纯粹"过于简单,也过于容易了些,还谈不上真正意义上的"纯粹";真正的"纯粹"并不排斥"时间",相反,它就在"时间"的"全过程"中,"真理"是一个"全"。这个"全-总体-总念"也是"超越","超越"了这个具体的"过程",有一个"飞跃","1"+"1"大于"2"。这就是"meta-physics"里"meta"的意思。在这个意思上,我们甚至可以说,真正的、有内容的"纯粹"是在"经验-经历"之"后",是"后-经验"。这里的"后",有"超越"、"高于"的意思,就像"后-现代"那样,指的是"超越"了"现代"(modern)进入一个"新"的"天地","新"的"境界",这里说的是"纯粹哲学"的"境界"。所以,按照黑格尔的意思,哲学犹如"老人格言",看来似乎是"老生常谈",甚至"陈词滥调",却包容了老人一生的经验体会,不只是空洞的几句话。

说到这里,我想已经把我为什么要支持"纯粹哲学"研究的理由和我对这个问题的基本想法说了出来。最后还有几句话涉及学术研究现状中的某些侧面,有一些感想,也跟"纯粹性"有关。

从理路上,我们已经说明了为什么"纯粹性"不但不排斥联系现实,而且还是在深层次上十分重视现实的;但是,在做学术研究、做哲学研究的实际工作中,有一些因素还是应该"排斥"的。

多年来,我有一个信念,就是哲学学术本身是有自己的吸引力的,因为它的问题本身就在一个更高的层面上涉及现实的深层问题,所以不是一种脱离实际的孤芳自赏或者闲情逸致;但它也需要"排斥"某些"急功近利"的想法和做法,譬如,把哲学学术当做仕途的敲门砖,"学而优则仕","仕"而未成就利用学术来"攻击",骂这骂那,愤世嫉俗,自标"清高",学术上不再精益求精;或者拥学术而"投入市场",炒作"学术新闻",标榜"创新"而诽谤读书,诸如此类,遂使哲学学术"驳杂"到自身难以存在。这些做法,以为除了鼻子底下、眼面前的,甚至肉体的欲求之外,别无"现实"、"感性"可言。如果不对这些有所"排斥",哲学学术则无以自存。

所幸尚有不少青年学者,有感于上述情况之危急,遂有"纯粹哲学"之论,有志于献身哲学学术事业,取得初步成果,并得到江苏人民出版社诸公的支持,得以"丛书"名义问世,嘱我写序,不敢怠慢,遂有上面这些议论,不当之处,尚望读者批评。

叶秀山

2001 年 12 月 23 日于北京

目　录

绪　论　改造我们的真理观

　　真理可以说是最古老的哲学概念和常规哲学话题,21 世纪以来,真理问题成为哲学研究的一个不大不小的热点,论文、论著和学术会议源源不断。例如,仅 2011 年 3—9 月,在阿姆斯特丹、巴塞罗那、牛津和巴黎就分别有四场以真理为主题的国际学术会议,[①]中文世界中类似会议亦不鲜见,因此,学界甚至有人已经提出"真理哲学"[②]这样一种标示专门学科的名称。然而,繁荣背后亦不无问题,甚至存在某种危机,撇开后现代主义脉络下的"后真理"不提,在哲学理论内部的真理理论总体格局中英美与欧陆哲学间存在各说各话的**理论断裂**,彼此在真理概念、问题意识、研究方法与理论追求上话语迥异、几无交集。在英文文献中,除林奇(Michael P. Lynch)主编的《真理的本质:古典与当代视角》(*The Nature of Truth:Classical and Contemporary Perspectives*)外,不论是哲学辞典中的"真理"词条,还是各种真理理论选本、文集,欧陆哲学家皆"名不见经传"。例如,2018 年出版的《牛津真理手册》(*The Oxford Handbook*

---

① Theodora Achourioti, Henri Galinon (eds.), *Unifying the Philosophy of Truth*, Dordrecht:Springer,2015, p. 1.

② Theodora Achourioti, Henri Galinon (eds.), *Unifying the Philosophy of Truth*, Dordrecht:Springer,2015, p. 1.

of Truth)中所收全是英美哲学的真理论述,这不禁让人想起伽达默尔在《诠释学Ⅰ真理与方法》的"导言"中对"那种被科学的真理概念弄得很狭窄的"理论的批评。① 考虑到海德格尔也许是发表了最多以"真理"为题的著述的著名哲学家,这一畸轻畸重的现象显然失之偏颇。英美哲学与欧陆哲学在基本观点方面如此缺乏共同语言,甚至让人不免怀疑他们笔下的真理究竟是不是同一回事。哲学上关于以科学真理为范例的真理及其认识论言说作为主流话语为行内人所周知,对欧陆海德格尔们在存在论层面上的真理言说包括实质阐发人们陌生得多。前者专注于认识论与语言论的学术视角,一言以蔽之,是**关于**(on)真理的哲学论述,后者于论说真理的同时**给出**(utter)真理,表现为**真理哲学**与**哲学真理**的统一。如果说人类认知事业中孜孜求真的各学科专家(如数学家、史学家等)的共同名称是"**真理家**",那么就只有哲学行当中有(二阶)"**真理学家**",不过,与此同时,哲学家同样也可以和必须是说出相关真理的人。

　　进而,如果我们将视野放宽到专业哲学理论之外,哲学家关于真理的理论探讨与现实世界中"穿越了生活的各个部分"的真理的实情间亦存在相当程度的**脱节**,哲学家在既有理论框架内对各种真理之"论"津津乐道并彼此较劲的同时,对生活世界中盛行的真理话语和语言游戏缺乏足够的理论敏感,未能将我们"对真理的爱、激情或渴望"②,尤其是真理"运行"的实情,包括人们用真理"做什么"("叫真"语用)及"我们为什么在乎真理"(真理的内在自足意义)等认真纳入学术思考的视野。在究竟至极的意义上,真理哲学与哲学真理统一的层面外另有一个**哲学真理与哲学人生(真谛)**③关系的层面。然而,哲学家群体——主要是英美哲学家——对此似乎已不再有兴趣,不认为有可能直面现实,说出自己关于

---

① [德]汉斯-格奥尔格·伽达默尔:《诠释学Ⅰ真理与方法》,洪汉鼎译,商务印书馆2007年版,第5页。
② [美]约翰·D.卡普托:《真理》,贝小戎译,上海文艺出版社2016年版,第27页。
③ "哲学的真正问题就是真正的生活"。[法]阿兰·巴迪欧:《何为真正生活》,蓝江译,中国人民大学出版社2019年版,第9页。

世界的真知灼见。总之,正如有些论者指出的那样,"传统理论背后的错误不是它们把真理概念看得比本来更丰富,其理论上有效性的不足恰恰在于它们在真理概念中留下了大量和令人困惑的方面未予说明",因此,"需要有一个更广泛的真理理论"。① 本书所给出的通观性的真理理论框架就是在这方面的一个探索。

通观蕴含比较与整合。在英美哲学与欧陆哲学不同的真理谱系间,应有的学术立场应该是不偏不倚,但由于在真理问题上英美哲学既有的主流话语地位,因而通观的拈出有超出英美哲学关于真理的局部观点,为欧陆真理言说辩护的意味。通观固然意味着求通,但结果上的所谓"打通"或非笔者能力所及,因而不构成本书的主要旨趣。在此,通观二字更多意味着不囿于哲学内一门一派,亦不自限于哲学"此山"的整体性视野,希望能够给出更为立体、更具有现实感的真理言说与关于真理更为通达乃至通透的学术见解。

本书关于真理研究的基本理论旨趣可以概括为一句话:**改造我们的真理观**。具体而言,就是改变现有主流英美哲学真理理论实质上以科学为原型,以真假二值性为基本逻辑特征的单一真理观,**整合**英美与欧陆哲学真理观,从而将我们关于真理思考的理论视野拓展至后者所强调的与人文及艺术更具亲缘性、非科学认知与逻辑语义的存在层面,包括真理在生活世界更广阔场域中的活跃存在与意义。

因此,与一般真理理论主要是围绕"真理""**这个词**"的理论分析不同,我们同时关注生活世界中真理"**这回事**"。本书关于真理的思考概括起来涉及三个方面的问题,它们分别是"何为真理?"(What is the truth?)、"真理何为?"(What does truth stand for?)、"为何真理?"(Why truth matters?)。广义上说,这三者都可以归结为关于"真理是什么意

① Predrag Cicovacki, "Rethinking the Concept of Truth: A Critique of Deflationism, "in Jaroslav Peregrin (ed.), *Truth and its Nature（If Any）*, Springer Science＋Business Media. B. V. 1999, p. 203.

思"(what does truth mean to be)的理解,这与康德哲学在总体上试图通过"我能知道什么"、"我应该做什么"和"我可以期望什么"三个问题锁定"人是什么"在学理上机杼同一。

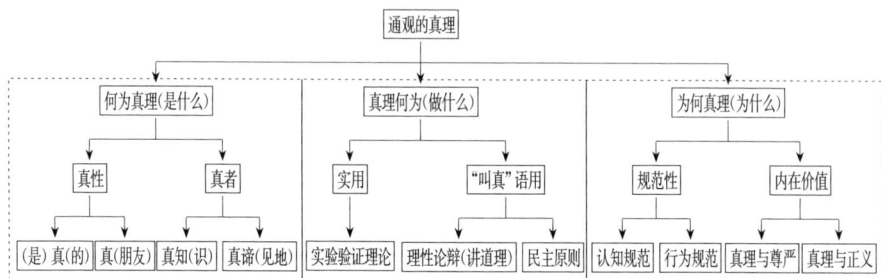

通观的真理

- 何为真理(是什么)
  - 真性
    - (是)真(的)
    - 真(朋友)
  - 真者
    - 真知(识)
    - 真谛(见地)
- 真理何为(做什么)
  - 实用
    - 实验验证理论
  - "叫真"语用
    - 理性论辩(讲道理)
    - 民主原则
- 为何真理(为什么)
  - 规范性
    - 认知规范
    - 行为规范
  - 内在价值
    - 真理与尊严
    - 真理与正义

　　在语词概念层面上,真理问题的复杂性首先在于其内含**抽象本质义**与**实指对象义**两个层面,在此,字面上同一个 truth 既可以指涉抽象的"真"性质,也可以指具有此一性质的为真者即"真理",稍不小心就可能发生混淆,对此笔者也是在研究中才逐渐理出个头绪。例如,当我们一般地说追求真理时,往往指的是道义上对真——包括说真话——作为纯粹价值的形上坚持,而这里所说的真又未必等同于真假二值性意义上事实性的正确。根据本书的分析,英文中 true/truth 所对应的分别是形容词"真(的)"、名词"真性"与具有此一性质的名词"真理"三者。

　　抽象地说,真理是真的,而在学理层面,在英美哲学和欧陆哲学不同语境下,真未必只有与假相对的逻辑含义,从而也不只是认识上"正确"(correct)的意思。例如,在海德格尔着意指出过的"真朋友"包括"真爱"及"(理想)成真"(dreams come true)这样的用语和用法中,与真对应的是其存在意义之"实"(real),而在坚持真理的意义上,我们所坚持的(包括所说的)未必都是最终可证实为真的,但却是我们真心认为"对"(right)的信念,它要求的不是保真的认识,而是威廉斯所强调的求真的真诚。在此,"真"的不同意义正是英美哲学与欧陆哲学各自真理观的语言理据,在中文中,两种真理观可以分别通过**"真知"**与**"真谛"**这两个汉语词得到恰当的表达,二者分别对应的是现实存在之"实际"与"真际",

在学理上进而呈现为"事实真理"与"意义真理"两个维度。

"什么是关于真理的真理?"①本书关于真理的核心理论主张是一种**"双核真理论"**,即认为真理不是只有一个圆心的圆,而是有两个焦点的椭圆,"事实真理"与"意义真理"是关于这两个核心的概念界定。两种真理面对的问题不同,前者属于需要且原则上也可以解释与解决的事实性Problem,后者涉及的是需要意义理解与阐释的Question,事实性真理的重点是"真"(being true),意义真理的落脚点则为"存在"(true being)之真义。并非巧合的是,这正好是科学与哲学及人文学说各擅胜场的议题(issue),前者提供的是(真)知识,后者给出的是真见地(真谛)。"认知不是通往关于世界的真理的原始路径;我们首先不是世界的认知者;我们栖居于世,在世界中获得归属,找到我们存在的根据,在其中学习。"②从认识客观性以及思想一致性的角度看,科学真理显然较人文真理为强,这可以解释科学真理地位稳固,是通常所默认的真理(the truth)的事实,也是其每每被过度尊崇与诉诸的理由。但科学在认知上的特定优势其实是特定方法论前提(单义参照系)下理论抽象的产物,人文学说与哲学相形之下弱的确定性恰恰是诚实面对复杂现实的结果(参见本书第三章第二节)。二者关系的另一面是,只有在意义确立(what does it mean to be)的前提下,认知上的真假(being true or false)才得以可能,存在层面的真理为认识真理奠基。黄裕生认为,"把真理问题定位在认识论领域很可能阻碍了哲学更根本地追问真理问题……使真理成了科学家,特别是自然科学家与技术专家的特权,而普通人似乎与真理无缘"③。事实上,以科学真知为圭臬等于抹杀了哲学包括人文学说探求存在真谛的可

---

① Michael Gelven, *The Asking Mystery*, University Park, PA: The Pennsylvania State University Press, 2000, p. 13.

② Michael Gelven, *What Happens to Us When We Think: Transformation and Reality*, Albany, NY: State University of New York Press, 2003, p. 62.

③ 黄裕生:《真理的本质与本质的真理——论海德格尔的真理观》,《中国社会科学》1999年第2期。

能性与权利。

双核真理与以科学真理为唯一真理原型的一元论真理观之间存在理论张力,后者与关于近代以降哲学"认识论转向"与"语言论转向"①的哲学史解读存在隐秘的内在关系,其背后的理论含义是,科学革命背景下哲学丧失了关于宇宙真理一阶言说的权利,只能退而成为先是关于科学、后是关于语言的二阶分析性反思话语。这一解读固然反映了自然科学领域研究的实情,但正如维特根斯坦当年在《逻辑哲学论》(6.52)中说过的那样,即便科学上所有可能解决的问题都获得解答,关于人生的问题仍然丝毫未曾触及,因此,如果真理一元论是成立的,那我们只能说在自然界之外的广大领域中,人类在认识方面如维特根斯坦以为的无真理可言,"只能保持沉默"。以科学为"真理的最后审定者和唯一承担者"②固然可以提出诸如真理必须满足逻辑上真假唯一性、经验上实验可证实性的理论条件,但这其实是暗中以科学为样本自我划限从而预设结论的结果,仅此显然并不足以证成其立场。伽达默尔直接将"真理"与"方法"相对置,明确提出"超出科学方法论控制范围的对真理的经验"的理论主张。③ 在本书第二、三章中,关于两种真理的概念定位——"事实真理"与"意义真理",其各自优点及其思想机制,以及"两个内核、一个真理"的主张有详细分析与论证,这构成全书的核心内容。

依照功能主义的观点,事物之所是与其功能间存在密切关联,在真理理论中,实用主义实际上就是依功能定义真理。不过,真理的功能不

---

① Linguistic turn 在中文世界中经历了由"语言学转向"到逐渐为大多数人接受的"语言转向"的转变。"语言学转向"在用词上是对 linguistic 的硬译,其所包含的转向语言学的含义亦有混淆哲学与语言学之嫌。"语言转向"避免了这种缠夹不清,但也包含以语言自身为主体的可能歧义,考虑到语言哲学的实质是由对语言的逻辑分析展开哲学工作,尤其是考虑到与前此"认识论"的对应性,因此,"语言论转向"似乎是更贴近语言哲学作为针对"语言"的哲学"理论"之本义的恰当名称。

② [德]汉斯-格奥尔格·伽达默尔:《诠释学Ⅱ真理与方法》,洪汉鼎译,商务印书馆 2007 年版,第 52 页。

③ [德]汉斯-格奥尔格·伽达默尔:《诠释学Ⅰ真理与方法》,洪汉鼎译,商务印书馆 2007 年版,第 4 页。

止于其物质实践之用,还包含语用与规范作用,准此,"真理何为"包括"实践物用"、"认知与交往规范"以及"叫真语用"三个层次。康德揭示了认识中"人为自然立法"的感性、知性形式,由之建构关于世界的认识;真则是人为自己立法,由此鉴(别)出是非善恶。"实践是检验真理的唯一标准"为国人所熟知,但鲜有从语用游戏的博弈角度对此加以解读,至于社会生活场域的公共决策是否如自然科学领域那样可以经由实验(实践)决出唯一的正确答案,亦缺乏应有的学术分析。实际上,实践通常只是既定(单一)目标前提下手段有效性的验证手段,却无以判定目标的合理性,这和逻辑三段论不负责前提的真实性是一个道理。因此,面对社会生活场域存在的合理的价值与利益诉求的多样性,单一正确结论无以决出,在作为标准答案的真理不在场的前提下,民主于是成为社会公共决策的正当选择。从社会认知的角度展开关于真理"叫真"语用的认识论探讨是本书较有特色的地方。

在"真理何为"之外,"为何真理"触及真理自身独立的价值维度,这里的问题不是真理**有什么用**,而是真**"有什么好**"或"为什么重要"(why truth matters)。真之为用不免是工具性的,就此而论,真理不一定有用,更未必保证成功,因此,对真理的内在关切与对真知的推崇恰成对照。在此,"真理之获取为纯粹罕见之事也许不在于智力或悟性的缺乏,而只是由于冷淡。大多数人对本质乃至真理无所理解,只是因为它不像他们所关心的其他东西那么重要或是有趣。"[1]因此,只有在超越日常思维的形上维度上,真的内在独立之善才得以证成。在本体性的层面上,真之可能以自由为形上前提。在社会生活中,坚持真理包括说真话不只是因为真理对我们有用或在我们手里,而是基于自由意志原则。例如,布鲁诺坚持其所相信的"日心说"固然是对天文学的捍卫,更是出于不肯违背自由意志的良知。在个体存在层面上,真凸显其超越心灵(更不用说肉

---

[1] Michael Gelven,*Truth and Existence :A Philosophical Inquiry*,University Park,PA:The Pennsylvania State University Press,1990,p.58.

体事实)的意义维度,活得真实较之生活的道德与幸福追求更触及人性的根本。最后,与真理概念的非单义性相一致,在真理永真性与有限性、唯一性与"唯一真理观"、正义性与独断性之间,真理尽显其内在的辩证性。(这是本书第六章"真理的两面"的主题。)

毋庸讳言,"何为真理"、"真理何为"及"为何真理"三者在真理理论中的地位不同,后两个问题较少出现在关于真理的论著中。然而,依照卡普兰对尼采的转述,其可以视为为大众代言的思想是,"不论真理的意思是什么,它必须服务于生命的目标,不然它就没有目标"[1]。在现有认识论框架外将真理"是如何进入我们的生活的"[2]纳入视野,除拓展研究思路这一考虑外,还与宏观上对哲学本身及哲学学科的理解有关。与科学之为人工符号系统不同,哲学中存在大量"两栖"于日常用语与专业术语的概念,如真、善、美、时间、物质、精神、运动、自由等,它们"具有不可根除的前理论根源,并且也永远是日常语言的一部分,如果这个联系不存在了,那么哲学就会沦为……坏的意义上的形而上学"[3]。因此:

> 一方面哲学必须被不断重新"经院化",哲学家们必须为了"学院",为了一个小小的学生和专业受众进行研究、教学以及写作……而另一方面哲学问题以及它们的答案却与每个人都相关,因为它们涉及的是人类存在的基本问题,这些问题无论作为生活的重负还是志趣都必须被我们接纳和承受,直到我们死去。[4]

---

[1] [美]约翰·D.卡普托:《真理》,贝小戎译,上海文艺出版社 2016 年版,第 177 页。

[2] 这是大卫在《经验与历史》中关于其历史哲学的现象学旨趣就"历史"所说的话,移用到"真理"上也是一样的。参见 David Carr, *Experience and History*: *Phenomenological Perspectives on the Historical World*, New York: Oxford University Press, 2014, p. 1.

[3] [德]安东·科赫:《真理、自由与时间:一个哲学理论的导论》,陈勇、梁亦斌译,人民出版社 2016 年版,第 182 页。

[4] [德]安东·科赫:《真理、自由与时间:一个哲学理论的导论》,陈勇、梁亦斌译,人民出版社 2016 年版,第 2 页。

哲学面向生活世界在语言上要求"概念词走向语言词",①正视日常语言用法。美国黑人女诗人丽塔·达夫(Rita Dove)的诗句于此有形象的表达:②

> 石头中的鱼,
> 想要重回
> 大海。
>
> 它厌倦了
> 分析,琐细
> 可预见的真理。

学术的专业性、纯粹化和与现实关系的张力对任何学科来说都是一样的,但不同学科与世界"接轨"的方式以及具体压力点是不一样的。科学当然涉及高深学问,但科学有"学"有"术",由于科学与生活世界间的技术"接口",大众无须(无暇,亦无能)明科学之理而能得科学之利,从蒸汽机到电动机,再从电话机到电视机、洗衣机,各种科技产品既是科学对其立足的社会的回馈,也是大众对科学悦纳的凭据。哲学作为人文学科有"学"无"术"但有"文"(言),其作品是以话语表达的"理"而非技术性的"力"(利器)。并且,与其他人文话语和学术不同,哲学语言通常非大众所能直接消受,其与世界之间一般来说并无直接语言"接口"。对大众而言,无术即无用。关于用的狭隘化理解当然经不起推敲,内行都知道,哲学形而上学(Metaphysics)实乃西方科学(Physics)之母。近代科学宗师牛顿亦将自己的物理学巨著题名为《自然哲学的数学原理》。如今科学已从哲学中独立出来,从哲学"原子论"到"原子物理学"历经数千年时间,在这样的

---

① [德]汉斯-格奥尔格·伽达默尔:《诠释学Ⅱ真理与方法》,洪汉鼎译,商务印书馆 2007 年版,第 107 页。

② 舒丹丹译著:《别处的意义:欧美当代诗人十二家》,重庆大学出版社 2010 年版,第 246 页。

时间尺度下考查一门学科的实际价值显然有"远水不解近渴"之虞。

在现实层面,哲学与外部社会"结缘"的重要方式是语言观念性的"哲普"。少数情况下是像法国哲学家那样直接以文学艺术方式"一传到位"地传播哲学观念,更多地是经由史学、文学、艺术等"二传手"进行传播。同时,正如那本著名英文哲学杂志《哲学与公共生活》(*Philosophy and Public Affairs*)的刊名所示,哲学地介入社会公共话题的思考与言说亦是哲学承担其社会责任的重要方式,其中包括澄清、纠正与哲学概念同名的日常概念的含混和误解,这一工作对于中文世界中来自西方文化的那些概念尤为必要。总之,哲学的根本是产出"**哲学的**"东西,即概念和理论;同时,对专业话语外的生活世界及其问题"**哲学地**"叩问与言说亦是哲学题中的应有之义,并且是可以在同一理论中获得统一的。本书关于真理概念的分梳,尤其是关于真理的实践证成,以及真理语用的分析,都是后一方面的工作。

在学术产业高度发达的今天,哲学已不复当年荣光。哲学欲在现有学术和教育体制内与各门学科抗衡竞争,只能对标科学的专业化与方法论以凸显自身的学术存在与学术地位。这是可以理解的选择,在国内语境下,这还是专业哲学对治"文件哲学"的正办。但是,由于与世界关联方式的本质差异,科学理论只需考虑自身的专业化,而哲学在追求自身专业化的同时必须直面与介入现实。在这方面,罗素(Bertrand Arthur William Russell)的言行富于启示。作为分析哲学的先驱,一方面他倡言"哲学的本质是逻辑",另一方面,他又是那本立意独到的《西方哲学史》的作者。他主张"哲学乃是社会生活与政治生活的一个组成部分",而"不是卓越的个人所做出的孤立的思考",并且说出"教导人们在不能确定时怎样生活下去而又不致为猜疑所困扰"是哲学"能为学哲学的人所做出的主要事情"这种颇具人文情怀与抱负的话。① 事实上,哲学是最不

---

① 〔英〕罗素:《西方哲学史》(上卷),何兆武、李约瑟译,商务印书馆 1981 年版,第 11、13 页。

受狭隘学科限制的行当，"哲学之为哲学，它必然是溢出性的"①，其身份有点像"无任所大使"，随时准备"加字"上岗：举凡政治哲学、历史哲学、数学哲学、生物学哲学、逻辑哲学、艺术哲学、音乐哲学等等，②几至无事不哲学的地步，这是哲学作为最自由、最具普遍性的思想的基本特征，也是由哲学与生活世界的独特关系所决定的。正是在这一意义上，"在哲学上（比学院中以及学院外的任何其他学科更明显）……专家式的固守一隅则总是面临着巨大的风险。"③

就专业化而言，分析哲学与思辨哲学是不同学术进路与思想风格的产物，前者明显有取法科学之意，技术化程度比较高，后者则持守人文学术之本，更具传统哲学特色，二者未必有合而为一的必要与可能，但都应该从各自思想脉络内部获得相应理解与把握。在真理观方面，当代语义真理论突出地强调了真理之为真的层面，体现了其不同于通常的理解，体现了精细化的专业思维，并且基于现代逻辑与语言分析技术对之展开卓有成效的抽象、先验处理，得出了一批新的理论成果。毋庸讳言的是，精细微观分析亦隐含视野狭窄、内涵单薄的可能，正如"在哲学上对实用主义和分析学派抱有最大的同情"的《分析的时代：二十世纪的哲学家》的编者诺顿·怀特（Norton White）所说，英美哲学家追求严格性的代价有时是"从事于减头去尾的工作，把哲学削减到便于团弄掌握的程度"④。依本书中的分析，方法严格性包括结果确定性的代价之一是视角与目标

---

① ［法］阿兰·巴迪欧、［斯洛文尼亚］斯拉沃热·齐泽克：《当下的哲学》，蓝江、吴冠军译，中央编译出版社 2017 年版，第 47 页。

② 按照自称"在风格和精神上都属于我所献身的分析哲学运动的范畴"的丹图（Arthur Danto）的说法，"历史哲学就是具体而微的哲学"。Ewa Domańska, *Encounter：Philosophy of History after Postmodernism*, Charlottesville, VA: University Press of Virginia, 1998, p. 170；［美］丹图：《叙述与认识》，周建漳译，上海译文出版社 2007 年版，第 298 页。

③ ［德］A. F. 科赫：《论真理的结构及其在哲学各主题之关联中的位置》，《哲学研究》2018 年第 4 期。

④ ［美］M. 怀特编著：《分析的时代：二十世纪的哲学家》，杜任之主译，商务印书馆 1984 年版，第 239 页。

的参照单一性(参见本书第四章),这在本质上是对纷繁现实的抽象化处理的结果。抽象化在某种意义上是理论化的同义词,关键是对于抽象化及其限度保持清醒意识。明晰与玄奥、确定与深刻,总之分析与思辨是健全理论的两翼,如果说舍弃前者有"盲人骑瞎马"之虞,执着前者则不无只在看得见的地方找东西的"灯下明",实即"灯下黑"之患。总之,为真理而真理不等于为专业而专业乃至为技术而技术,怀特最终的建议是,哲学家"应该对逻辑与生活抱着同等重视的态度,以便继往开来完成自己的任务"①。本着这样的理解,本书所谓的通观之通在一定程度上亦可作(说)普通(话)解,借用一位建筑师的说法,或可称为"低技策略"。② 低技并不一定就低级,最终还是要看盖出来的东西。

在后现代主义"质疑大叙事"的氛围下,真理首当其冲,人们产生了"对真理本身的普遍猜疑:是否存在着真理这样的东西?"③在这样的语境下,2016 年《牛津字典》的年度词选择了"后真理(相)"(post-truth),《时代》2017 年 4 月 3 日那期的封面标题则是"真理死了吗?"另一方面,正如威廉斯的观察,对真理的猜疑与渴求这样两个看上去对立的思潮其实同时存在。④ 后现代思潮兴起的历史原因一言以蔽之,曰"启蒙梦醒",即原先关于人类进步不无天真的理想主义于直面现实之际调低预期,这本身未尝不是理性的一种表现。真理信念的失落当然亦是在后现代大背景下产生的,但从理论研究的角度看,这一切都在哲学上有其概念根源。长期以来人们心目中关于真理的永恒与绝对的观念,在波普的"科学证伪论"与库恩的关于不同认知范式的"不可通约性"那里,都遭遇理论和事实上的双重挑战。其实,只要将"真理"概念与作为其具体表现的特定

---

① [美]M. 怀特编著:《分析的时代:二十世纪的哲学家》,杜任之主译,商务印书馆 1984 年版,第 245 页。
② 关于"技术上简易可行、经济上低廉实用"的设计考虑,参见刘家琨《叙事话语与低技策略》,《建筑师》1997 年第 10 期。
③ [英]伯纳德·威廉斯:《真理与真诚》,徐向东译,上海译文出版社 2013 年版,第 1 页。
④ [英]伯纳德·威廉斯:《真理与真诚》,徐向东译,上海译文出版社 2013 年版,第 1 页。

真命题区分清楚,科学发展过程中旧真理遭遇其有限性并不足为真理本身病。此外,如果说爱因斯坦相对论物理学凸显了经典牛顿理论的有效性限于宏观低速运动,那么,本书关于将自然科学真理模式盲目引进社会领域导致认知错位的分析(参见本书第四章第三节),在澄清不同真理及其适用范围的同时捍卫了真理本身的正当性。

对真理的猜忌还来自真理与政治的纠葛。应该承认,真理本身蕴含思想权威的维度,因而,尼采、福柯对真理可能包含的党同伐异的支配性权力效应的警觉可谓所来有自。但是,真理之可能的滥用并非真理主张本身的必然后果,而是基于对真理的"**所有权主张**"而产生的外部效应,然而,坚持真理不等于坚持真理就在或只在某一方手里,后者本身恰恰就是非真理的态度。在此,应该谴责或规范的是真理的"权力"占用,而不必像有的文学家那样剑走偏锋,说"我不相信真理,真理只是对官僚主义有用,也就是对压迫有用"①。根据本书关于 truth 的语义、概念分析,其实,可能"对权力有用"的不是真理,而是中性、抽象的真(性)以及作为其语言表征的单义断真命题。同理,所谓"过多的希望、过多的惨痛挫折、过多的血腥天堂告诉我们真理是不可信的"②,这一说法诚然包含现实中曾经信以为真的信念变色的切身体认,但在理论上是经不起分析的。在真正现实性的维度上,真理都是具体的,且须由正当应用证成。如何在后现代主义的背景下"重建真理",③这是摆在哲学面前的思想任务。对作为一揽子整全真理的"唯一真理观"的质疑不必解构真理唯一性的权威。

在构思与写作本书的过程中,笔者愈益认识到,一方面,我们的确有理由扩大真理思考的理论视野,将例如生活世界中的"真理语用"纳入真

---

① 〔法〕阿兰·罗伯-格里耶:《重现的镜子》,杜莉、杨令飞译,北岳文艺出版社 1993 年版,第 5 页。

② 〔法〕阿兰·罗伯-格里耶:《重现的镜子》,杜莉、杨令飞译,北岳文艺出版社 1993 年版,第 5 页。

③ 参见 Pascal Engel, *Truth*, Bucks: Acumen Publishing Ltd., 2002。

理理论中,另一方面,要将从语词到概念、旨趣到观点充满分歧的各种真理言说整合成单一真理理论恐怕未必可行。在这一问题上,我同意科赫(Antony Koch)的意见,"对于这些真理而言,如果归根结底会有某种统一的定义,那么充其量也只允许一种外在的规范定义(Nominal Definition)"①。但这并不意味着我们不能对真理追求某种整体性的通盘理解和把握,如科赫从真理的"实在论"、"认识论"与"现象论"三分法的角度关于真理的整体结构性把握。②

总结本书关于真理的通观性理解,"当我们谈论真理的时候——依卡佛句式——,**我们谈论的究竟是什么?**"我的总体见解是,真理从语词(真性、真知、真谛)到学理(事实真理、意义真理)都是一个**非单义的复杂概念**,从而真与真理在不同语境下有着相关但并不单一的意义。具体而言,依由内到外、由体及用以及内在自足意义的不同层次,真理**内为光明**(理性),**外为法度**(思想语法、交往规范),**止为价值**(真理就是真理,truth matters)。这是我们对"何为真理"、"真理何为"及"为何真理"三大问题的基本回答。

"说真话、所有真话、只说真话"(truth, all truth,noting but truth)是西方法庭上广为人知的涉真用语。较之提供证言者,作者尤其是以真理为题者,一般来说,在依此行事的意向上无疑是更有诚意的,与此同时,大概也没有一个研究者会妄称自己所写的都是真的乃至写出了全部的真。"即便那些在普通事项上探索真理者亦常常会发现,为了让真理超越信念与意见发生,将自己的偏好与偏见搁置起来是很残酷的。"③诚哉斯言!

---

① [德] A. F. 科赫:《论真理的结构及其在哲学各主题之关联中的位置》,《哲学研究》2018 年第 4 期。

② 参见[德]安东・科赫:《真理、时间与自由:一个哲学理论的导论》,陈勇、梁赤斌译,人民出版社 2016 年版。

③ Michael Gelven, *What Happens to Us When We Think*, Albany, NY: State University of New York, 2003, p. 46.

　　一般而言,我们在各门学科发展水平上与西方相比均存在着无可讳言的差距,在哲学这一原本来自西方的话语系统中,这种差距尤为明显而且自然。中文哲学世界中真理虽非冷僻议题,但学术成果以单篇论文为多,专门著作并不多见,与西方哲学界以真理问题闻名的专研学者不乏其人,且往往在同一专题上有连篇累牍的连续著作相比,我们明显存在不足。笔者历年所发以真理为题的论文已有十数篇,逐渐积累了一些材料与观点。但在具体写作,尤其是其后由绪论到正文来回修改的过程中,在基本观点稳定的情况下,具体论点的展开与论证、章节的调整以及新论点的提炼所在多有。在写作和修改过程中,如何面对与回应来自语言哲学方面有形与无形的质疑是其中最费思量之处。我由先前的历史哲学研究而"真理缠身",王路教授关于 truth 译名与理解上与其"一是到底"观点相对应的"一律为真"说是吸引我步入真理研究之途的最初动因,尔后不时向其请益、与之商量,他的问难与指教对笔者在语言哲学自身的脉络中同情理解其"真"理论以及在"真"与"真理"之间形成关于真理更为周延的思考不可或缺。台湾中正大学侯维之教授对笔者有关语言哲学真理论想必不胜其烦的"无耻上问"总是耐心解答,促使笔者对问题做更深入、细致的思考与推敲。陈波兄与笔者在真理问题上的观念、言动多有交集,从学术会议、资料分享到观点交流各方面皆有惠于笔者。黄敏兄在有关分析哲学问题方面的答疑于笔者甚有启发,另外,或许值得一提的是,他也是笔者所遇到的"分析朋友"中最少门户之见的一个。拜读黄裕生关于但不限于真理论题的论著总令笔者心生后生可畏之叹,笔者的学生龙九在电子资料检索方面有求必应。在本书研究与写作期间,院系领导曹支平、朱菁、曹剑波以及同仁郑伟平、谢晓东曾以不同方式在资料、课题与学术活动等方面提供便利,特此致谢! 除以上诸位,在写作过程中曾就相关事宜咨询、叨扰的师友所在仍有,在此一并谢过! 在出版方面,承蒙裕生兄鼎力支持,本书得以跻身在学界素负盛名的江苏人民出版社"纯粹哲学丛书",不胜铭感,张志伟老师、亚军兄的盛情推荐,亦为本书助威不小。此外,责任编辑在文稿处理上通力合作,认真、高效,谨此致谢!

最后,但并非最不重要的,是笔者对素昧平生的美国学者哥文(Michael Gelven)的敬意。在学术研究中遇上所关心问题与取向高度契合的情况,对通常是孤独的思考者来说是并不常见的幸运,就此而言,哥氏于笔者虽无授业之事,实有"传道""解惑"之实,其包括《真理与存在》在内的一系列论著中常常让笔者感受到高人一着的思考与观点,这些是笔者重要的思想奥援。顺便指出,本书的写作与哥文的两本著作《真理与存在》《于思之际,何所发生》的翻译是同步进行的。

雅斯贝尔斯曾经说过,"真理问题是一个使哲学思维晕头转向的问题"①。今书付梓,不敢自喜,唯愿本书不至太过"昏昏",亦望学界同仁仗义执言,不吝指教。无论在何种意义上,真理都可以说是我们共同的事业。

---

① [德]卡尔·雅斯贝斯:《生存哲学》,王玖兴译,上海译文出版社 2005 年版,第 23 页。

第一章　西方哲学中真理理论的源流与学术版图

　　德国哲学家狄尔泰曾经说过，人是什么，只有历史能告诉我们。一切事物均在时间中，因此，关于事物来龙去脉的历史性探究是深入了解该事物的重要途径。不过，诚如黑格尔所谓历史与逻辑的统一，关于事物的历史性思考与概念性思考其实是不可分割、相互支撑的。历史理解总是有其特定的概念前见，而特定理解不但在历史中获得史实支持，并且所谓逻辑在此指的就是历史本身某种内在线索的展开。

　　本章关于真理观念的历史性概览主要有两重考虑：一是展示真理发生学与真理概念和理论间某种内在的历史与逻辑统一，由此为全书真理观内容的展开提供某种背景框架和理论平台；二是借此表达作者对现有真理理论的一些基本理解与认识（本章第二到第四节），这也是宏观真理论述应有的内容。

第一节　从哲学的最高目标到作为专题的真理哲学

　　真理作为西方文化的大字眼在哲学中一直是被置于崇高地位的概念，只是到了近代才成为哲学探讨的专题问题。这提示我们，今天常识中与哲学上真理的科学形象并非希腊哲人真理理解与论述的唯一乃至首要关注,作为理论知识的目标,真理首先是作为与功利考虑分庭抗礼的独立精神权威被拈出的,换言之,为真理而真理是希腊真理观独特的义涵。另外,真理在希腊古风时代由神话到哲学的话语权转换表明,真理的排他、斗争性品格在"出生"伊始就现出端倪。

一、前哲学到希腊哲学

作为在理论层面最能代表西方文化根本特征的核心概念,今天"Truth"的希腊文 aletheia 的前身"ἀλήθεια"[1]远在哲学产生之前即不断出现在诸如荷马史诗这样的典籍中。[2] ἀλήθεια 的最初语义是抵抗"遗忘"的"记忆",希腊古风时代承担记录记忆及其发布的是先知、诗人及君王,他们的话为当时的权威话语。在记忆名义下被昭示的即 aletheia。"aletheia"作为"被揭示的"词源义进而引申为真理。在由前哲学神性"mythos"(秘索思)的独断灵验话语转向世俗"logos"(逻各斯)的过程中,"真理"最终成为哲学的旗帜。此际,思想权威的确立"由原先对神学释事的严重依赖,转而崇尚人的智性、分辨能力和澄明的逻辑感"[3]。"讨论、辩论和论战就成了思想和政治的游戏规则。"[4]"真理必须经过证明、讨论、接受各种反驳的考验。"[5]

哲学上,在现有文献遗存的基础上,我们今天所知较具理论价值的真理话语应该出现在流行于公元前 6 世纪到公元前 5 世纪之际的爱利

---

① 希腊文 aletheia 与英文 truth 并非完全对应的词,并且,除 aletheia(包括 truth)之外,表示"真"或"真理"的词与用法亦所在多有,进而对拉丁文 Veritas(真理)与 aletheia 的源流关系,更不用说 truth 走入中文世界的语言与概念史,我们今天似乎并不具有透彻的理解。一般意义上人们实际上将这些词之间简单处理成翻译问题,但语词背后观念形成、演变的轨迹对真理的理解是会有相当助益的。

② 参见[法]马塞尔 · 德蒂安《希腊古风时期的真理大师》,王芳译,华夏出版社 2015 年版。

③ 陈中梅:《神圣的荷马:荷马史诗研究》,北京大学出版社 2008 年版,第 367 页。

④ [法]让-皮埃尔 · 韦尔南:《希腊思想的起源》,秦海鹰译,生活 · 读书 · 新知三联书店 1996 年版,第 39 页。

⑤ [法]马塞尔 · 德蒂安:《希腊古风时期的真理大师》,王芳译,华夏出版社 2015 年版,第 23 页。

亚派，尤其是巴门尼德的著述之中。值得注意的是，"真"在巴门尼德箴言中与"是"的联袂出场透露出真理思考与西式语言围绕系词展开的主谓陈述句的内在关系，后来亚里士多德关于真理的"把是的说成是的，不是的说成不是的，此即为真"的论述亦彰显西方真理概念内在的语义学维度。当然，being 在语言、认识之"是"之外的本体"存在"义表明，"真理"除了在认识上对应于"意见"的是非之争外，同时具有真理即实在的本体论含义，[①]这是古希腊哲学相较后世真理观而言比较独特却普遍的观点。

此后，哲学与神话乃至政权间以真理为焦点的思想博弈在哲学内外持续展开。哲学上主要是以柏拉图为代表的哲学"学园派"与普罗泰戈拉等民间"智者派"，或者说"智者"与"爱智者"各为自身信念辩护的斗争，古希腊时期"真理"一词第一次出现在书名中，即普罗泰戈拉的《真理或驳论》。[②] 顺便指出，柏拉图哲学的"对话录"文体除了反映人类早期非书写的口述文化遗风，亦是论辩所需，这点与文体上似乎同为对话场景的《论语》相比显得格外清楚，后者只是"祖述"权威的教诲式问答而非平等对话。哲学之外，诉诸真理的话语博弈在雅典城邦民主制下活跃的公共演说与辩论中频繁展开，在公民大会和法庭等各种场合，人们就公私事务诉诸公论，叫真求胜。[③] 就此而言，苏格拉底可以被视为第一位为真理献身的哲人。"语法""辩证法""修辞学"这西方"三艺"（trivium）最初

---

① Michael Glanzbery（ed.），*The Oxford Handbook of Truth*，New York：Oxford University Press，2018，p. 13.

② 一般而论，当然可以说双方皆以真理自居，但具体分析起来，真理是否为彼此争论点或者旗号并不那么确定。柏拉图明确提出智者只顾言辞生动或口舌之胜罔顾真理，在智者派那里我们一方面可以找出宣示真理的语词，另一方面，他们对真理的确具有较为明显的相对主义乃至怀疑主义理解。柏拉图和智者在真理问题上乐观与悲观之别其实与彼此心目中真理何在的理解直接有关，前者真理观的 eidos 理解具有明显的几何学背景，后者则在人类议题的实际论辩中直接感知到认识中"见仁见智"、"一是"难求的方面。就此而论，智者派未必逊于柏拉图。

③ 杨克勤：《古修辞学：希罗文化与圣经诠释》，香港：道风书社 2002 年版，第 19 页。

都是在这一语言铁砧上锤炼成型的,这正是真理作为"斗争性概念"①的语用品格,亦即真理与谬误黑白分明的二值性逻辑品格的文化基因。

在思想回溯的角度上,今天在古希腊哲学中几乎可以找出包含语义真理、认识论真理、本体真理乃至道德真理等各种思想的胚芽,②但回到历史,在"真理"与"意见"的真假二分与对峙中,认识论是古希腊哲学关于真理的主要致思取向,其主要关切是寻求认知的确定性和消除认识错误。

在认识论角度上,真理蕴含超越现象的本质真实意,在柏拉图哲学中,现象与本质分别对应于认识能力上的感觉之知与理智之知,二者在认知层面之间的区别是感觉的主观性从而不确定性。例如,人们对"冷热"、"高矮"和"大小"的感觉存在个体差异、视角差异,认识一致性无以达成,一旦上升到"温度"、"高度"和"体积"上,则至少在事实层面上不再存在异议。这很容易被归结为现象与本质之别,变动不羁的现象之流背后"作为存在的存在"(being qua being)的"永恒者的原理必定始终是最真的,因为它们不只是一时为真。它们不依其他原因而存在,而是其他事物存在的原因,因此,每一事物依其所是而在,是为真"③。

现象与本质的不同从认识上来说,表现为感觉经验与理智概念的区别,比照视觉,"理念"为心灵之眼所见。关于事物本质的概念规定(如温度)不但具有客观确定性,并且具有纯粹性和完美性。用柏拉图最喜欢说的,"美"在概念上是不包含任何"丑"的成分的,而现实中我们称之为美的东西则不尽如此。柏拉图由此认为,感官之眼是看不到真正真实的东西的,唯理智或者灵魂之眼才能直击最高真理。关于理智之知高于感官之知重要的思想资源当然就是柏拉图关于数学(具体来说是关于几何

---

① 参见[英]伊安·汉普歇尔-蒙克《比较视野中的概念史》,周保巍译,华东师大出版社 2010 年版,第 80 页。

② Michael Glanzbery (ed.), *The Oxford Handbook of Truth*, New York: Oxford University Press, 2018, pp. 11 - 14.

③ Aristotle, *Metaphsics*, 993b27 - 31.

学演绎推理结论明晰性与必然性)的认知,这在亚里士多德那进一步发展为逻辑三段式推理的必然真实性,即有效性。在此,真理的概念形象是永恒、绝对和超越时空的。

古希腊哲学中一个会被现代读者震惊地视为范畴错误的就是真理之为形上本体范畴,①换言之,真理是一个认知与本体一体(ontological-epistemic concept of truth)的概念。主客二分是近代以来流行的知识论观念,"朴素的"希腊哲学"还没有注意到思维与存在的对立"。② 对巴门尼德来说,"思想和存在是同一的","能够被说和被想的与是者是同一个东西。"③在柏拉图那里,eidos 作为"灵魂"所见之"相"是认识与存在统一的,这种统一性在他的"阳光"喻中得到实质性的描绘。"光"既是"看"(即认知得以可能的前提),同时又是一种无形却重要的存在物,是地球原初生命(植物)源源不竭的能量与热的来源。反之,"洞穴"作为只有模拟影像和昏暗光线的所在既是无真理存在的世界,又是不真实的存在。在纯认知性的考虑中,真理是认识对客观实在的正确反映或者说似真摹拟,但在柏拉图关于真理的本体性理解中,摹拟即便具有认知上100%的真实度仍然与实在相去甚远:舞台上惟妙惟肖的帝王只是伶人而非真王,舞台上指挥若定的将军在现实中是不堪其任的。与此相平行,在今天看来,柏拉图对智者派的批判实际上反映了基于学者与演说者、知识的生产者与贩卖者身份的张力关系和优越感:前者是追求真理的人,后者至多是真理的代言人,虽扮演真理拥有者,其实只是拾人牙慧者。

作为将真理置于师道尊严之上的西方哲人,亚里士多德不同意柏拉图思想中包含的关于真理的本体论理解,明确指出"真假只在思想中,不

① Margret Cameron, "Truth in the Middle Ages," in Michael Glanzbery (ed.), *The Oxford Handbook of Truth*, New York: Oxford University Press, 2018, p. 51.
② [德]黑格尔:《哲学史讲演录》(第一卷),贺麟、王太庆译,商务印书馆1981年版,第106页。
③ 北京大学西方哲学史教研室编译:《西方哲学原著选读》(上卷),商务印书馆1981年版,第31页。

在事物中"①。在认识论层面,作为关于真理最合乎直觉、最根深蒂固的老牌观念,我们在亚里士多德的著述中可以辨认出某种语言与世界间关系的近代"符合论"观点,虽然他从来没有使用过诸如"符合"或"适合"这样的词。在《形而上学》中我们看到,他将认识错误表述为"人的信念与事情的实际状态相冲突"②,显示出他将认识与实在的一致或不一致纳入他关于真理的语义处理中。亚里士多德接受关于判断与其使真者之间结构的同构性的观念,在这一意义上,他持某种同构符合论(isomorphic correspondence)的真理观。

在古希腊哲学中,真理一词的使用(use)具有普遍性,但"真理"并未成为专门被提及(mention)的专题研究对象,③相关论述要么是在残编断简(巴门尼德)中,或者是只言片语(柏拉图、亚里士多德),又或者是在关于其他问题(如"理型"或"逻辑")的论述中被辨析出来的,这与诸如《理想国》和其他对话录中对"正义""灵魂""勇敢""友谊"的专门论述,以及《形而上学》中关于"本体""属性"等范畴和《尼各马可伦理学》对"公正""幸福"等概念的专门处理形成鲜明对比。"真理"被大张旗鼓地言说却并不成为专门探究的对象的原因是,在实质的或者说直陈的意义上,举凡哲学上一切言说都已然是在言说真理,而只有在二阶反思的水平上它才会被提出和讨论。

在古希腊哲学中,真理未成为被专门探究论题的理论原因是它总体上④尚未上升到思想反思水平并呈现为反身对象,另一方面,真理却又被标举为哲学研究的最高目标,因为,在古希腊哲学中,真理主要不是在抽

---

① Aristotle, *Metaphysics*, 1027b .

② 参见 Jan Szaif, "Plato and Aristotle on Truth and Falsehood," in Michael Glanzbery (ed.), *The Oxford Handbook of Truth*, New York: Oxford University Press, 2018, p, 45。

③ 柏拉图并未系统讨论过真理问题,他的对话录也没有一篇以真理为主题。参见 Richard Campbell, *Truth and Historicity*, New York: Oxford University Press, 1992, p. 40。

④ 但关于"真"本身的思索已然露出端倪。例如,在柏拉图关于"知识"的界定中,"真"就被明确标出,作为与"确证"并列的知识要素之一;亚里士多德关于"说是者是、非者非即为真"亦是对真明确的"提及"。

象反思水平上关于"真性"的探讨,而是如赫拉克利特所说,"智慧就是说真的话和做真的事"①,在真理呈现的原生态上,真在形式上成为隐形或冗余的。柏拉图将哲人表述为爱真理的人,爱智慧就是爱真理。② 后世奥古斯丁也说过类似的话:"你能认为智慧是与真理不同的吗,在此,最高的善被认知牢牢把握?"③亚里士多德称"哲学家以真理为己任"④。在这一意义上,柏拉图对话中关于"公正"、"幸福"及"勇敢"的辩证法同时就是关于它们的真理。考虑到古希腊哲学与科学理论二位一体的状况,其关于现实世界真理实质性的探索更为明显。

希腊哲学对真理的推崇的另一原因是对理论知识自主性的强调,真理包括自由都是标示思想自足权威性的概念。在此,知识之真(真知)的纯粹理论诉求被置于知识之用(功利)的现实考虑之上,于此显示出真理超越性与崇高性的一面。真理在希腊人心目中的崇高地位植根于他们对自由的理解与追求。亚里士多德将理论认识视为最高认识形式,因为"在各种知识或科学中,那为自身的缘故,为知识而知识的科学比为求取结果的科学更加合乎智慧的本质"⑤。因为,"正如我们把一个为自己、并不为他人而存在的人称为自由人一样,在种种科学中唯有这种科学才是自由的,只有它才仅是为了自身而存在。"⑥在此,希腊哲学表现出明显的**"纯粹求真"**与**"求纯粹的真"**的精神特质。希腊人"为真理而真理"的精神与后世裴多菲的诗《自由与爱情》中生命、爱情、自由的价值排序同出一辙,其与中国思想与文化以"生生"为念的精神品质迥然有异:在西方哲人孜孜于"真不真"的地方,以"道"为核心的中国先贤关心的则是"行

① 参见 Richard Campbell,*Truth and Historicity*,Oxford:Clarendon Press,1992,p. 20。
② Plato,*Republic*,475e,485c.
③ St. Augustine,"On Free Choice of the Will," adopted from Barry Allen,*Truth in Philosophy*,Cambridge,MA:Harvard University Press,1995, p. 9.
④ Aristotle,*Metaphysics*,1004b.
⑤ Aristotle,*Metaphysics*,982a15 - 16.
⑥ Aristotle,*Metaphysics*,982b24 - 27. 此处采用的是吴国盛译文(吴国盛:《什么是科学》,广东人民出版社 2016 年版,第 50 页)。

不行"（得通）。（详见本书第三章第三节）

诉诸真理是希腊哲学也是哲学应对城邦民主制背景下频繁"意见之争"的理论反应，正是在"克服……意见之争"的意义上，"哲学从一开始起便是对真理的寻求"。[1] 在此，应该将以"真"为贵的追求放在一种思想竞争的语境中来理解。（详见本书第四章第二节"真之语用"）罗尔斯说："正义是社会制度的首要价值，正像真理是思想体系的首要价值。"[2]值得注意的是，"真理"与"正义"（包括民主）均具竞争性的西方文化品格。应该指出的是，真理与意见之分在纯粹知识论语境中与政治语境中有微妙的区别。在柏拉图关于认识的"四线段"划分中，意见居于知识与无知之间，其所把握的是"既是又不是者"——这与其"洞穴"比喻中人看到的是作为阳光的替代品的火光是一致的，这与亚里士多德逻辑分明的关于真假"是就是是，不是就是不是"的界定恰成对照。但在法庭及公共辩论中，关于胜负的博弈令真理与意见成为非此即彼的真假对立，在此我们清楚地看到希腊逻辑学与修辞学的内在历史性关系。[3]

二、中世纪真理论述

在整个中世纪时期，哲学家们都表现出对真理话题的极大兴趣，安瑟伦（Anselm）、奥古斯丁、托马斯·阿奎那等均有标题为"论真理"的著述，相信这与神学内外围绕信仰与理性的斗争有一定的关系，这里我们再一次看到真理概念内蕴的斗争品格。而在学术脉络上，前述古希腊哲人的真理观是中世纪哲学与神学一体的"士林哲学"（修道院中的哲学）的重要理论资源。

中世纪真理论述大致包括真理概念理解与真理如何被认知两个方

---

[1] 参见［德］克劳斯·黑尔德《真理之争——现象学还原的前史》，载《世界现象学》，孙周兴编，倪梁康等译，生活·读书·新知三联书店 2003 年版，第 36 页。
[2] ［美］约翰·罗尔斯：《正义论》，何怀宏、何包钢、廖申白译，中国社会科学出版社 1988 年版，第 1 页。
[3] 参见周建漳《真理与修辞》，《科学·经济·社会》2013 年第 3 期。

面的内容。在前者方面,真理概念涉及形而上学/本体论概念的真理、作为命题的真理和作为真理最高形式的认知真理三个层次,在此背景下,人们关于真理问题的思考主要聚焦于真理如何被认识或者说人的认识能力与真理的关系问题。①

海德格尔指出,"论真正意义上的真理概念,在托马斯之前和之后,真理难题从未按如此宽广的视角展开过讨论"②。在《论真理》中,阿奎那讨论了"真理的本质""真理的位置""真理的统一性和复多性",以及"上帝中本质性的或人格性的真理"等问题。关于真理的本质,他提出了三重定义:其一是真实存在意义上的真理,如一把真椅子即一把现实的椅子;处于第二位的才是事物与理智的符合,相对于存在意义上真理自身的根据所在,认识被看作是真理的形式根据;其三,就结果而言的真实,即依信念与结果关系确定的实用主义式的真。就真理之为符合而言,阿奎那细致区分了"符合什么:灵魂、欲求、理智",以及"与什么相符合:追求、领会、感知某物"。在此,"存在者与欲求的契合表明了善","存在者与理智的契合表明了真实"。③ 不但如此,认识论上的符合以存在论上的相称为前提,这种相称性在海德格尔看来就是"被揭示性","也就是说,它必须能够完全显明自身"。在此,"真知只有以存在论真理为根据方才可能"④,在存在论层面上真理的"可通达性"优先于认知上的"符合性"。对海德格尔真理观稍有了解的人于此都不难感受到海德格尔某种"他乡遇故知"的情怀,但即便此中包含了某种"创造性阐释",阿奎那真理思想本身的丰富性与深刻性仍然可圈可点。

中世纪哲人如奥古斯丁典型地吸收了柏拉图的本体性真理的观点,

---

① 这些论述主要参考了《剑桥真理手册》第二、三章相关内容。
② [德]马丁·海德格尔:《哲学史:从托马斯·阿奎那到康德》,黄瑞成译,西北大学出版社2018年版,第69页。
③ [德]马丁·海德格尔:《哲学史:从托马斯·阿奎那到康德》,黄瑞成译,西北大学出版社2018年版,第79页。
④ [德]马丁·海德格尔:《哲学史:从托马斯·阿奎那到康德》,黄瑞成译,西北大学出版社2018年版,第80页。

在其神学背景下,现在上帝就是这样的真理,其余的真之存在皆依其与上帝的关系而分有其特定的真。"中世纪思想家们继承了亚里士多德关于真理的命题理论。"①命题是真值的承载者,并且被用于三段式推理中。命题的真假最终取决于理智与实在之间关系的适恰性(the adequation of the intellect to reality),具体说,句子中主词及谓述与实在的相似性。以科学式认知为范式的真理观的主要思想来源是亚里士多德的《后分析篇》,在此,认识被从因果、必然、推理以及确定性几个方面加以刻画,对必然真理的把握被视为认识的目标,至于像基于对他人信任的证言所提供的只是偶然为真的知识。

在形上本体层面,作为真存在,上帝是真理;在认识论层面,柏拉图的"光喻"转化为上帝将永恒真理之光照进我们心灵的启示真理观。在这方面,安瑟伦与波那温切(Bonaventure)持有与奥古斯丁大致相同的观点,准此,自然事物之真实性在于具有预先已存在于上帝心灵中的特定本质,人的认识的真理性在于与上帝所知的一致性。

在预设上帝作为超验存在的前提下,人类在真理上的局限性被格外突出出来。人生有限,真理永恒,"以有涯随无涯,殆已"(《庄子·养生主》)。因此,单凭人类本身是没法把握绝对真理的,只有经由永恒上帝的启示以及对上帝的信仰,人类才能超越自身认识上的局限性,达到真理。在此,柏拉图所诉诸的"回忆"被代之以"启示"。不过,并非所有中世纪思想家都主张启示真理,出于不同的理由,阿奎那和司各脱(John Duns Scotus)认为,人类认识能力足以把握认识真理而不需预设神圣启示。对前者来说,真理性认识包括对个别事物(如这只兔子)的感知与普遍性(如兔类)的理知,是人类认识能力运用的自然结果,并不涉及神启。对后者来说,事物的个性(有多少松针)与共性(是不是松树)的区分只是思想的形式规定,在实际事物中并不存在这一区分,在认识上也是被同

① Margret Cameron, "Truth in the Middle Ages," in Michael Glanzbery (ed.), *The Oxford Handbook of Truth*, New York: Oxford University Press, 2018, p. 54.

时把握的,对事物本质(共性)的把握即真理并不需要依靠超出人的理智能力之外的启示。可以看到,主张神启在真理中作用的不同观点主要与各自心目中真理指的是什么有关:关于世界与人生根本原则的真理或科学性的真知与人的认识能力的张力关系显然是不一样的。

　　值得注意的是,真理在中世纪神学—哲学背景下不仅是纯学术的话题,更重要的是具有实质内容的,即上帝之言。《约翰福音》所记载的耶稣的话"我是道路、真理、生命"(14:6)清楚地表明了这一点。真理之为启示和信仰是中世纪真理观明显的神学烙印。在神学的背景下敞开的是真理的生存论维度,对真理的认识于是不简单是真假的辨别,遭遇真理乃是对人生具有转化意义的事件。在柏拉图那里,这意味着走出洞穴的"灵魂转向",神学上如奥古斯丁们则目之为"恩典真理",在非神学意义上即伽达默尔所谓的"教化"真理。

三、近代真理理论的兴起

　　尽管真理在古希腊哲学中就已被标示为哲学的最高目标,真理作为指实性名词成为理论探讨的主题却是近代的事。哲学史这一发展的一大因缘是科学革命,艾耶尔说得明白:"科学说明了世界,这唯一的世界,哲学别无其他领域可占⋯⋯只有分析和批评各种科学理论和观念。"[①]"自然哲学"一词在牛顿名著《自然哲学的数学原理》中大概是近代的最后一次正面使用,在黑格尔《自然哲学》以及之后则成为笑柄。因此,哲学上所谓由古代"本体论"到近现代的"认识论转向"与"语言论转向"乃是科学革命背景下哲学危机的理论表现,其实质是哲学失去前此直言世界的话语权,由一阶真理的提供者退而为真理的二阶论说者,最后再变

---

① 〔英〕布莱恩·麦基编:《思想家:当代哲学的创造者们》,周穗明、翁寒松等译,生活·读书·新知三联书店 1987 年版,第 158 页。

为"真"之语言分析者。①"自然哲学"转型为"科学哲学",以及直接言说关于历史的哲学真理的"思辨历史哲学"转为"分析的历史哲学",都是如此。顺便指出,发生在哲学史中的事情与西方艺术史中绘画因摄影术的出现而改变上千年的写实传统,一路由具象写实传统转向"印象派""抽象主义",乃至观念艺术的划时代转变,不但时间上大致同步,其历史意义与理论实质亦有殊途同归之趣。

认识论转向决定了近代真理研究明显的认识论视野,同时,在哲学对科学"见贤思齐"的科学主义思潮中,科学顺理成章地被视为真理的理论原型。根据波兰学者沃伦斯基(Jan Wolenski)的考证,"符合"一词的出现不早于19世纪,它第一次出现是在克勒瑞吉(Samuel Coleridge)笔下,后来布拉德利(Bradley)和罗素在他们的论著中也用了这个词。至于"真理符合论"则是在1901—1905年间由鲍德温(Baldwin)首次正式提出。② 而令许多人都没有想到的是,西方世界中第一本系统介绍真理理论的专著则晚至1992年才面世。③ 符合论、融贯论及实用论的名称以及基本理论框架也都是在这一时期正式提出和成形的。④

符合论在思想渊源上甚至可以追溯至亚里士多德,在阿奎那那里可以看到符合论略具雏形的构想,体系化的符合论的近代代表人物有罗素、奥斯汀、早期维特根斯坦等,其基本观点是以思想(认识)与其对象(实在)的符合一致为真理的定义。在更细致的划分下,通常认为近代摩尔、罗素等所持有的是"基于对象(Object-Based)的符合论",而之后的20

---

① 周建漳:《科学革命与哲学的可能:围绕"认识论转向"与"语言论转向"的元哲学思考》,《学术月刊》2023年第4期。
② Jan Wolenski, "Semantic Conception of Truth as a Philosophical Theory," in Jaroslav Peregrin (ed.), *Truth and its Nature (If Any)*, Springer Science + Business Media Dordrecht, 1999, p. 52.
③ Richard L. Kirkham, *Theories of Truth*, Cambridge, MA: The MIT Press, 1992.
④ 在罗素1912年的文章中除了其所主张的符合论外,明确提及"融贯论"。在奥斯汀1950年的文章的一处脚注中明确出现"融贯论"与"实用论"字眼。詹姆士《真理的意义》发表时间是1909年。

世纪的符合论则属于"基于事实(Fact-Based)的符合论"。① 与符合论不同,融贯论持一种整体真理观,主张特定陈述之真依赖其作为一普遍信念体系的成员资格,即与已知为真的整体信念体系的"接轨"。融贯论与符合论的不同大致属于理性主义与经验主义实在论的区别,它在理论上可以追溯至斯宾诺莎、黑格尔,其近代代表有布拉德利(F. H. Bradley)、布兰夏德(Brand Blanshard),逻辑实证主义阵营中的纽拉特(O. Neurath)及亨普尔(G. C. Hempel)也持有融贯论思想。沃克尔(Ralph C. S. Walker)是目前比较重要的融贯论理论家。实用论持实用主义的真理观,皮尔士、詹姆士和杜威,尤其是詹姆士是其主要思想代表,其当代"发言人"是罗蒂。实用论对符合论的主要不满是后者只是关于真理的字面定义,而在现实世界中,信念真假的揭示乃至证实主要是其在实(验)践中的成败,因此,真(假)的本质是观念见诸实际的结果比对而不是抽象的观念与对象是否符合。实用论与符合论的分歧不是对立性的——事实上,真理与实在的错位或不一致不可能成为任何严肃真理论的主张。实用论如皮尔士关于真理即那些好的研究最终殊途同归的会聚的思想中包含明确的融贯论因素。总之,真理三大论彼此间未必是排他的对错之争,而是彼此不同且各自以为更深刻或更恰当的真理理解。

在由笛卡尔到黑格尔不到两个世纪的近代哲学中,"虽然真理概念是无可回避的,但对于这一时期典范性的思想家来说,真理理论往往是在其他被认为是更基本的议题中露面的。"②此即一般意义上的认识论议题。近代哲学家中较多涉及真理议题的似乎主要是理性主义者,除洛克

---

① Marian David,"The Correspondence Theory of Truth," in Michael Glanzbery (ed.), *The Oxford Handbook of Truth*, New York: Oxford University Press, 2018 p. 238.

② Alan Nelson,"Early Modern Theories of Truth," in Michael Glanzbery (ed.), *The Oxford Handbook of Truth*, New York: Oxford University Press, 2018, p. 75.

外,像霍布斯、休谟这样的更坚定的经验论者对真理问题似乎都兴趣缺缺。[①] 研究表明,尽管人们往往在亚里士多德的思想中寻找真理符合论的胚芽,但最早可以被恰当冠以"符合论"的真理理论应该出自洛克。[②] 这清楚表明了符合论的经验论背景与实在论立场,也就是说,认识或命题的真假不是仅仅在理性内部被确定,而是要在理性与经验两方面获得解释,其中由经验联通的客观实在端对于认识的真与不真是决定性因素。

作为理性观念论者,笛卡尔虽然也在真理与实在吻合的意义上理解真理,但这一吻合却是建立在上帝对人类善意("不我欺")的基础上的。换言之,观念与其认识对象是否一致超出人类理性的能力,只有在全知理性("上帝之眼")的预设中才能确立。在人类认知的视角下,客观实在之真乃是作为真观念的对象而被确认的,而观念之真的确认标准,就是清楚与明晰。其中,清楚大致相当于观念的直观明见性,如"我思"之不容置疑。清楚与明晰之间是递进关系,后者在前者基础上涉及某一观念足以与其他一切观念在内容上相区别的本质性,这是一个比清楚严格得多的要求。[③] 显然,笛卡尔关于真理的看法其实包含了常识性与理论性两个层面,和所有人一样,他拥有相信真理必定是与思想之外的存在相关的健全常识,而在理论论证中,其观念论立场决定了他实际上是在与后世融贯论真理观相同的地方即思想内部寻求真理的证成。清楚明晰或适用于例如几何演绎的真,但在更基本和广阔的意义上却显然是不充分的。

受笛卡尔影响,近代哲学家们大多持有一种可以说是观念或概念蕴含(idea or concept containment theory of truth)的真理观。这种观点视

[①] Alan Nelson, "Early Modern Theories of Truth, "in Michael Glanzbery (ed.), *The Oxford Handbook of Truth*, New York: Oxford University Press, 2018, p. 76.

[②] Richard Campbell, *Truth and Historicity*, Oxford: Clarendon Press, 1992, p. 212.

[③] 参见陈勇《论笛卡尔真理观的三个方面》,《社会科学家》2016 年第 4 期。

真理为适合于事物本质的概念。在全知上帝的视角下，整个宇宙万事万物的本质皆在上帝掌握之中，"所有观念就其与上帝相关联而论是真的"①。被归诸上帝的其实是无以论证但被接受的关于世界理性化从而真理存在的直觉，人对真理的认识乃是对上帝全知视角的趋近。概念蕴含的真理观认为，事物的本质最终表达在命题中，而通过谓词所表达的所有内容最终都蕴含或者说凝聚在主词中。例如，几何学上三角形的性质均凝结在"三角形"概念中，包括直角三角形斜边的平方等于两个直角边的平方之和。对于经验性命题，如"凯撒渡过卢比孔河"而言，它被认为同样包含在关于"凯撒"的彻底概念中，当然，对于人类来说，"渡河"只是"凯撒"生平中未必一定发生的偶然事实，从而渡河命题并非必然真理。但在莱布尼茨眼中，偶然真理与必然真理的区别只是相对于人类有限视角与能力才成立的，而在上帝对世界的理解和设计中，一切都是关于"凯撒"的必然真理。"莱布尼茨的真理观是近代哲学中得到最高度发展的理论"②，斯宾诺莎、洛克的真理观在各自不同的理论框架内细节上有不同，但基本观点则大体相同。

　　康德是近代哲学中不可忽略的存在，相对而言，其关于真理问题着墨不多，却在真理的主客体关系方面留下了难以回答的问题。对于自阿奎那以来被普遍接受的关于真理即认知与其对象相一致的常规定义，康德明确认可其为关于真理的基本预设，就此而论，我们可以辨认出康德真理观中类似符合论的因素。但在其"哥白尼革命"的背景下，一致性不再基于人类认识之外的任何根据（客体或上帝），而是在感性与知性先验主体性框架内成立的纯粹认识的事情，关于真理的"外在论"立场到"内在论"立场的转变所致的势必是关于真理的某种融贯的理解。康蒲·斯

---

① Alan Nelson, "Early Modern Theories of Truth," in Michael Glanzbery (ed.), *The Oxford Handbook of Truth*, New York: Oxford University Press, 2018, p. 81.

② Alan Nelson, "Early Modern Theories of Truth," in Michael Glanzbery (ed.), *The Oxford Handbook of Truth*, New York: Oxford University Press, 2018, p. 87.

密认为,"真理前后一贯说(融贯论)这一立场,人们一向把这种说法归于黑格尔,其实它的起源在《纯粹理性批判》。"①

囿于观念论立场,康德哲学在真理问题上遇到的难以解决的问题是真假的区别,亦即真理如何可能。因为,如果说不论认识对象还是作为理解的认识都笼罩或统摄于主体,那如何解释作为真理反面的认识谬误的发生?这就好像在梦中如何区分梦与非梦。康德试图通过区分表象与判断来解决问题。在感觉表象层面上,正常认知主体对感官刺激的反应是同样没有区别的,真假问题发生在对现象进一步的主体认识判断层次。但除了逻辑失误这样的形式化因素,离开某种外部参照,主体判断的真伪在实质内容层面上最终如何解释?

在黑格尔"主体即实体"的观念一元论中,康德真理观主客二分格局下真理的主观与客观关系的问题不成其为问题。黑格尔真理思考的问题意识是如何为哲学自身的真理性辩护。"理性的本能所具有的根深蒂固的直觉和信念"是"真理只有一个",而哲学史所呈现的则是充满彼此"互相反对、互相矛盾、互相推翻"的哲学残骸的"死人王国"景象。② 在黑格尔看来,真理不是任何单一抽象命题,具体真理恰恰存在于整个哲学发展的辩证统一中,这就是真理之为全体及在历史发展正反合的过程中辩证地推进和实现的真理观。他指出,"现象是生成和毁灭的运动,但生成毁灭的运动本身并不生成毁灭,它是自在地存在着的,并构成着现实和真理的生命运动。这样,真理就是所有参加者都为之酩酊大醉的一席豪饮。"③

在辩证法及历史主义的方法论维度之上,黑格尔以哲学自身为反思对象的真理思考让我们想起古希腊哲学中柏拉图与智者派的争论,柏拉

---

① [英]康蒲·斯密:《康德〈纯粹理性批判〉解义》,韦卓民译,华中师范大学出版社2000年版,第19页。
② [德]黑格尔:《哲学史讲演录》(第一卷),贺麟、王太庆译,商务印书馆1981年版,第21、22页。
③ [德]黑格尔:《精神现象学》(上卷),贺麟、王玖兴译,商务印书馆1981年版,第30页。

图所设想的真理在他的充满争议的对话中何尝有一处予以呈现？对此，黑格尔的思考是，"如果真理是抽象的，则它就是不真的"①，真理只能在对立观点否定之否定的辩证统一中来把握。黑格尔以真理为整全体系的观点明显具有某种融贯论色彩，在其自身话语系统内也是可以自圆其说的。但疑问仍然存在。依真理之为体系亦即过程的观点，人类的认识过程在任何当下都是未完成的，则真理在任何当下似乎总是延迟到场或者不如说不在场的。用斯宾诺莎的话说，"历史的真理"乃名词与形容词的矛盾，因为，依照其观点，真理不可能是"历史的"，在历史的东西中不可能包含真理。② 在黑格尔的话语系统中，这大概可以用绝对真理和相对真理的历史性统一的辩证范畴加以解说。

黑格尔思想突出的历史感反映出其不同于康德更具科学主义倾向的人文主义思维方式，在这一维度上，近代意大利思想家维柯与笛卡尔异调的思想包括真理观不可不提。③ 维柯以《新科学》名其书，在近代数学、自然科学长足进步以及以自然科学为支撑的笛卡尔认识论蓬勃发展的背景下，为人文学说之为"诗性的智慧"的学术地位辩护。他提出著名的"真理即创造"的观点，认为与自然科学乃是解读上帝用数学语言写就的"天书"不同，对于作为人类之书的历史，我们可以获得比关于自然现象的外部解释更为深刻确定的内在理解即更深刻的真理。维柯在为人文学说辩护的同时实质上揭示了真理不同样式的观点，启发了狄尔泰乃至文德尔班、李凯尔特等人依人文与自然科学"理解"与"解释"的区别强调人文学说自主性的思想道路。

四、现当代真理理论

与近代"认识论转向"一脉相承的"语言论转向"是当代英美哲学真

① ［德］黑格尔：《哲学史讲演录》（第一卷），贺麟、王太庆译，商务印书馆1981年版，第29页。
② 参见［德］恩斯特·卡西勒《启蒙哲学》，顾伟铭等译，山东人民出版社1988年版，第180页。
③ 遗憾的是，在《剑桥真理手册》中，维柯完全被忽略，正如海德格尔亦不入其法眼。其实，黑格尔亦未列入。

理论的理论背景。"语言论转向"被广泛关注缘于罗蒂 1967 年主编的那本经典文集 *The Linguistic Turn-Essays in Philosophical Method*，但正如他在该书前言中所明示的那样，这一词组并非他本人所创，而是维也纳小组成员伯格曼（Bergman）在 1960 年对斯特劳森的访谈中首度提出的。① 有趣的是，"认识论转向"同样是由伯格曼在收入同一本书的另一篇文章中提出的，②这不但显示了历史中常见的"后见之明"，并且暗示"认识论转向"与"语言论转向"一脉相承的关系。以认识论为参照，关于古代哲学的"本体论"定位顺理成章，即由对外部存在的探索转向这种探索的主体可能性的探问，我们在卡尔纳普那就可以看到这样的说法。③

一般而言，在 20 世纪中叶之前——以塔斯基（Tarski）1944 年的英文论文《语义真理概念和语义学的基础》为界——真理研究中实质性真理理论（Substantial Theories of Truth）的经典三大派"符合论"、"融贯论"及"实用论"从名号到基本观点均已正式成形。多少有点出人意料的是，符合论作为最老牌的真理观就今天所看到的相关论文来说，其发表时间倒不比实用论早，虽然后者显然是作为前者理论上的反对者出现的。此外，仅从历史时间上看，正如奇乔瓦茨基所提出的，实质性真理理论三大论的正式出场与弗雷格、塔斯基最初提出语言哲学形式化真理理论可以说大致在同一时代④，但在思想时间上，后者无疑是作为对前者的后出反拨出现的，在这一意义上，三大论的确可以说是西方哲学中传统或者说经典的真理理论。可见专题讨论与实际观点的存在之间并不完全

---

① 参见 Michael Beaney（ed.），*The Oxford Handbook of The History of Analytic Philosophy*，New York：Oxford University Press，2013，p. 48。

② 参见 Thomas M. Lennon，*The Plain Truth：Descartes，Huet，and Skepticism*，Leiden：Koninklijke Brill NV，2008，p. 56。相关信息都是我指导过的博士生邓龙九帮忙在互联网上检索出来的，谨此致谢。

③ 参见 R. Carnap，"Empiricism，Semantics，and Ontology，" reprinted in his *Meaning and Necessity*，enlarged edition，Chicago：University of Chicago Press，1956。

④ Predrag Cicovacki，"Rethinking the Concept of Truth：A Critique of Deflationism，" in Jaroslav Peregrin（ed.），*Truth and its Nature（If Any）*，Springer Science＋Business Media. B. V. 1999，P. 206，note 9。

严格对应。

在西方历史逻辑、语法、修辞学传统下,语言分析自始就生根于西方哲学中,"Being"之为形而上学根本范畴就是著名的例子,而由"是"到"真"则是语言学和逻辑学的新视野、新工具在哲学求新求变的努力中开枝散叶的结果,最终导致传统真理观之外新的语义真(性)范式的出现。今天蔚为大观的语言哲学真理论的思想萌芽最初可以追溯到弗雷格或兰姆赛(F. P. Ramsey),二者关于真在语句中并不表达独立语义内容的"冗余"观在揭示真之非一阶陈述的二阶断言性的同时卸去真理概念的形而上学内涵,走上了关于"真"之抽象逻辑语义分析的道路。

语言哲学真理论的正式奠基者是波兰逻辑学家塔斯基,他于 1944 年发表的英文论文《语义真理概念和语义学的基础》基于真语架(T Schema)关于真的形式化语义分析是新的真理论范式的标志性事件,其重要性除了开创了新的研究范式,还在于塔斯基以"'雪是白的'是真的,当且仅当雪是白的"例示的著名的真理图式成为后来几乎所有相关真理讨论的标准句式和出发点。这样,真理研究由原先的形上、认识层面转向关于"真"在语言中的意义和功能等形式化的语言分析,但值得一提的是,语义真理论在真理的思想原型上与传统真理观并无二致,即科学真理,其语言表现为真命题。

关于塔斯基真理观的本义、其与传统符合论究竟有否关系、是何关系等在当代语义真理的讨论中成为争议不断的话题。更重要的是,顺着他在语言中定义真词项的思路,当代英美哲学发展出了目前通常被统一放在"缩简论"(Deflationism)名目下的五花八门的新的真理论派别,如冗余论、去引号论、极简论、意义论、同一论、代语句论、公理化真理论、基原论等等。这些观点如冗余论、去引号论与极简论在理论细节上有繁简的差异,但基本立场乃至思想路径和分析工具并无大异:认为"真"谓述于语句实质内容无所增益,强调"真"只是语言中的一个词,在哲学上并无传统理论所以为的形而上学本质或重大理论意义与解释功能,但有表达无穷合取或无穷析取的逻辑功能,如在"某某所说皆为真"中作为对其所说的每个句子"概括承受"的语言记号;去引号、语义上升的句法功能;以及表达赞同、承认,或作为认可断定的语用手段。在这一背景下,戴维森的真之意义理论试图在缩简论一族贬抑"真"在语言和哲学中的实质重要性的情况下,从"真"之为"意义"理解必要条件的角度强调真在语言中不可或缺的实质重要性,代表了语言哲学真理论的一种新观点。

语义真理论回到"真"毕竟是语言中的一个词这一在语言的遗忘中被忽略了的基本事实,同时,与陈述句中的"是"一样,"真"也是语言中具有抽象、先验性质的概念,具有展开哲学分析的理论可能性。聚焦于真在理论上具有胡塞尔式的概念悬搁功能,由此,如果不从语言分析的角度很难进入我们视野的问题,比如"真"作为谓词与其他谓词如"红的""美的"的区别,从而"真"到底是不是以及表示何种属性(property)的词?"真"是不是表示比如主客关系的词?"真"的承载者(bearer)与使真者(maker)是什么等等开始进入理论研究的视野,由此开拓出真理研究新的理论生长点。然而,语言视角下的真之分析理论作为分析哲学的分支固然在概念明晰性与论证严格性方面具有一定的理论优势,但其结果却是将 truth 在内容上缩简为"为真性"(being true),所得到的是关于真理攻其一点、不及其余的窄概念。此外,由于其所关注的真是只有在特定谓述句语句结构中呈现的东西,真和真理之为"词"以及语言文本的真理性问题皆在其视野之外,即便从语言的角度看亦是有缺失的,更不用说真理之为"事"基本不在其视野中。因此,其理论成就与其说是真理理论上的,不如说是以"真"为例展开的语言分析,它究竟在多大程度上推进了我们对真理的实质性理解的确令人怀疑。

认识论与语言论"两大转向"的确提供了我们理解和解释近代以降英美哲学理论走向的有效理论线索。作为早期高扬"拒斥形而上学"主张的维也纳学派学术继承人,语言哲学家们走在与马克思所提倡的实践优先的观点相反的方向上,不再"解释世界"而是"分析""论说"他人关于世界的解释的语言与逻辑合法性。根据维特根斯坦的说法，哲学不提供知识，只提供思想病的语言与逻辑治疗，具体反映在真理问题上，哲学家不再试图说出自己的思想真理而是给出关于（他人）真理的哲学分析，但是，这一由"说（出）"到"论"的转变的确可以解释近代以降英美哲学的实情，却不足以涵盖欧陆哲学。欧陆哲学（主要是德国、法国哲学）中发展出以海德格尔为标志性人物（包括雅斯贝尔斯、尼采、萨特和伽达默尔等人）的真理观，其与英美哲学大异其趣！1929 年卡西尔①与海德格尔的达沃斯辩论②，是一个具有分水岭意义的标志性事件。在欧陆哲学方面，哲学从来没有完全"缩简"为二阶认识论话语，仍然承担着直接探讨关于存在（世界）与此在（人）真理的任务，理由很简单，"即使一切可能的科学问题都能解答，我们的生命问题还是仍然没有被触及"③。维特根斯坦诊断合理，但他由此认为在非科学的问题上不存在科学地言说的可能性判断失误，而这又与其关于科学、知识的某种量身定制的狭隘理解有关。

如果说科学并未也不可垄断所有真理，那么，这正是欧陆哲学家在诸如"存在真理"、"本质真理"、"哲学真理"以及"精神科学的真理"、"解释学真理"各种不同角度共同指向的"处于科学之外的认识方式的真理"。④ 海德格尔强调，真理首先不是认识论和语言问题，而是牵涉人与世界本质更深层次的存在论问题，为了将这种不同明确标示，海德格尔甚至在真理一词上独出心裁地援引其古希腊原词 Aletheia 并强调其存在"无蔽"之义。与"无蔽"相应的动词是"解蔽"，它不是对"在手之物"的

---

① 卡西尔的认识论立场处于维也纳学派与海德格尔二者之间，其是《人文科学的逻辑》的作者，他不是科学主义者。

② 参见[美]迈克尔·弗里德曼《分道而行：卡尔纳普、卡西尔和海德格尔》，张卜天译，南星校，北京大学出版社 2010 年版。

③ [奥]维特根斯坦：《逻辑哲学论》，郭英译，商务印书馆 1985 年版，第 97 页。

④ [德]汉斯-格奥尔格·伽达默尔：《诠释学Ⅰ真理与方法》，洪汉鼎译，商务印书馆 2007 年版，第 18 页。

二阶认知"解释"或"解密",在非亚里士多德式实体形而上学①的存在论形而上学中,真理即存在意义的无蔽呈现,"'存在之意义'与'存在之真理'说的是一回事情"②。诚如格朗丹(Jean Grondin)所言,真理作为解蔽"可以从意义开启的概念来把握"③。总之,转向认识论进而语言论很好地刻画了近代以降英美哲学的范式转换,但这对欧陆哲学来说并非恰当的概念。在欧陆哲学中,"论"真理与"道"真理、关于"真理的知识"与"真理的生产"④一体两面,就英美与欧陆两种真理观而言,**科学真理**与**哲学真理**并行不悖。

作为哲学史发展的理论结果,当今真理理论的学术版图可以说主要是英美方面近代实质性真理理论"三大论"、当代语言哲学"缩简论"以及欧陆"存在真理论"之"三分天下"。从受关注程度和研究队伍来看,当今英美主流语言哲学背景的形式化真理理论势头最劲,实质性真理理论与欧陆真理理论的研究方面大体均衡。真理论之"三分天下"进一步可以区分出英美哲学与欧陆哲学两大阵营。两大阵营划分的根据之一,是双方学术气质上明显的科学主义和人文主义品格的差异。这一差异的形成可能有思想动机乃至思想传统方面的原因,但更根本的是真理的直观原型科学真理与人文哲学真理的不同。譬如,在海德格尔看来,真理高于和深于认识论上的正确性或语句之"真(性)",其"处所"不是判断或句子,而是文本与经验,真理是存在论层次上关于世界与人的"去蔽"经验。必须说明的是,基于英美传统与当代真理理论的某些共同性,它们在相对欧陆哲学的情况下被视为同一阵营,但它们之间理论的断裂性其实远

---

① 在海德格尔看来,亚里士多德形而上学"实体"本体论"合法的完成"即现代科学,这是属于"存在者"层面的事情。参见"哲学的终结和思的任务",载《海德格尔选集》(下卷),孙周兴选编,生活·读书·新知三联书店 1996 年版,第 1245 页。
② [德]马丁·海德格尔:《形而上学是什么?》导言,载《海德格尔文集:路标》,孙周兴译,商务印书馆 2014 年版,第 446 页。
③ [加]让·格朗丹:《诠释学真理?:论汉斯-格奥尔格·伽达默尔的真理概念》,洪汉鼎译,商务印书馆 2015 年版,第 163 页。
④ [法]阿兰·巴迪欧:《哲学宣言》,蓝江译,南京大学出版社 2014 年版,第 55 页。

甚于同一性。正如《真理诸概念》的作者所抱怨的那样，"今天的分析哲学家们甚至无视自身英语传统的经典"①。

"三分天下"是迄今为止西方哲学真理研究的基本理论态势，在这一总体格局之下，目前我们在真理研究中看到出现了一些新的研究话题，如对真理价值的反思，从真理与生活关系的角度探讨"真理为什么重要"②，以及真信念在价值上是不是总是好的问题③。在这一角度上，尼采、福柯、阿伦特乃至俄罗斯思想家都不属于上述真理三派，难以获得恰当的理论位置。总体上说，当前真理论研究方向上一个较为明显的趋势是"关于真理的当代哲学论辩中具有新特色的转向：**规范性转向**（normative turn）"④。在此背景下，达米特（Dummett）、赖特（Wright）、普瑞斯（Price）以及林奇都持有关于真理作为认知规范这样的观点。⑤

21世纪以来，真理研究成为哲学研究的一个热点，论文、论著和学术会议源源不断，几乎所有哲学名家都或是某种真理理论的担纲者，或是相关讨论的积极参与者。基于真理研究在当代学术产业中的理论规模与强劲表现，"真理哲学"⑥的发展态势于此可见一斑。

总体层面上真理理论"三分天下"格局既明，以下将在纵深上就实质性真理理论、形式化真理理论及欧陆真理理论加以分节分析与评述，在由面到点的学术史框架下审视真理问题。

---

① Wolfgang Kunne,*Conceptions of Truth*, New York：Oxford University Press, 2003, p. vii.
② Michael P. Lynch, *True to life*：*Why Truth Matters*, Cambridge, MA：The MIT Press, 2004.
③ Daniel Whiting, "The Good and the True (or the Bad and the False),"in *Philosophy*, Vol. 88, No. 344, 2013, pp. 219-242。
④ Jośe Medina and David Wood（eds.）, *Truth*：*Engagements across Philosophical Traditions*, Malden, MA：Wiley Blackwell, 1993. 英文原文就是黑体。
⑤ 参见 Gila Sher, "Truth and Scientific Change," in *Journal of General Philosophy of Science*, 48（2017）, pp. 371-394。
⑥ Theodora Achourioti, Henri Galinon(eds.), *Unifying the Philosophy of Truth*,Dordrecht：Springer, 2015, p. 1.

第二节　近代实质性真理理论

所谓实质性真理理论是相对于形式化真理论而言的,二者分别是"认识论转向"与"语言论转向"的产物,truth 在二者之间经历了由"真理"到"真"的转换。认识论真理理论的实质性,一是包含相关形而上学论述,二是所讨论的对象是作为具有实质认知内容的真命题,而形式主义真之理论将重心转向作为性质的命题之真,并在句法与逻辑层面上对真展开形式化分析。

一、真理符合论

实质性真理理论有时亦被称为形而上学真理理论或经典真理理论,其内容通常包含符合论、融贯论和实用论三大真理论。作为最合乎一般直觉同时也是最老牌的真理观,符合论同时也是最受挑战的观点,是融贯论尤其是实用论立论的思考背景。

作为对"什么是真理"的回答,符合论主张,思想/语言之真(假)取决于其与客观对象二者之间的关系,这种关系即前者对后者的"符合"。基于自然语言中符合一词的特定含义,符合论的中心特征是根据词语与语言外世界之间的某种符合关系来解释真。罗素、摩尔及前期维特根斯坦所持的是大致相同的"契合"式符合观(correspondence as congruence),依照这种观点,一个表达"某某爱某某"的句子涉及四个元素,即信念持有者,两位当事人,以及二者之间的关系,当所持有的信念与两位对象及其关系间存在一一对应的结构性对应关系时,句子成立为真。在此,真理可以理解为主观与客观之间类似于摄影、复印式的对象与信念或语句的同构关系,这种关系可以由语句中主词、谓词、动词与客观实在中对象、属性及事件两种构成成分的对应关系加以说明。按照维特根斯坦的说法,原子命题和分子命题分别对应于原子和分子事实。主客同构性观点除了可以举出的某些特定实例外，并不具有普遍有效性。事实上，维特根斯坦本人后期亦放弃了其关于语言与实在关系的世界图像式理解。

契合论关于符合所要求的东西比奥斯汀所持的更为简约的"对应"式符合论(correspondence as correlation)更多，相应地，它受到的质疑亦更多。依奥斯汀的观点，语句与事态一一契合的观点属于"将语言的样态读进世界的失误"①。他认为，陈述或断言与事物的符合只是在较宽泛的意义上指所说的东西与事物的实际存在之间存在对应关联性，此外不包含更多的含意与解释。两种观点关于符合的不同理解，可以直观地表述如下。就契合观而言，"一把钥匙可以同其匙眼相契合，半张邮票可以跟另外半张相吻合"，而对于对应的符合来说，"账本上的一笔账目可以对应于一笔交易，陆军中的一个官阶可以对应于海军中的一个官阶"②。

符合论真理观还有一个不自然或别扭之处，即它仿佛预设了命题与对象的现成二分，进而谈论二者之间的符合关系，而实际的情景却是，我们在语言中直接说出事实，弗雷格说"事实就是真的思想"③。真命题与相关事实直接合一，这就是关于真理的同一论观点。同一论更贴近当下认知实际，的确比符合论更自然。事实上，对符合论的不满正是同一论兴起的部分原因，但其视事实与认知内容同一的形而上学主张带来的更大麻烦令其最终难以为人所普遍接受。

就真理符合论直觉上的自明性而言，可以说，不论是普通人还是哲学家，心底都住着个"符合君"。资料表明，在当代真理话语语义的范式转换背景下，融贯论和实用论虽亦有人继续讨论，但符合论仍然是关注度和支持度更高的理论，根据鲍格特(Bourget)与钱默(Chalmer)2014年

① J. L. Austin, "Truth, "in Michael Lynch（ed.）, *The Nature of Truth：Classic and Contemporary Perspectives*, Cambridge, MA：The MIT Press, 2001, p. 30.
② ［英］A. C. 格雷林：《哲学逻辑引论》，牟博译，涂纪亮校，中国社会科学出版社1990年版，第218页。（文字略有改动）
③ Stewart Candlish and Nic Damnjanovic, "The Identity Theory of Truth," adopted from Michael Glanzberg（ed.）*The Oxford Handbook of Truth*, New York：Oxford University Press, 2018, p. 261

的调查,符合论仍是当今大多数人(50.8%)"接受或倾向"的真理观,远较紧缩论(24.8%)的支持者为多。① 为因应其所遭受的质疑和批评,更出现了不少符合论的当代改进版本,如建立在承认不同认知领域之真对实在的符合各不相同基础上的"复合符合论"(Truth as Composite Correspondence),以及强调思想/语言与实在非直观简单指称关系的"间接符合论"(Truth as Indirect Correspondence)等,希望在坚持基本原则的基础上完善理论。

符合论的要义是肯定实在对语句真假的外部约束,在此,实在乃真得以成立的客观条件。在符合论的实在论版本中,真理是由客观事物决定的,依照非实在论如康德式的理解,真理是由主客观共同决定的。不论如何,符合论内含真理客观性的直觉与诉求在根本上可以说是颠扑不破的。可是,一旦由直觉进入理论反思的学术层面,关于符合论的各种疑难接踵而至,符合论真理观所遭遇的问题总体上看可以分为形上与概念分析两个层面。形上层面上对符合论的质疑主要集中在"符合"如何可能的问题,概念层面的质疑侧重于符合论所涉及的所有理论要素的推敲:作为候选真理承载者(truth bearer)的究竟是"句子""命题",还是"陈述"? 作为"被符合"对象的是实在、事实、事态,还是事件?

符合论主张真理是关系性范畴,依最一般的表述,真理即认识对实在、语言(word)与世界(world)的符合。符合预设思想与对象间的主客异质二元性,思想、语言与外在于它的异质对象之间的符合如何可能成为问题。认识不是翻译,在主客异质性前提下二者之间不存在在语言中才有的同义转换或者说运算的可能性,人与认识对象间最基本也是首先被注意到的关系是视觉关系,符合论在其根底上往往存在着一个视觉图像性隐喻,这在诸如"猫在垫子上"或"雪是白的"这样一些讨论用例中留下清晰的痕迹。在视觉隐喻下认识是镜子式的被动反映,认识的真理性

---

① Theodora Achourioti, Henri Galinon, Jose Martines Fernandez and Kentaro Fujinoto (eds.), *Unifying the Philosophy of Truth*, Dordrecht: Springer, 2015, p. 3.

取决于主观认识对客观对象描摹的逼真度,依图像(证件照)认人是符合的标准样式。然而,认识并不等于"认出",其实质不是视觉上的"像不像"——就连当代绘画都不再追求形似——而是内容上的"是不是(真不真)",而这实质上是在人与世界实践性互动关系上成为可能,因此,在实用主义那里,认识上的"是不是或真不真"最终取决于实践上的"行不行"。

在关系性范畴中,构成关系项的主观(体)与客观(体)各自的地位是一个非常有趣的问题。一方面,真理必定是客观的,否则认识等于纯粹在头脑内部发生的"主体梦",认识的真假亦无从区分。另一方面,关心真理、提出真理要求的恰恰是主体。并且,客观性的极致意义,即不依赖于主观并与主观无关,这恰恰使客体成为主观认识无以通达的自在之物,[①]真理无从谈起。因此,真理注定是主客两极之间物,康德哲学扭转了认识上客体本位的传统观念,最终,实用主义在主体借助身体和工具与客观物质世界打交道的主客关系层面上实现主观见之于客观的主客互动,依物质层面上物质力的同一性解决了思想与世界的异质性问题。

符合论内含着的认识与对象的比较意向也遭到各种批评。普特南(Hilary Putnam)认为,人类没有办法跳出置身其中的主客纠葛获得印证二者是否符合的"神目观"(God's eye)。这一指责如果说由于将具体的认识上升到抽象人与世界的总观视角考虑而未必公正,关于符合论我们在布伦塔诺(Franz C. Brentano)那还看到也许可以称之为亏题式的质疑:"有些人坚持可以通过将自己的思想与其对象的比较来把握真理,他们没有意识到,为了进行这样的比较,我应该已经知道了对象到底是怎么回事。然而,知道这一点意味着已然拥有真理。"[②]因此,比较是没有

---

① 参见[德]安东·科赫:《真理、自由与时间:一个哲学理论的导论》,陈勇、梁亦斌译,人民出版社 2016 年版,第 10 页。

② 参见 Wolfgang Künne, *Conceptions of Truth*, New York: Oxford University Press, 2003, p. 127。

意义的。的确,符合论在这一意义上实际所说的是一个真理确认的问题,此时主体拥有的可以理解为是作为候补真理的认识假说,但排除粗率等主观失误,候补真理的真理性如何确立,其实是没法比照某一标准确定是否符合的,换言之,是否符合是一个没法操作的事,从而是无法回答的问题。因为,我们手上现在已经有了一个关于特定问题的答案,如果这是一个学生作业,那答案之正确与否可以通过是否符合标准答案得出判断,而在真实的认识而非学习过程中,我们所做的事情恰恰就是给出预想的标准答案。

符合论最为深厚的根源是一般认识论中蕴涵的视觉隐喻,日常生活中错认及其纠正、证件照与持证人是否同为一人的验证,都是主观与客观、观念与事实相互比照最佳的"符合"案例,但是,当人们在关于真理的认识论语境中下意识地援引此类视觉直觉为认识正确性的一般解释原型时,却犯了以偏概全、过度解释的错误。认识虽然在感觉方面主要依赖视觉,但本质上显然不是简单的视觉过程,除了少数情况外,在我们对对象的认识中根本不存在通过两次观看以确认符合与否这回事。事实上,认识正确性的确认只有实用主义所说的付诸实践"以观后效"的所谓发生学路径。因此,布伦塔诺质疑的实质是符合,对真理而言这其实是一种事后解释,是在实在论世界观背景下为认识正确性配置的本体论说辞,而不是真理成立的实际条件。对实用主义者来说,符合论这种关于真理的语词定义是无以证明的形而上学假设,在实际认识中,理论科学假说真理性的被接受往往取决于其对相关现象的解释力乃至新异性、简洁性等特性,但这些特征都只是与真理相关的可能属性,倒是其与已有真理论是否相融贯是真理成立的逻辑必要条件。对于实证科学,理论假说真理性的必要和充分条件是特定实验结果,其生活实践版本则是实践成败。就其提供了真理成立的实情和可操作验证而论,实用主义理论的确是对符合论的一种超越。不过,对于符合论这样一个意在给出真是什么意思的解释或定义而不是真理标准或达成途径的理论来说,这种批评并不足为符合论病,①即并不构成对符合论的致命反驳。

　　针对符合论所遭遇的理论挑战和它自身在理论上的弱点,晚近学者尝试提出各种改进版本的符合论,以补强自身,回应质疑。比如,语言与事实在因果、指称性基础上直接的——符合对应关系在某些简单情况下或许成立,但在诸如"2+2=4""贝多芬第五交响乐有四个乐章"这样的包含抽象数字或非实指对象(交响乐)的句子的情况下,对象的语义不是直接指称,而是在不同语义上下文(contextual semantics)中被确定的,这就是荷根(Terence Horgan)提出的"间接符合论"②。在间接符合论的基础上,絮尔(Gila Sher)进而提出她的"复合符合论"③以及更能回应科学演变事实的"动态符合论"(Dynamic Correspondence)④。这些新的理论模式直面认识与实在的符合在不同对象从而不同话语系统中并非传统理论主要立足于常识和物理观点的单一样式,将符合论的适用范围推进到可以解释法律、伦理(荷根)以及数学(絮尔)中的真理,为符合论注入了新的活力。在所有这些理论努力之外,笔者认为,由于"符合"一词所带有的认识单向、消极地符合客体的实在论倾向,"见合"这一表示主客相向而遇的词应该是更恰当的术语:"见合论"既保留了认识非脱离实在的凌空蹈虚的想象,又表达了真理毕竟是主体性追求的实情。另外,语言学研究中文辞释义就其在文本中可"印证"而言似乎也是有利于乃至属于符合论的个例。

　　在上述总体与实质性质疑之外,举凡真理言说所涉及的具体概念如

---

① 参见 Wolfgang Künne, *Conceptions of Truth*, New York: Oxford University Press, 2003, p. 128。

② Terence Horgan, "Contextual Semantics and Metaphysical Realism: Truth as Indirect Correspondence," in Michael Lynch (ed.), *The Nature of Truth: Classic and Contemporary Perspectives*, Cambridge, MA: MIT Press, 2001, pp. 67 – 95.

③ Gila Sher, "Truth as Composite Correspondence," in Theodora Achourioti, Henri Galinon, Jose Martines Fernandez and Kentaro Fujinoto (eds.), *Unifying the Philosophy of Truth*, Dordrecht: Springer, 2015, pp. 191 – 210.

④ "Truth and Scientific Change, " (Conference paper) in Proceedings of International Conference: Truth, Logic and Philosophy, Sept. 23 – 24, 2017, Beijing, Peaking University.

真之承载者、使真者以及"事实"等均一一被探究。真之承载者或者真理的候选者究竟是语句、信念、陈述还是命题,其中的细节涉及认知与语言;使真者方面,也即认识严格对应与反映的到底是客体、事实、事态或实在,各种说法都有各自的合理之处和软肋。以事实为例,任何事实就其本身以及与其他事实的关联,在层次和内容上其实是无限的,关于符合还有一个到底是什么与什么符合的相关性问题,因为,与同一真信念符合的可以有不止一个事实,而不同信念也可能均指向同一事实。比如,关于任何一个地理方位的事实最终蕴含可以牵扯出与任何地点地理位置相关性的所有事实,从而同样一个事实可以有无数真句子,一个真句子可以指向无数事实,这样一来,说真就是句子符合于事实相当于说任何真句子都最终与世界符合,这给符合的具体性、严格确定性蒙上了一层阴影,隐含令符合论成为一种大而无当的空话的威胁。这正是戴维森认为构成"对符合论的真正反对"的所谓"弹弓论证"。[①] 根据昆那(Wolfgang Künne)长达 8 页的分析论证,其结论是戴维森对符合论的真正反对最终无损于基于事实的符合论。[②] 另外,围绕事实是语言中的还是世界中的东西,斯特劳森与奥斯汀也展开理论攻防。(白)雪是物质实在,但"雪是白的"说的是什么呢? 在此问题已经由真理出发进入关于"物"(matter)、"事"(thing or event)乃至"事态"(state of affairs)的本体论讨论。[③] 这些难免细致繁复的专业性探讨在此不宜展开。无论如何,只要认识不是诸如棋类那样的纯粹智力游戏,则其与外部现实的思想和语义关系就是题中应有之义,不论这种关系最终是否在本质上是一种相似、同构的符合,或者是地图与地貌的符合。因此,尽管符合论因其大而

---

① Wolfgang Künne, *Conceptions of Truth*, New York: Oxford University Press, 2003, p. 133.

② Wolfgang Künne, *Conceptions of Truth*, New York: Oxford University Press, 2003, pp. 133 - 141.

③ 陈嘉映对此有具体而深入的讨论。参见陈嘉映《语言哲学》,北京大学出版社 2003 年版,第 232—237 页。

化之在理论上几成众矢之的,凡是讨论真理的人无不要对它敲打一番,但事实上其所揭示的真与客观实在的本质性关联却是颠扑不破的。

二、真理融贯论

20 世纪早期,在罗素、摩尔、维特根斯坦(早期)、奥斯汀(后期)等主张真理符合论的学者与英国观念论者亚卿(H. H. Joachim)以及布拉德利(F. H. Bradley)等所谓融贯论者之间曾发生过一场大论战。与符合论一样,融贯论亦以其理论主张的关键词命名。融贯论理论家认为:"一个命题的真在于其与特定信念系统相融贯。"[1]融贯的最低要求是相容(consistency),即无矛盾,进而是相互依存(entail),后者在最强意义上要求融贯知识整体内各成员间彼此的衍推关系。显然,数学尤其是几何学是最接近这一理论想象的学科。将融贯推到极端,那么就会像某些早期融贯论者如亚卿所设想的"真理自身为一,真理是一个整体和真理是完备的"[2],按黑格尔的相关表述,即"真理是整体"。真理系统严格合乎上述要求实际上不太可能,但基于真理之为体系等相关考虑,他们仍然将之视为正当的理想要求。在传统实质性真理理论三大论中,融贯论无疑是在理论与声势上都最弱的一派,当代融贯论者沃克尔(Ralph C. S. Walker)认为,融贯论的观点在过去近 50 年的时间里被包括奎因、戴维森和普特南在内的学术大家过于草率地对待了。[3]

关于真理的融贯论理解与直觉的关系并不像符合论那样直接明显,

---

[1] Ralph C. S. Walker, "The Coherence Theory of Truth," in Michael Lynch (ed.), *The Nature of Truth：Classic and Contemporary Perspectives*, Cambridge, MA：MIT Press, 2001, p. 124.

[2] Adopted from Ralph C. S. Walker, "The Coherence Theory of Truth," in Michael Glanzberg (ed.), *The Oxford Handbook of Truth*, New York：Oxford University Press, 2018, p. 224.

[3] Ralph C. S. Walker, "The Coherence Theory of Truth," in Michael Lynch (ed.), *The Nature of Truth：Classic and Contemporary Perspectives*, Cambridge, MA：MIT Press, 2001, p. 123.

但它也不乏其直觉基础,"真理和真理是朋友"就反映了关于真理融贯性的某种直觉。作为一种认为在认识之外寻求支撑认识真理性的"阿基米德点"不可行的非实在论真理主张,思想的融贯性即主体间性其实几乎是真理成立可能性的不二之选。例如,雅斯贝尔斯认为,"精神的真理是通过其对一个自身阐明而又自身封闭的整体的隶属性而成为真理的"①。融贯论并不等于反实在论,早期融贯论者如布兰夏尔的思想中包含着以存在的融贯性为认识的融贯性背书的思路,但在沃克尔看来,关于我们的认识为什么会具有融贯性或者说融贯的是否就是真的是不需要进一步问的问题——"它必定是真的,因为融贯是真理的本质"②。沃克尔不满足于将融贯仅仅当作是验证认识真理性的标准,他强调,和关于水的本质的化学理解是"两氢一氧"一样,哲学上关于真理本质的理解是融贯。在此,真止于融贯,也就是说,不是因为融贯而判定为真,而是真在于融贯。③ 在这一点上,古德曼(Nelson Goodman)的论述尤为透彻,他认为"真理之间从不会发生真正的冲突,所有为真的样式都只在唯一一个现实的世界里才为真"④,而世界本身是不矛盾的。

　　沃克尔指出,融贯论与符合论从来都被视为竞争对手,事实上也是这样。但他强调,融贯论立场并非与常识过不去,否认真命题与事实相符合,问题是这不可能是关于真理本质的正确理论,作为关于真理本质的规定,融贯比符合更基本。符合论预设认识与存在相互独立的实在论,问题是,"事实"是否如符合论所以为的是独立的形上实在? 在融贯

---

① [德]卡尔·西奥多·雅斯贝尔斯:《存在哲学》,王玖兴译,上海译文出版社2005年版,第24—25页。
② Ralph C. S. Walker, "The Coherence Theory of Truth," in Michael Glanzberg(ed.), *The Oxford Handbook of Truth*, New York: Oxford University Press, 2018, p. 222.
③ 参见 Ralph C. S. Walker, "The Coherence Theory of Truth," in Michael Lynch(ed.), *The Nature of Truth: Classic and Contemporary Perspectives*, Cambridge, MA: MIT Press, 2001, p. 124。
④ [美]纳尔逊·古德曼:《构造世界的多种方式》,姬志闯译,伯泉校,上海译文出版社2008年版,第113页。

论看来,事实本身是在一个信念的融贯系统中成其为事实的。融贯论在精神实质上与康德哲学有相通之处,即将认识问题主要放在主体认识框架内讨论,而将主体之外的东西作为"自在之物""存而不论"。"融贯论的目标是**依我们的**[①]证据和标准而不是独立于我们的实在理解真理"[②]。在此,融贯论对认识主体性的理解超出康德进入到更广阔的人类语言的维度。沿着非实在论的思路,融贯论对符合论的主要批评是,符不符合抽象而论似言之有理,但究竟言之难以坐实,因为人在认识中似乎并不具有比较所要求的外部性,就像没法在地球外找到一个撬动地球的支点。而融不融贯则是可以落实的。在要求观点的可验证从而可落实这一点上,融贯论与实用论存在明显共识。

　　除几何学样板外,融贯论亦有其直觉上的合理性,如真理显然不是相互对立而是相互支撑的,新的真理被接纳为由现有真理组成的真理俱乐部的成员至少是在逻辑和内容上不相冲突的。[③] 从逻辑的角度看,符合论和融贯论似乎各自与归纳或演绎相对应,而认识往往同时涉及这两个方面。进而,对融贯论的否定似乎蕴涵这样的怀疑论思想,即我们迄今所知的整套真知识最终仍然有可能是不真的,这在直觉上显然是不可接受的。

　　融贯论一个潜在的理论优点是事实上引入了真理的公共性。在符合论的情况下,真理仍然可以被想象为单一认识主体对特定对象独孤求解的思想成果,融贯论则预设至少两个主体间的协同。表面来看,人类认知成就往往似乎是单一科学家天才发现的结果,而本质上说,正如不存在私人语言,也不存在私下真理。在更基本的层面上,正如阿伦特所指出的,人类现实感与真实感是在类的公共性(如由不同主体共同指证

---

① 黑体为原文所有。

② Ralph C. S. Walker, "The Coherence Theory of Truth," in Michael Glanzberg(ed.), *The Oxford Handbook of Truth*, New York: Oxford University Press, 2018, p. 233.

③ 在库恩所谓"科学革命"的认识范式转换期中这一观点似乎不无问题,但融贯性其实也不是不可解释的。

对象的同一性)中得以产生。① 因此,哲学地看,我们关于真实性的感觉与确认和表面上看来不直接在场的他者的显现是不可分割的,因此,"任何只有我们自己知道的事物,我们根本不能确定。"②就此而论,融贯论实际上暗示了通向真理公共性理解的线索,其意义不容忽视。

对于真理融贯论最容易被想到但最终无效的质疑是,逻辑上我们似乎可以将任意一些命题构造出一个自我融贯的系统,而这按罗素所说将无法将真理与只是自圆其说的"童话"区别开来。这一指责多少出于对融贯论的误解。融贯论并不将融贯认定为真的充分条件,而是将之作为所有被接受为真的知识必须满足的某种条件。在学术论文中,关于某一作者的观点与其另外主张之间的不自洽也即不融贯是常见的反驳理由。换言之,现有知识系统对特定被假定为真的东西的接受性是内在于融贯中的。

融贯如果为真,则最终一切真理只是一个融贯真理的系统,但融贯论受到整体论的冲击,其脆弱性在于,在信念集合中,一个假命题可以引发整个系统崩溃的多米诺骨牌效应。另外,如果真理是与真理相融贯的,那最初作为融贯基础的真显然不是融贯而来,从而给融贯论提出了其自身无法解释的难题。

作为融贯论的当代支持者,沃克尔承认融贯论不是一个能覆盖所有真理的本质的普遍真理观,他将融贯论的适用范围限定在"数学和伦理学"中。③ 这不代表所有融贯论者的看法。因为,可能存在这样的理论选择,即放弃将融贯看作是关于真理本质的观点而将之限定为一

---

① Hannah Arendt, *Thinking*, San Diego, New York, London: Harcout Brace & Company, 1978, p.50. 转引自陈联营《自由感与真实感》,《中国现象学与哲学评论》(第十五辑),上海译文出版社 2014 年版,第 192—193 页。

② 陈联营:《自由感与真实感》,《中国现象学与哲学评论》(第十五辑),上海译文出版社 2014 年版,第 193 页。

③ 参见 Ralph C. S. Walker, "The Coherence Theory of Truth,"in Michael Lynch(ed.), *The Nature of Truth: Classic and Contemporary Perspectives*,Cambridge, MA: MIT Press, 2001,p.236。

种关于真理特征的描述，则融贯似乎可以是所有真理都在不同程度上普遍具有的特征。在笔者看来，一个以符合为本质，以融贯为根本特征（之一）的兼容性真理理论是可以考虑的理论方案。总之，融贯论作为我们关于真理理解的某种补充是有益的，但以之为关于真理的统一定义则失之偏颇，这也是它在三大论中一直"偏居一隅"的原因。

三、真理实用论

真理实用论指的是实用主义特色的真理观，而在实用主义者个人的立场上，他们对符合论和融贯论都不排斥。詹姆士在生前给友人的信中抱怨自己被误解，他认为自己"从来没有否认我们的思维必须要符合实在才算是真的"[1]。其实，"几乎没有什么真理观是詹姆士在不同时候没有为之背书过的"[2]。皮尔士关于"最终注定为所有研究者所同意的观点就是我们所说的真理"[3]的共识论（Consensualism）观念颇具融贯论意味。不过，在基本理论立场上，实用主义对符合论及融贯论都不满意，其关于真理的核心观点[4]，是将真假问题归结为信念在观念与实践上的效用的理论观点。通俗地说，一个信念"真""不真"取决于其在处理与其他信念的关系上及实践上"行""不行"得通，其逻辑贯彻到底，就是罗蒂视"真"为敬语甚至冗词的真理取消论。

和融贯论一样，实用主义者们对符合论的批评也是"字词定义"，从而"被告知真理是'与实在的符合'对我们毫无用处"，它在罗蒂看来只是

---

① 转引自［美］帕特南《三重绳索：心灵、身体和世界》，孙宁译，复旦大学出版社 2007 年版，第 4 页。

② Richard L. Kirkham, *Theories of Truth*, Cambridge, MA: The MIT Press, 1992, p. 88.

③ Adopted from Wolfgang Künne, *Conceptions of Truth*, Oxford: Oxford University Press, 2003, p. 394.

④ 按照马荣的归纳，实用主义真理观包含"观念中"、"行动中"及"生长中"的三个方面。（马荣：《真理论层面下的杜威实用主义》，复旦大学出版社 2018 年版，第 219 页。）实用主义真理观诚然较单一"效果论"更为丰富，但在我看来，其根本特色与核心就是以观念与行为效果定真假的观点。

"空洞的形而上学恭维","唯名定义",无法为我们实际辨认真理提供实质性帮助。在这一点上,实用主义的理论立场与其实际行动倒是完全一致的。另外,符合论所谓的"实在"与认识如何可能"一致"在理论上往往语焉不详。而实用主义恰恰以确立概念及观念在实际经验中的"兑现价值"为诉求,准此,"真理"的实质意义即"效用"或"有用",具体来说,一个观念是否为真,需要考察其在理智层面与现有其他观念之间是否相互匹配、融通,尤其是在实践层面被付诸实施后是否能够获得预期的正反馈结果。在实用主义看来,通常我们不假思索地冠以真理之名的无非是那些能促进理解、导致实践成功的信念的代名词。实用主义作为"彻底经验主义"隐含反形而上学的诉求,那些不导致实际认知或实践差异的哲学概念都被认为是没有意义的。

实用主义真理观在理论上的最大优点,是真正贴近特定真理观念的实情。符合论往往以浅显的感觉直观为例解说真理,但感觉层面原则上是并不存在真假问题的,现实中真正令人类觉察到信念优劣的,是行动的不同后果,是由譬如水中摸鱼和水中捞月的不同后果所昭示的关于水里有鱼还是有月亮两个不同信念的真伪。将詹姆士关于真理与效用画等号虽明快但粗糙的说法修订如下,所谓真理就是最终导致实践成功的信念,反过来说,凡是导致成功的信念即真理。[①] 在此,真理不是旁观者的发现,而是生活实践中所发生的与人的生存息息相关的事件,进化论说"适者生存",实用论告诉我们,真理就是被生存所证实的适合观念(适者)。

符合论与融贯论都内含向后看的时间视角,唯实用论所揭示的是朝前走的真理,在此,真理不是在现成比照关系中证成的,而是在开放性的理解与行为中到场、成立的,在动词性与未来性这一点上,实用主义真理观与海德格尔揭蔽式的真理有会通之意。

---

① [美]威廉·詹姆士:《实用主义》,李步楼译,商务印书馆 1979 年版,第 104 页。

在符合论和融贯论之间,实用主义否认前者隐含的主客二分,同时也不像后者实质上只在认识内部特性上(融贯性)谈论真理,其外在主义观点在非传统实在论的意义上仍然坚持关于真理的客观性要求,实践在此即主观见之于客观的桥梁。另外,实用主义不是将真理视为书斋中人消极静观的认知结果,而是人类实践的要求的观念产物,这反映了其作为新大陆哲学浓厚的平民主义务实风格,是打破柏拉图以来以理论思辨为尚的西方哲学传统的一股新势力。但恰恰也是在这一点上,它遭遇了自身理论的局限。真理实用论所遭受的质疑大致涉及其理论的解释力和其后果论外在主义真理观自身的可欲性两个方面。

首先,以实践成败论真假面临关于成败的理论解释的要求。对詹姆士所提出的"它是真的,因为它是有用的""它是有用的,因为它是真的",人们的批评是,信念不是因为有用变成真的了,而是因为它是真的因而是有效的。按罗蒂的辩解,这里的"因为"不是在因果意义上真和有用互为因果或基础,而是互为解说的同义词。在实用主义尤其是罗蒂明确表达的立场上,真理不是那种"人们应该期待一个有关它的在哲学上有趣的理论"的"一类事物",[①]也就是说,如果我们不想陷入形而上学的空谈,则信念的实践有效(用)是我们关于真理能够言之有物地加以言说的全部东西,而真本身作为敬语则并不是具有实质意义从而可用以解释效用的概念。[②] 这让人想起维特根斯坦在《逻辑哲学论》里的话,恰恰"世界是这样的"对于我们来说是神秘的,对于不可说的神秘,我们"应当沉默"。[③] 不过,即使我们接受罗蒂关于真作为一个哲学概念的虚无化理解,但就真作为落在这一概念下具体的真命题或真知识而言,真理不只为真,并且包含作为所以然之理的知识内容,从而真理就是真解释。在

---

① [美]理查德·罗蒂:《实用主义的后果》,载[美]苏珊·哈克主编,陈波、尚新建副主编,《意义、真理和行动:实用主义经典文选》,东方出版社 2007 年版,第 679 页。

② 参见 Richard Rorty, "Pragmatism, Davison and Truth," in *Objectivity, Relativism, and Truth*, Cambridge: Cambridge University Press, 1991, p. 127.

③ 参见维特根斯坦《逻辑哲学论》,华东师范大学出版社 2010 年版,第 96、97 页。

此,陈寅恪关于"中医有见效之药,无可通之理"的话值得细审:"青蒿素"之获诺贝尔医学奖是因为最终在化学层面上给出了"青蒿"中所含有效药用成分的分子结构式,而不是因为发现了青蒿对治疟疾的有效性。单纯从求用的角度看,可以不知甚而不关心科学所以奏效之理,而从基于理论达成实践成功这个角度上,虽然事实上真由用证成,二者同时实现,但逻辑上,真远比用更基本,是因为真才有用,"用"证成"真"而不是因为"有用"而成为"真"。不仅如此,现实中真之为用背后的道理(真理)潜存于哲学上关于真的解释即实质理解的理论要求中,即便"见合"并非关于真完美的理论解释。

其次,有效始终指向真吗?一般而言,特定效果的确常常指向真实存在,正如香味往往指向花,但特定经验效用所指向的未必是同样的真,比如香味可能源自香精。医学上不含任何真实药物成分的安慰剂却可能产生某种医疗效果,这使我们对真与有用之间是否具有必然联系产生怀疑。当然,分析起来,安慰剂本身只对非器质性问题的神经症有效,对其效用的解释是心理学真知,因此,并不违背实用主义关于有效与真相关的观点。更重要的是,实用主义基于有用性将宗教信念列入其真理清单,对"真理"一词的这种使用与我们关于真理普适性的直觉与常识是有距离的,这意味着真理是可以因人而异的,实用主义者似乎乐于承认这一点。

即使有用即真,问题的另一面是,真是否总是有用?如果至少按詹姆士关于真与用可以互推的观点,则答案依定义是自明肯定的。但如果不是依唯名规定看问题,那么,像数论这种也许永远都不会有任何应用价值的理论,其之真如何解释?对此实用主义是有说法的。实用主义所说的效用固然主要是实践效用,但也包括特定信念在处理、融合已有信念体系方面的有效性,不过,这种具有融贯气息的说法至少构成对其主导真理观的限制。无论如何,实用主义与西方哲学的传统精神有相当不同,如果亚里士多德说人生而欲知(包括真假),詹姆士们则会说,人性重功用。换言之,为真理而真理的纯粹理性冲动在实用主义这全无地位。仿尼采"人性的,太人性的"的说法,对实用主义我们想说"接地的,太接地了!"顺便指出,实用主义对西方形而上学理论传统有反拨矫治之功,但对于具有浓厚实用理性成分的中国文化传统来说其意义则大有不同。

最后,关于实用主义的著名批评是它隐含为一己之私(用)则可以无所不为的市侩主义结论:有用就是真理! 在此,实用主义遭遇严重的理论挑战。一方面可以说这是因为未能在概念上将有效性(effectivity)与好处(usefulness/benefit)区分清楚而导致的曲解,因为,一个信念的有效性是不可能只针对特定个人或人群的;另一方面,与"有效性"的无偏私性不同,"好处"(有用)则恰恰是可私化的:对你好的未必对我好,对坏人好则对好人一定不好,抽象地对人类好的事是不存在的。这触及真理效用论的理论软肋。

就信念的实践有效性而论,"不管白猫黑猫,能捉老鼠就是好猫"。可是,如果有人提出"不管男贼女贼,能偷才是硬道理",或者说"有奶就是娘",这就是十足的市侩言论。其实,仅就效用论,三个句子同一逻辑,问题出在(手段)有效性与(目的)道义性的关系上。在关于猫的例子中,捉老鼠的有效性与合理性天然合一,而在以人事为例的情况下,在效用(能偷、有奶)与目的(钱财)及意义(娘)合理性分裂的情况下,后者在道义上是不可接受的。在此,实用主义遭遇严重挑战。按照真理在直觉上的崇高性和理论上的价值蕴含,仅仅有用算不得真理,这其实正是人们反感实用主义的直觉背后的原因。

面对这一挑战,实用主义可能的应对之一是将真理与价值切割,明确将之限定为仅仅关于信念有效性的薄概念。只与有效性挂钩的真理固然可以免于为利己行为背书而受指责,但同样不具有拒斥市侩主义的正义性。另外的办法是,实用主义必须将手段有效性与道义合理性统一在"有用"概念中,马荣用实用主义所理解的真理是"成长中的真理"为实用主义辩护,认为虽然以单次行动结果定真假无法兼顾善恶,但从长远来看,他所用例子中的强盗终将恶有恶报(在警察的追捕下"居无定所",还会受到人们的谴责),因此,"只有有利于生长的才是真理(善、正义)"①,而强盗一时成功并未证成真正意义上的真理。然而,这一辩护并不成立。因为,所谓长期"恶报"实质上仍然是用成败论是非,而舆论本身作为道德评判与行动成败无关,其是外在于实用主义真理观核心观念的,因而无法被整合。因此,所谓成长中的真理可以证明非道德行为不真,只是在概念上利用了日常关于真理的广义理解,这在逻辑上陷真理于"一仆二主"的困境,无法将真假与善恶内在统一于单一真理概念中。海德格尔基于存在意义导向的真理观倒是为此提供了可能的有益思路。

在实用主义后果论的逻辑下,真理的意思及重要性只在于有利于实践成功的效用,此外并不具有内在自足的价值。事实上,我们也在实用主义者笔下读到"反对把真理作为认知价值"②的话。即使我们主张真理终究在某种意义上是有用的,也不等于真理在使用价值之外没有自身自足的价值,将真理视为达成目的的有效手段或工具看似重视真理,实则贬低真理。在实用主义者中,杜威对真理有更全面的考察和更深刻的理解,他明确指出,应该把"那种在从技术观点加以观察和各门科学居于主导地位的实验性的真理概念,普及到从人文观点加以观察的各种政治的和道德的实践活动之中"③。不过,这样的真理恐怕不再是可以用效用明确判定的,背离了实用主义真理观的核心观念。

我们看到,上述三个理论中没有一种是关于真理的全部真理,不过,它们彼此之间并不构成排他性的零和竞争,因此,我们不妨将它们各自看作关于真理某一侧面的写真。符合论作为对"真理是什么"的回答揭示了真理作为人类认识成就之客观实在论的维度,虽然这种客观性在理

---

① 马荣:《真理论层面下的杜威实用主义》,复旦大学出版社 2018 年版,第 230—231 页。

② S. P. 斯蒂奇:《面向实用主义的认知评价理论》,载[美]苏珊·哈克主编,陈波、尚新建副主编《意义、真理和行动》,冯艳、陈波译,东方出版社 2007 年版,第 664 页。

③ [美]约翰·杜威:《真理问题》,载涂纪亮编译《杜威文选》,社会科学文献出版社 2006 年版,第 286 页。

论上很难简单用认识与对象的符合关系给出令人信服的论证,但符合作为直觉亦难以被彻底排除。在某种意义上,融贯论不过说的是真理与真理之间的符合,而实用论则以实效间接证明了主观与客观之间的符合从而认识的真理性。作为符合论的竞争对手,实用论建议以效用作为联结人与世界的中介,由信念的经验尤其是实践效用表征认识的真理性。在实用主义这里,真理成为可验证从而实际可辨认的。至于融贯论可以看作是与笔者将讨论的真理语用论属于同一层次的观点,它通常被看作是对真理认识和逻辑特性的理论描述,由此可以丰富我们对真理的理解和认识。按照民国学者张东荪的概括,真理三大论分别涉及认识与实在关系上"对不对"(符合论)、"合不合"(融贯论)及"成不成"(实用论)的问题,三者分别以"官觉征验"、"论理圆满"和"行为成功"为真理成立的根据。① 值得注意的是,"对不对""成不成"均涉及主体与客体相互之间的关系,如果以认识为中心,则符合论为正解,以实践为中心,则实用主义更根本,二者均涉及主客关系,但方向相反。

第三节　当代语言哲学关于"Truth"②的形式化理论

语言哲学的真之理论是"语言论转向"的真理版,分析哲学批评传统认识论真理理论(如符合论关于真理的实在论解释)是讲不清楚也没有必要的形而上学累赘,同时,对真可以解释任何东西(如个体成功、科学进步)表示怀疑。区别于传统认识论背景下"实质性真理理论"(sbustantial theory of truth),语言哲学真理观属于"形式化真之理论"(formal theory of truth),③其试图撇开真理的各种实质性内容与规定,从中剥离真理之为真的纯粹性质,在语义层面就真言真。

---

① 参见张东荪《知识与文化》,岳麓书社 2011 年版,第 106 页。
② 语言分析哲学与传统哲学真理理论的根本区别是,它所做的研究本质上是"真"而非"真理"。
③ 严格说来,这里的 truth 更恰当的表达是 the true,从而属于 formal theory of the true。

　　如果你请一个当代分析哲学家检验真理的意义,他毫无例外地会从他知道或假定为真的句子的分析入手。这样做似乎是完全合理和适当的。无论如何,假如我想要了解巧克力,那就应该从巧克力饼开始,去掉其中只是饼的成分,发现剩下的巧克力成分。那么,如果你的目标是真理,为什么不从一个是真的句子开始,去除所有其他的成分,如句法、语法乃至字词,在此剩余中真理自己就会向我们呈现。①

这一做法的确有其优越处,跟意识或观念不同,句子是前者白纸黑字的物理表征(token),它由此"避免了将真理留在单纯客观性的雾气中或是纯粹主体性的黑暗中"。由真理到真、就真论真在理论上是一种抽象化升华,一般直觉中首先呈现的是具有实存对象性意味的真理,而真则是对真理的二阶反思,在思维上更为纯粹,并且有利于用逻辑手段加以处理。此外,真理作为认识具有某种难以捉摸的精神性,语言哲学将问题聚焦于包含或不直接包含真谓词的语句,让真成为有章可循的对象,关于其言说也变得更具可操作性和确定性。但是,当塔斯基们由此以为,"当我们指向真谓词的某些形式特征(尤其是它的'消引号'特征)并解释了为何这样一个谓词是有用的(例如作为断定无穷合取的手段),我们就说了所有一切关于真所要说的东西"②,就难免陷入哥文所谓的"句子迷思"③。

　　语言哲学之所以以现代逻辑为理论手段,一方面是因为语言哲学中"真之转向"的发起者基本是数学家和逻辑学家,如塔斯基、弗雷格、拉姆赛(F. P. Ramsey),在这一意义上,语言哲学真之理论首先是来自非哲学阵营的"逆袭";另一方面,当真理在语义上行中抽去实质内容,句子水平

---

① Michael Gelven, *Truth and Existence*: *A Philosophical Inquiry*, University Park, PA: Pennsylvania State University Press, 1990, p. 20.

② 转引自周振忠《分析哲学中的真理论研究:从收缩论的观点看》,《哲学动态》2014 年第 7 期。

③ Michael Gelven, *Truth and Existence*: *A Philosophical Inquiry*, University Park, PA: Pennsylvania State University Press, 1990, p. 20.

上对真这一先验抽象性质的处理,逻辑就是不二的利器。事实上,分析哲学本身在相当程度上类似于科学中的数学,抽象化的哲学等于哲学的形式化(数学化和逻辑化)。

语言哲学真之理论总体上属于真之"缩简论",①其内部派别繁多,但总体理论倾向是要对真理传统上具有的形上基础与深刻本质痛下"奥卡姆剃刀"。在这一派学者看来,真(truth)是个"微不足道"(trivial)的概念,"肯定不值得受到其曾有的巨大形而上学关注"。他们由此认为,所有"非其族类"的真理理论都是"浮夸和误入歧途的"(inflated and misguided)的。② 分析哲学关于真的语言分析是当今英美学术产业的当家话语,在某种总体导向下,其内部观点之繁复足以让任何简单化的概括遭遇反驳,因此,我们在此所做的只是就其要点给出某种未必处处适用于每一具体流派的总体性述评。就此而论,塔斯基的关于真的语义分析为整个缩简论提供了一个基本理论平台和分析框架,在此基础上展开了缩简论的各种观点。最后,戴维森将真理放在语言理解和使用的更大视野中加以审视的"意义真理论"代表对"就真言真"倾向的某种超越,是为本节三个部分的内容。

一、塔斯基关于"真"的分析语架

美籍波兰裔逻辑学家、数学家塔斯基因为他 1933 年发表的长文《形式化语言中的真之概念》而成为当代语言哲学真理论的奠基者之一。对真理即为句子与实在的符合这样一个广泛存在的真理直觉,他并无异议,但其认为现有基于自然语言的符合论理论表述没有一个是足够清晰

① Deflationary Theory of Truth 是当代语言哲学真之理论的总称,一般译为"紧缩论"。"缩简论"采用的是台湾学者侯维之的译法"缩简主义真理理论",《华文哲学百科》(2021 版本),王一奇(编),URL=http://mephilosophy.ccu.edu.tw/entry.php? entry_name=缩简主義真理論,因为紧缩只有一个意思,而缩简表达了"缩""简"两层意思,且合乎理论实情。

② Donald Davidson, "The Centrality of Truth," in Jaroslav Peregrin(ed.), *Truth and Its Nature* (*If Any*), Springer Science+Business Media. B. V. 1999, p. 107.

和准确的,其中诸如"一致""符合"这样的关键用语实质上是含糊和隐喻性的。因此,在概念上澄清真理论是塔斯基为自己设定的哲学目标,他想给出一个古典真理概念新的精致化的理论版本,即关于真理"实质上恰当、形式上正确"的概念描述,所谓实质上恰当,就是能够把握"真"这个词在自然语言中的实际意义,形式上正确涉及逻辑上清晰、自洽,尤其是区分"真"在元语言和对象语言中"提及"与"使用"的界限,由此避免可能出现的诸如"我说的没有一句话是真的"是不是为真的这样的考问,即"说谎者悖论"。值得注意的是,塔斯基将自己的这种努力与反形而上学的立场明确联系在一起,认为"某些概念在其意义被弄得精确以前曾被判为形而上学的","但当它们一旦获得了一个精确的、形式的定义之后,对它们的不信任就消失了"。①

在语义学维度上,真被理解为是句子的属性。塔斯基语义分析的起点是引进著名的 T 约定(Convention T),即一种语言中可接受的关于真的概念必须是在其结果中包括所有概要如下的真句子:

> "S"是真的,当且仅当 P。

"当且仅当"在逻辑上属于表达充分必要条件的双条件句,是逻辑上概念定义的基本形式,在含义上,"等值式的要害是通过真来说明意义……它实际上是通过以'是真的当且仅当'取代了'意为'或'的意思是'"②,同时加上"为真"的断言意义。在此,S 可被替换为对象语言中任何一个可代入的句子,"真"正是在这一层面上被定义的,P 代表与 S 同样内容的句子或者其在不同语言中的翻译句子。塔斯基本人举出的 T 约定下一个真语句的例子,就是所谓:

> "雪是白的"是真的,当且仅当雪是白的。

---

① [美]阿尔弗雷德·塔斯基:《语义性真理概念和语义学的基础》,载[美]A. P. 马蒂尼奇编《语言哲学》,牟博、杨音莱、韩林合译,商务印书馆 2004 年版,第 110 页。
② 王路:《语言与世界》,北京大学出版社 2016 年版,第 138 页。

这个句子看上去就像"雪是白的"一样平平无奇,但关于它表达的到底是什么样的观点,关于符合论塔斯基 1933 年和 1944 年的文章即有不同取态。① 一种解读将重心放在"当且仅当"上,也就是说,将之视为是逻辑等值式或全等条件句,依此理解,这样的句子在逻辑上是成立的。"'雪是白的'是真的,当且仅当草是绿的或 1+1=2",因为它满足条件句前后件皆真则句子为真的真值要求。可是,上述句子左右两边的句子内容上均为真,但二者之间却显然不具有内在相关性,在此,真与逻辑真值之间的理论裂隙显示出来。真理与逻辑上真值条件的关系是,违反真值条件的句子为假,但合乎真值条件却不必然为理论意义上的真,因为关于前提是否为真的归纳问题不在其考虑之中。

根据另外的解读,T 约定所包含的真理观在直觉上是符合论式的,塔斯基在 1933 年的文章中也是这么说的。准此,他做的事是将原本"一致""符合"这样不严格的语词转换为刻画元语言与对象语言间同义关系的 T 语句,在保留其实质含义的同时避免其语义含糊。说它是符合论式的还意味着,T 语句的具体经验内容与其语义真假之间并非毫无关系。塔斯基在句子中之所以用"雪是白的"做例子,跟雪与白之间事实上的经验联系的高度确定性有关,相反,"草是绿的"在特定季节和北方或南方就不一定是事实,而"树是绿的"则在语义上更不确定。不过,塔斯基语义真理观的要点始终是形式化语义分析,所举例子的经验内容并不是所讨论句子真假的决定性因素,他只是附带满足我们关于真句子的自然理解。

在句法形式上,T 约定意味着,当句子左边括号中的内容与句子右边无括号的同样内容在"当且仅当"的逻辑条件下联结起来,"是真的"的断言成立,"真"的形式语义由此得以成立和被理解。区别于符合论的是,自然语言中"符合"与"事实"这些原本没法清晰界定的词现在被代之

① 参见[美]絮尔《有关实质真理论的若干问题——陈波与吉拉·谢尔的对话》,《河南社会科学》2018 年第 7 期,第 97 页。

以元语言与对象语言之间严格形式化的规定。经过这一语言转换,现在我们不是在句子与事实的关系上,而是在句子名称与句子的关系上给出真的形式化精确语义条件。具体来说,关于"真"的这一形式化规定可以理解为在所谓元语言作为"辞典"与对象语言作为具体语句之间等义"翻译"关系的实现。例如,用"X 是 Y"代替自然语言句"雪是白的",即消去经验暗示,整个条件句依语言形式本身同样成立。

塔斯基还严格区分了通常被"使用"的句子与被"提及"(指涉)的句子的层次区别,在他的双条件句中,左边括号是句子被提及的标志,右侧同样内容的括号外的句子则是被使用而非被提及的,由此,前此因语词的"使用"与"提及"层次混淆而隐含在语言自我指涉中的"说谎者悖论"得以避免,这是塔斯基真语句语义分析的一大成功。这样,在塔斯基这里,每一真语句都部分定义了"真",所有满足这样的语言形式的句子的无限合取就是关于真的完整外延定义,当然,这样的合取在自然语言中是不可能穷尽的,因此,他最终完成的只是在形式语言上关于真的语义界定。

将真放在语言内部来定义诚然免除了如何解释语句与实在、事实连接的形而上学理论麻烦,但它本身的麻烦是,这样的真与现实世界有何关系?塔斯基是承认并且维护包含在符合论中关于真理与现实的实际联系的,因此,他提出,"真之定义可以用十分简单的方法从另一个语义概念的定义中获得,即满足概念"[1]。借助"满足",塔斯基试图建立语句与实在的关系,但关于此举是否有效,学术上不免言人人殊。

塔斯基的工作在数学和逻辑上的贡献获得几乎众口一词的肯定,而这一工作在哲学上的贡献乃至其哲学性则众说纷纭,褒贬不一。普特南直言不讳地说:"作为真理的哲学性解释,塔斯基的理论要多差劲有多差劲。"他称波普称赞"塔斯基理论让传统符合论重获新生"的说法是"不知

---

[1] [英]科林·麦金:《语言哲学:经典诠释》,刘龙根、朱晓真译,上海交通大学出版社 2017 年版,第 144 页。

所云"。达米特甚至认为,我们关于塔斯基究竟想要说什么都莫衷一是。① 的确,从传统理论的角度看,他在概念的严格性和清晰性方面技高一筹的语义分析似乎并未真正增进我们对真理的实质性理解,哲学上的真理概念仿佛成为他语言逻辑分析的"嫁衣",比如如何成功规避因自然语言的含混而导致的"说谎者悖论"。就此而论,塔斯基自己也认为,将自己在语义层面讨论的形式化的 true 标示为 frue 亦无不可。②

　　在笔者看来,应该摆脱对塔斯基真(理)理论"予取予求"的功利态度,在宏观上审视其在理论上的开创性意义。作为约定 T 实例,在"'雪是白的'是真的"中,"真"是针对引号中的句子而言的,这在句式上清楚显示真是语言中的事情而非世界中的存在。③ 而在其双条件句中,"是真的"的意义其实是由句子与句子所说的内容之间的"等值"同一关系界定的,至于真假二值性反而是由句子外我们关于"真"的日常直觉以及逻辑理解给出的。此外,塔斯基的真约定通过引号以及等值式将"真"的二阶语义上行层次清晰与确定地展示出来,突出了"真"之于"真理"的本质意义,在这一层次上,西方哲学关键词"是"与"真"的内在关联得以呈现④。

　　塔斯基的重要学术遗产是,他开创了从语言的句法与逻辑分析入手界定与把握真理概念的范式,循着这一进路,淹没和隐含在日常语言中,或者说只有在语言分析中才看得更清楚的"真"之"冗余性"及其"断言判断"及"代语句"功能等各种含义得以显现。塔斯基关于"真"的语言分析立足对"真"作为谓词直接出现的语句的分析,但真在字面上的直接出现并非讨论真的唯一语言方式。事实上,在弗雷格关于句子的分析中包含

---

① 参见 Wolfgang Künne, *Conceptions of Truth*, New York: Oxford University Press, 2003, p. 176, p. 175。

② [美]阿尔弗雷德·塔尔斯基:《语义性真理概念和语义学的基础》,载 A. P. 马蒂尼奇编《语言哲学》,牟博、杨音莱、韩林合译,商务印书馆 2004 年版,第 101 页。

③ 当然,世界上也不存在"雪是白的",但它可以"换算"成"白雪"这一事实,而真不能换算成任何事实。

④ 参见王路《"是"与"真"——形而上学的基石》,人民出版社 2003 年版。

着句法层面的"句子"构成、内容层面的句子"含义"及语义层面的句子"意谓"三个层次,真值作为句子第三层次的东西虽不直接出现在句子字面构成中,但作为其二阶意谓被给出。王路根据弗雷格理论提炼的句子图式①是对塔斯基式句子语架的扩展,其关于句子"句法"、"意义"与"真假"三个层次的划分在逻辑上更为清晰,并且,它可以处理包括模态词、量词以及认知词与子句组成的句子,句子中的谓词不只是系动词,还可以是其他实义动词,其处理语句的能力更强。

这里有必要指出的是,归根到底,分析哲学处理的只是 truth 之为 being true,即"是真的"谓词性意义(包括其普遍成真条件),同时强调了认知性句子隐含的真假直觉或者真实性要求,然而,即便不考虑句子在语言中且语言又在世界中,仅就真(理)在语言中及直觉上实际的丰富性看,这显然都是不充分的。

二、真之缩简论

"缩简论"是当代分析哲学不满于其所认为的传统真理理论的"膨胀论"(Inflationism)打出的批判性旗号。关于真的语言哲学处理与传统真理理论的关系,塔斯基持中立立场,他说:"我们可以在不放弃任何我们已有的认识论态度的情况下接受真的语义性概念;我们可以依然坚持素朴实在论、批判实在论或者唯心论、经验论与形而上学——坚持我们以前所坚持的。语义性概念对于所有这些争端是完全中立的。"②但对于在他之后的缩简论者来说,"缩简论关于真理的形而上学性质没什么可说的,对'真'的语义角色则有许多可说的"③。在与传统实质性真理理论相

---

① 参见王路《语言与世界》第一章之"句子图式"部分,北京大学出版社 2016 年版,第 16—23 页。

② A. Tarski, "The Semantic Conception of Truth," in *Philosophy and Phenomenological Research*, 1944(3), p. 362.

③ Michael Devitt, "The Metaphysics of Deflationary Truth," in Richard Schantz (ed.), *What is Truth?*, Berlin: Walter de Gruyter, 2002, p. 61.

对立的广义上说,凡语言哲学围绕真的言说均在此列,狭义上,缩简论依侯维之的概括由以下四个核心要素构成:

(i)「真」概念(「真」性质)可以由一个公理语架与其所有案例完全予以掌握;

(ii)「真」性质不是实质的(substantive)性质而是某种形式(formal)或逻辑(logical)性质,「真」(truth)并没有任何更根本的本质(nature)可供化约到其他概念与性质;

(iii)「真」述词(唯一)的功能是表达的功能(the expressive function),许多长度无限的语句或命题只有借由「真」述词才能以有限方式表达;

(iv)(AS)的变化版本可以解释关于「真」的所有现象与事实。[1]

依照这一观点,真之冗余论(Redundancy Theory of Truth)因与(iii)不合,所以不是标准的缩简论,但就其理论路数及观点看,显然属于缩简论同盟。兰姆赛是已知最早明确提出这一观点者,而这一观点的萌芽在弗雷格和哈垂(Hawtry)那就已经出现了。真之冗余借助塔斯基的T语句可以看得很清楚。以"'凯撒被谋杀'是真的"为例,其所传达的信息无非是凯撒被谋杀的事实,"是真的"一词的增减在丝毫不影响原语句的内容的意义上是空洞无物的。冗余论关于"真"的使用在**句子涵义层面**对语句的**信息量**无所增益的观察本身是正确的,触及形容词"真"作为二阶断定词而非一阶描述词的独特隐身性一面,但除此之外,"真"的使用明示对所指句子可靠性的"担保",且隐含对句子涵义的接受,还包括上述(iii)指出的表达功能。因此,冗余论囿于一孔之见而视真为语言累赘的观点是错误的。顺便指出,分析哲学认为"只有具有语句构造的东西才是真的"[2]的观点与做法将除此之外真理概念的所有其他内容都当

---

[1] 侯维之《缩简主义真理理论》,载王一奇编《华文哲学百科》2021 版,URL＝http://mephilosophy.ccu.edu.tw/entry.php? entry_name＝缩简主義真理理論。

[2] Richard Campbell,*The Concept of Truth*,Basingstoke：Palgrave Macmillan,2011,p.14.

作多余的或至少在学术上没有意义的摒弃在外,不啻是一种广义的冗余论。其实,即便是在语言层面上亦是"真"冗余但"真理"不冗余:你承诺要告诉我绝对"是真的"东西。这很好! 但我等着听的是后边的话。没有后边的内容,光说"是真的"有什么用? 这恰恰提醒我们,truth 语义上行和下行两个维度的存在,以及"真"之为真性与"真理"之为真知命题语言哲学与认识论真理观的区别。

缩简论与传统真理理论的根本分歧是反对将"真"的语义性质进一步归结为非语义的形而上学性质,如"符合"之类。与狭义冗余论不同的是,即便奎因等人主张"真"不可定义,但强调这个词在语言中有其不可或缺的逻辑和语义功能,例如,在"康德所说的都是真的"中的笼统归属(blindascriptions)功能、奎因所说的"真即去引号"[1]的功能。在塔斯基式真句子中,通过句子左边"是真的"的使用,将以 X 代表的句子名还原为不带作为句子标记的双引号("")的句子内容 P,即雪是白的。与语言表达手段比,去引号显然带有明显的理论意义,触及句子意义的层面,间接带出语言与世界(word and world)的关系。

虽然都是在句子层次上处理与刻画"真",塔斯基与弗雷格的实际进路迥然有异。塔斯基在语义学意义上理解真这个概念,在操作上试图系统构造被定义概念的所有实例,"真"直接出现在语句中成为被定义的对象。而在弗雷格这,"真"属于标记语句、涵义之外的第三层"意谓"层面:语句是可直观的物理对象(字符),涵义是被思考或者被理解的语句所包含的内容,而"真"则是关于思想(与实在关系)的真值判断。对弗雷格来说,"我们唯有通过知道哪个句子为真,才能知道实在是怎样的"[2]。真在这里是被预设而非被定义的。

关于真不可定义是缩简主义阵营中弗雷格、奎因以及戴维森等人出于不同理由但都认同的观点。真不可定义的一个常见理由,是出于对真

---

① [美]W. V. 奎因:《真之追求》,王路译,生活·读书·新知三联书店 1999 年版,第 71 页。
② 黄敏:《哲学分析教程》,中国社会科学出版社 2018 年版,第 182 页。

的基本性的理解,即没有比真更基本的概念可供定义真,就像摩尔说三原色无可进一步分解为其他色彩的组合从而不可定义。对于弗雷格来说,在否定层面上,当以诸如"对任何一个东西,它是真的,当且仅当,它与实在相符合"来定义真时,关于真(之为符合)的理解已然包含在里边,导致用已经预设的概念含义定义同一概念的循环定义。这与基于真之基本性的不可定义理解是相通的。弗雷格关于真这个概念不可定义的正面主张是,定义涉及通过理解另一概念的内容来理解被定义概念,而根据他关于真之为判断(第三层)而非语句内容(第二层)的观点,"既然真这个概念不在内容的层次上起作用,用定义的方式来把握这个概念,也就是徒劳的了。"①

　　真是否可以定义的背后牵涉语言哲学真之研究和经典真理理论与形而上学的不同关系。在形而上学层面上,认识和判断上的真假是依客观实在决定的,这在实质上是对"为什么真"给出的进一步解释。在缩简论者眼中,在真这个谓述词或判断的背后并不承载任何实质的性质,或者说关于真并没有进一步为什么的形而上学问题,从而哲学上实质性的真理理论既无可能亦无必要。准此,实质性真理理论试图在形而上学实在论层面对真加以揭示与刻画的努力在本质上属于概念的不当膨胀,依兰姆塞著名的说法,"并不存在可分立的真理问题,存在的只是语言的泥潭"②。基于这样的理解,在真与实在关系从而论证顺序上,弗雷格主张由语言层面上的真断定思想是否抵达实在这样一种本质上康德主义的进路。

　　缩简主义是否认真具有传统哲学所赋予的形而上学实质的,如"符合",因此,其认为真在理论上也不是一个有解释力的概念。在这一视角

---

① 黄敏:《哲学分析教程》,中国社会科学出版社 2018 年版,第 41 页。
② F. P. Ramsey, D. H. Mellor (eds.), *Philosophical Papers*, Cambridge: Cambridge University Press, 1990, p. 38; adopted from Pascal Engel, *Truth*, Bucks: Acumen Publishing Ltd., 2002, p. 54.

下,以往真理理论属于关于真理过度膨胀的理解,所以应该予以缩简。但是,与冗余论实质上真之取消主义的立场不同,"去引号论"、极小主义、代语句论等缩简论者对真持表达主义的立场,强调真虽然在理论上"卑之无甚高论",却仍然因表达上和语言/逻辑上的理由而有其必要,如作为代换量化的手段表达无穷合取或无穷析取逻辑功能,许多长度无限的语句或命题只有借助「真」谓词才能以有限方式表达,而不必一一穷举,在"孔子所说的都是真的"的情况下就是如此。对逻辑上的肯定前件式"如果 p 和 q,则 p"可以有这样的"真"表达:当合取为真,则其中各项同样为真;消引号、语义上升的语义功能:表达赞同、承认或作为认可断定手段的语用功能,例如,当我们听到别人说某件令人意外的事情时,往往追问一句"是真的吗?"(Really?)对方也可以用"是真的"简略回答而不必重复原句内容,这成为真之"代语句论"立论的理据;等等。

语言哲学关于真的语言中心主义对传统真理理论的反叛不免矫枉过正,在笔者看来,黄敏在《意义与意向性》第四章中论证的"让收缩论直觉和符合论直觉相容的真概念"①提出了在理论上有实质性推进的观点。

承接缩简论关于真不是具有表征内容的实质性概念的直觉,黄敏依斯特劳森等人提出的谓词施动理论,指出在塔斯基式真语句中,谓词"是真的"如冗余论所示对句子的思想内容并无贡献,当作出一个"P 是真的"这样的陈述时,实质上是在作出一个关于句子的断定行为,句子左边给出关于所使用的句子(如"雪是白的")是真的的断定,右边不含"真"和引号的句子实际地作出断定:雪是白的。断真行为的"视角实在论"的理论意义在于,语言使用者在此参与了语言与实在之间的语义关系的确定,也就是说,在施动行为之上,真谓词同时应该看作是一个评价性的概念,而"评价行动揭示了事实"②,从而可以容纳符合论直觉。简言之,真的基本语义是给出判断,正如"有罪"是一种法律判断,这种施事行为为

---

① 黄敏:《意义与意向性》,中国社会科学出版社 2022 年版,第 153 页。
② 黄敏:《意义与意向性》,中国社会科学出版社 2022 年版,第 147 页。

之后作出同样判断提供了具有稳定性的标准,即给出了真值条件,尔后的判断可以循此"制造"相关法律事实,即"有罪"或"无罪"。总之,我们直接面对的是真句子,而语言框架下相关判断的真值标准令语言间接地指向特定渗透语言的实在,在此,天真的实在论与执拗的语句论得以中和,"说明这两种直觉其实为同一概念所支持"①,即"真"。

三、真之意义理论

在语言哲学关于真(理)的研究中,戴维森的独特之处是超出单一句子分析的逻辑、技术视角,在思想与语言的宏观层面上考虑真,拓宽了理论的视野,具有更直接的哲学意味。② 戴维森在形而上学层面上是缩简论者,即不主张依与语言之外某种事物的关系如符合之类的本质性属性解释真理,但在认知和语言层面上,他指出,"如果没有真理观念,我们就不会是思想的生物,也无法理解其他人作为思想的生物是什么意思"③。在这里,戴维森由真入手,其落脚点却是思想尤其是语言的意义问题,换言之,"他不是去说明真,而是用真这个概念去做事情"④。

语言有意义以及一句话的意义是什么,在现实层面上不成问题,但要在理论上说清楚意义到底是什么或者是怎么回事却绝非易事。因为意义已然在语言中,用已经有的东西去界定这个东西如果说不是悖谬性的,也有一个从何说起的问题。因此,直接从"意义是什么"这样的内涵式提问入手并不恰当。⑤ 在此,戴维森以塔斯基的真约定为出发点,依托其关于真的外延性界定反向推出关于意义的外延式界定,换言之,预设

---

① 黄敏:《意义与意向性》,中国社会科学出版社 2022 年版,第 153 页。
② "他似乎是个缺少技术性的分析哲学家","把注意力集中在最有哲学意味的东西上"。参见黄敏《分析哲学导论》,中山大学出版社 2009 年版,第 210 页。顺便指出,戴维森在哈佛大学本科读的是古典学和比较文学专业。
③ Donald Davison,"The Centrality of Truth,"in Jaroslav Peregrin(ed.),*Truth and Its Nature(If Any)*,Springer Science+Business Media. B. V. 1999,p.114.
④ 王路:《语言与世界》,北京大学出版社 2016 年版,第 121 页。
⑤ 参见叶闯《理解的条件——戴维森的解释理论》,商务印书馆 2006 年版,第 45 页。

塔斯基已界定的真给出在塔斯基那被预设的意义,其结论是,"给出真值条件也正是给出语句意义的一种方式"①。

戴维森关于"意义即真值条件"的观点不是说真假是意义的充分条件,而是强调真假内嵌于意义理解中,是意义得以成立的必要条件。考虑到在语言中原则上有无限多的句子,而语言使用者所实际接触到的句子则肯定是有限的,以有限语言经验而能对任意句子达成理解的普遍性前提就是真假的把握,其实,依照弗雷格的理论,真假本身就是句子的基本意谓。关于真与语言意义的关系,至此可以区分出抽象与具体两个层次。在抽象层次上,真值是语言所以可能的前提,没有真假就没有语言,因为,真假为语言的方向性坐标,没有真假的语言就像没有方向的地图。在具体层次上,某一特定语句的实际意义是否成立是存在真值条件的,不能对其作出恰当判断者,其对此语句实际意义的理解是不可靠的。维特根斯坦所谓"了解一个语句的意义就是了解在这个语句为真的情形下实际情况是怎么一回事"②的观点所表达的就是这一层面上的意义观点。以上抽象与具体两个层次上真与意义的关系可以通过与棋类博弈的类比加以阐释:首先,真作为思想和语言的终极指向类似博弈中的胜负,没有胜负就没有博弈,棋盘上的每一着手就不是下棋而是棋子的物理移动,如果没有胜负制约,怎么下都行,没有真假,语言与无意义的呓语何以区分,从而理解与对话如何可能? 其次,以胜负为定向,其中每一手的具体意义包括其意义大小,从而俗手、正手、妙手都可依此得到理解。据此,难道可以说一个不知道 5+7 答案真假的人知道这道加法题是什么意思吗?

由真抵达意义的思路有其论证上的逻辑理由,同时也有其直觉上的

① [美]唐纳德·戴维森:《真理、意义、行动与事件》,牟博编译,商务印书馆 1993 年版,第10 页。
② [英]维特根斯坦:《逻辑哲学论》,4.024。转引自陈嘉映:《语言哲学》,北京大学出版社 2003 年版,第 56 页。

合理性,但另一方面,我们都知道"意义先于真假",我们似乎先得理解语词的含义然后才能判断其真假,例如,不论将"'雪是白的'是真的"看作句子还是命题,言其真假先得知其意思,像"雪是绿的"的意思和"雪是白的"有什么不同从而其各自意义是什么,我们如果不是先听懂、读懂一个句子的意思,又怎么知道它说对了没有(即真不真)。"意义的同一性使真理成为可能"①,没有意义的句子如"绿色的思想在狂怒地酣睡"就没有真假。在此,"意义"一词本身出现了歧义,可理解的或合理的:"绿色思想"在一种意义上可以说是不可理喻即属于不合理的说法,另一方面,就其字词和语法上没问题而论,我们其实是读得懂它的,因为它毕竟不是一堆乱码,正是在懂的意义上才有进一步认为其不合理的判断,否则岂不是不懂乱说。此外,语言中有大量不关涉真假的语句,但它们显然都是有意义的。

其实,不论是塔斯基预设意义界定真,还是戴维森预设真谈论意义,二者方向相反,但从理论上说都揭示了真与意义之间相辅相成的关系。真与意义在语言中相互交织,互为条件。如果将意义区分为语言含义(sense/meaning)与所指意义(significance)两个层次,前者属于语词的表层直接含义,涉及真假是语言的二阶意义,同时也隐含间接意义。真与意义互为对方的必要条件,并不存在真或意义任何一方的绝对优先性。不过,在语言与世界关系的层面上,真与意义存在着深刻的区别。语言自带意义,并不自带真假。因此,戴维森才说真假是在具体言说行为层次上产生的,是在人、语句、时间的三元关系中成立的。就此而论,弗雷格说主词的指称是对象,句子的指称是真假,这种观点似乎比较牵强,奎因在《语词与对象》中就明确指出句子根本不指称,弗雷格将真假视为句

---

① [美]罗伯特·索科拉夫斯基:《现象学导论》,高秉江、张建华译,武汉大学出版社 2009 年版,第 156 页。

子的指称只是他自己特有的某种"约定"式的说法。[①] 在与名词指称对应的层次上,句子指称(意谓)的应该是其所言之事(事态或事件),比如"猫"指的是具体的某一只猫,"猫上树"则说的是被我们的视觉捕捉到的一个事情,当然,这在弗雷格看来已经就是句子所表达的内容,即便如此,在句子的语法构成和内容之上另辟一个"意谓"层次以容纳真(假)仍嫌牵强。真假是在句子内容基础上我们对之与语言之外的世界上是否有如此内容之事的进一步的二阶判断,因此,关于句子真假的理解应该说是比单纯在字面上读懂一个句子更深刻的意义理解,直接说来,语言不博弈,[②]但在人与世界亦即语言与世界的实践关系上,语言的真假是人与世界博弈成败的语义标记。因此,真假固然**不是**句子本身的性质或者说意谓,但在超语言的行为层面乃至道义层次上却**有**真假。当然,这又是建立在语言意向性的基础上的,在这一意义上,语言天生是指向实在的,从而语言的意义离不开真,这是它和纯粹语言游戏(如围棋"手谈"只在棋盘内存在和有意义)的根本不同。

在通常我们已然习得和掌握了至少一种语言——母语的情况下,我们对语言意义的理解往往以为是一词对一物、一句对一事的质朴经验主义关系,单个语句的意义阐释是在相关语言整体背景下成立的这一点往往变得不容易被理解,在此,戴维森与奎因一脉相承的关于终极翻译(radical translation)的思想实验提供了相应的场景。按照奎因的例子,一名进入完全陌生的原始部落语言环境的语言学家在听到土著口中发出 gavagai 的声音并指着一只野兔时,其实是没法知道 gavagai 的确切所指是什么。难以判断是指兔子本身,兔子的某一部分,兔子的奔跑速度,还是颜色?只有当他掌握了土著语言中至少与上述事项相关的其他句子乃至整个土著语言的情况下,关于特定单词、单句的确切理解才有可

---

① 参见[美]W. V. O. 奎因《语词与对象》,陈启伟、朱锐、张学广译,中国人民大学出版社 2005 年版,第 216 页。

② 语言有博弈的"语用"维度,详见本书第四章第二节"真之语用"。

能。维特根斯坦说过类似的话,当被问及"你怎么知道那个叫作红",回答是"我说英语",①意思是在英语中我们就是这样说(使用"红")的。戴维森关于意义指向真的理论开启了意义理解的新面向,由此揭示出语言与世界的内在关系。在这一方向上,语言实际的真值条件是在说话者、语句和说出语句的时间三元关系结构中确定的。

在真理问题上,戴维森语言意义的真值条件理论的意义之一,是为拒斥关于真理的怀疑论主张提供论证。根据他的意义以真为理解前提的观点,给定语言学习与交流(包括翻译)的成功事实,可以推断我们的大部分语句必定为真,否则语言意义及其阐释就是不可能的,也正是在大部分语句为真的背景下,假句子才可以被辨别出来。此外,"当戴维森强调上述(预设语句为真)宽厚原则的先验地位与语言解释的整体论特征,他所认同的是伽达默尔在解释学循环及意义完整性的概念中所阐述的理解结构"②。不过,戴维森真之意义理论最重要的理论贡献,是跳出语言哲学中普遍存在的就语言论语言的形式主义窠臼,将真与意义置于语言与世界关系的现实维度而非在以语言自带的关于世界的逻辑形式或"图像"的抽象形式关系中加以考虑,这在一定程度上可以看作是语言哲学某种偏狭的自我救赎。

四、简要评析

戴维特(M. Devitt)说,经典真理理论与语言哲学真之研究的不同是前者"关于真之形而上学有许多要说,但是关于'真的'语言学却没有什么要说的",语言哲学反之。③ "语言论转向"的一个重要动机,是令言人

---

① Richard Rorty,"Pragmatism,Davison and Truth,"in *Objectivity*,*Realism and Truth*,Cambridge:Cambridge University Press,1991,p. 144.
② Karsten R. Stueber,"Understanding Truth and Objectivity,"in Brice R. Wachterhauser(ed.) *Hermeneutics and Truth*,Evanston,IL:Northwestern University Press,1991,p. 180.
③ [美]M. 戴维特:《真之形而上学》,王路译,《世界哲学》2006 年第 2 期。

人殊的抽象观念在物理地可观的语句(token)中获得公共呈现。在真之言说上,令纷繁复杂的真理观念在语句中获得定位,即所谓语句之为真之承载者(truth's bearer),为数理逻辑进入哲学分析铺平道路,拓展出真理研究新的学术生长点,语言分析意识与观点、手段为哲学增添新的理论资源。此外,分析哲学在哲学中代表哲学内在化与纯粹化的学术走向,与当代西方美术由描绘事物的具象图像回到平面、色彩与线条这些绘画的基本要素的抽象主义颇有异曲同工之处,其理论实绩,就是在广义缩简论范畴下所涌现出来的名目繁多的各种真之言说。

聚焦于语句层面的谓述之"真"令我们对前此真理理论未曾觉察和论及的问题获得新的视角和理解,例如"真"与语句的特定关联,跟"白""甜"不同,形容词"真"不是关于事物固有属性的描述,而是语言游戏中"记录语义关联成败的词"①,承担二阶断言的功能。正因如此,"真"在语言上具有冗余性,尤其是戴维森关于"真"在语言意义层面上的根本意义的讨论,这些在理论上都推进了我们关于真理的理解。在语言分析的视野下,非现有偏重于理想语言的日常语言分析的理论空间已隐然出现在理论思考的地平线上,如真与真理之间的形名转换及其理论内涵,真假之外真的其他含义,尤其是在不同搭配与用法中展示的丰富语言与理论意义,都受到语言哲学真之分析的启发(详见本书第二章第一节)。但毋庸讳言的是,真之语言分析在聚焦明确的同时确实大大收窄了理论思考的视野,这在理论上的代价有点大。

语言哲学一个根本的问题是,为了理论的严格性而将分析对象限定在句子层面,但语言不等于语句,其更小的单位是语词,更大的单位是文本,一种只在句子层面讨论问题的哲学作为语言哲学显然是不充分的,其结果终究只是在一个越来越小的话题上知道和说了越来越多的东西。顺便指出,文本叙述绝不是在纯逻辑维度上由句子迭代构成的超级句子

---

① [美]阿瑟·丹托:《寻常物的嬗变:一种关于艺术的哲学》,陈岸瑛译,江苏人民出版社 2012 年版,第 97 页。

组合，因而，"叙述中个别陈述的真对于整个叙述的真来说既不是充分条件，也不是必要条件"①。

在真理问题上聚焦于真的理论优越性，将真理内蕴的真与真理的两个层次凸显出来。各种句子的具体内容千差万别，真假是语句可以搁置经验内容加以先验分析的逻辑内容，从而满足在先验与普遍层面上讨论问题的形而上学要求，并且有助于将例如真理语用游戏及规范性层面（详见本书第四章第一、二节）上真理之为纯粹的真的形上一面突出出来，对真理的本质有深刻的揭示，但是，将真理只是理解和处理为真，其片面性也是显而易见的。此一进路在以逻辑加持分析严格性的情况下最终并未消弭理论众说纷纭的局面，缩简论框架下真之言说的众多名目就表明了这一点。因此，"假如同样的语言和技术标准并不能解决思想分歧，那么，语言和技术标准就不是哲学问题的关键所在"②。综观语言哲学真之理论，其在方法论层面上的开新与其实际理论创获似乎并不相称，"分析传统的哲学……一套自成风格的真理理论中的技术性议题，很少有效面对真理的挑战。"③换言之，在关于真理这一传统哲学论题的理解上，分析的真理理论似乎并没有取得太多实质性的推进。

语言分析可见的理论后果是真理内涵的琐碎化与平庸化。视真（真理）为"卑之无甚高论"是整个缩简论阵营共有的理论倾向，但正如分析哲学阵营中一些哲学家所指出的，"仅仅因为其他一些句子（'雪是白的'是真的）在某些情况下是平庸或多余的，这并不能推出真理概念和规范是平庸或多余的……真理的本质并没有被这样的句子所俘获"④。更致命的是，将真理缩简为语义与逻辑性质上的真大大贬损了真理这样一个

---

① Frank Ankersmit, *Narrative Logic：A Sematic Analysis of the Historian's Language*, Hague：Nartinus Nijhoff Publishers，1983，p. 65.

② 赵汀阳：《第一哲学的支点》，生活·读书·新知三联书店 2013 年版，第 67 页。

③ Richard Campbell, *The Concept of Truth*, Basingstoke：Palgrave Macmillan，2011，p. 13.

④ ［美］絮尔：《有关实质真理论的若干问题：陈波与吉拉·谢尔的对话》，《河南社会科学》2018 年第 7 期，第 96 页。

在人类精神从而语言中熠熠生辉的崇高概念的深刻意义,将真理紧缩为真的处理在理论深化与精细化的同时不免简化与窄化了真理原本丰沛与深刻的内涵,分析哲学家诺奇克自问,"类似于真句子这样低微、家常的事物是否能与美和善一样位列仙班?"①在此,诺奇克远英美哲学近欧陆哲学。

分析哲学在作为手段的"分析"与作为问题的"哲学"之间往往存在舍本逐末的毛病,换言之,在技术上精益求精的同时却错失真正有意义的问题。关于真的语义分析在句法与逻辑的延长线上衍生出众多话语,但对 truth 本身却未必提出了真正紧要的哲学问题,作为其分析对象的多是塔斯基式"雪是白的"这样在其现实性上毫无争议且几无意义的陈述。这固然是举例,却也表明其问题不在现实中,而在语言逻辑中。扩大来看,知识论作为当代分析哲学十分兴盛的子学科,其问题要么只是说明和例证理论的简单陈述句,要么就是从"葛梯尔问题"到"谷仓"各种刁钻古怪的纯理论设想。这样的假说在纯哲学探究的层面上固然有其必要性与深刻性,但其中所表现出来的远离现实的倾向也是不争的事实。因此,海德格尔关于"哲学的目的地和出发点都是实际的生命经验"②的论断并非无的放矢,其所反映的关于对真正"事情本身"的强调是欧陆哲学与分析哲学某种深沉的区别。当然,这样说并非无视纯粹理论分析的学术价值,"无论我对学派形式的分析哲学直接提出了什么样的批评,这些批评都不直接反对分析性思维。就此而言,我对这个学派本身深表同情,在一定程度上,它的敌人就是我的敌人"③。

---

① Robert Nozick, *Examined Life: Philosophical Meditation*, New York: Simon & Schuster, 1989, pp. 187 - 188. 诺奇克作为分析哲学阵营中的人,其观点在知名学者中尤其是在 20 世纪 80 年代可谓空谷足音,这当然与其开阔的学术视野和胸怀分不开。在上述原文的脚注中他就明确提及海德格尔,英美哲学中笔者所知的另一个不囿于分析哲学成见的知名哲学家是丹图(Arthur Danto),当然,还有大名鼎鼎的罗蒂。

② [德]马丁·海德格尔:《宗教现象学导论》,转引自梁家荣《本源与意义:前海德格尔与现象学研究》,商务印书馆 2015 年版,第 130 页。

③ [英]罗森:《分析的限度》,夏代云译,华东师范大学出版社 2016 年版,第 3 页。

第四节　欧陆语境中的真理理论①

作为西方思想的一部分,欧陆哲学继承了西方哲学立足生活世界的人文主义传统,在真理问题上有着比科学主义取向的英美真理观更为宏阔的思想视野和现实关怀,呈现与传统真理观迥异的理论范式。海德格尔一语中的,"我们所说的真理与人们在这个名称下所了解的东西大相径庭"②。相较于英美主流哲学包括真理话语"居庙堂之高"的中心地位,欧陆真理观可以说"处江湖之远",总体上居于边缘地位。在欧陆真理研究中,海德格尔不仅是有着最多相关著述的作者,并且在总体上代表其最高水平,因此,我们关于欧陆真理观的论述主要以他的观点为样本。

英美哲学由传统到当代的各种真理观总体上可以说是关于同一种真理不同理论取向与层次的理论解释,即便是与传统三大论风格迥异的语义真理论,也不过是传统真理观的语义上行版。传统真理观的前提是,在语言上预设关于"真"或"真理"语义的直觉理解,在本体论上预设世界上存在真理这回事,其理论工作则是在这两个预设前提下寻求关于真或真理的认识论定义,如真假的分野何在,真何以证成,乃至真的承载者与使真者,等等。与此不同,海德格尔对这种作为"认识理论或判断理论上……成为课题"③的真理观提出疑问,其所拈出的"无蔽"($\dot{\alpha}\lambda\acute{\eta}\theta\varepsilon\iota\alpha$)显然不包含在任何辞典的真理词条中。④ 在某种意义上说,传统实质性真理理论乃至其当代语言哲学的语义上行版都不过是对以科学为原型

① 本节篇幅大大多于前一节关于英美真理理论的部分,其中固然有本人学术兴趣的因素,但主要还是知识背景使然。在此基础上,第三章关于英美、欧陆两种真理观的讨论侧重于二者的分野与比较上。

② 参见［德］马丁·海德格尔《论真理的本质》,《海德格尔选集》(上),第302页。

③ ［德］马丁·海德格尔:《存在与时间》(修订本),陈嘉映、王庆节合译,熊伟校,生活·读书·新知三联书店1987年版,第246页。

④ 黑格尔的《哲学史讲演录》表明,一个哲学最终在历史上的价值也许就是贡献一个词(范畴),在历史的长时段下,海德格尔真理观最终的理论成败,也许可以从"去蔽"今后是否能够成为辞典中"真理"的义项之一获得说明。

的给定真理的"**下行**"**哲学解释**,唯海德格尔溯源古希腊 $αλήθεια$ 的真理言说才是形上层面上关于真理本身的"**上行**"**哲学思辨**,①这正是海德格尔再三申说的"真理的本质"在于"本质的真理"②(而非本质上处于第二位的比如命题真理)的意思。总之,欧陆真理观不但在言说对象上与英美真理论不同,此外,在理论反思之外同时亦作为人文真理的提供者与英美真理观囿于二阶认识论言说亦迥然不同。质言之,欧陆涉及真的思考不只是"论",同时也包括直接"说"出真理,海德格尔关于存在真理的基本论点是"无蔽",他在时间性框架下关于此在的基本存在论分析则是直面人生的实质真理性言说。此外,甚至还包括福柯从古希腊犬儒主义和斯多葛学派那发现的"身体力行"的真理。

英美与欧陆真理论的不同思维层次聚焦在语言上,就是"是"与"真"的区别。虽然与日常具体真命题相比,"真"相对处于更高的抽象层次上,但只有"是"才是最抽象的,海德格尔所谓存在的真理恰恰是在这一层次上的真。海德格尔将常识上存而不论的世界上为什么"有真理"③这回事作为根本的哲学问题提出来,探究"真(理)如何可能",冗余论包括实用主义质疑"真(理)是否必要",从而真理(本质上)是什么。

与英美哲学一样,欧陆语境下的真理话语亦具有丰富的理论谱系。一方面是总体上属于海德格尔范式的雅斯贝尔斯、克尔凯郭尔、萨特、伽达默尔等人的人文主义真理论述,在这一阵营中,哥文在海德格尔关于真理偏重理论性论述的基础上"接着讲",在实践智慧层面上对存在真理

---

① 对这里所说的哲学之"下行"与"上行",海德格尔本人有所提示,例如,"哲学就渐渐变成一种根据最高原因来进行说明的技术。人们不再运思,而是去从事'哲学'了。"([德]马丁·海德格尔:《关于人道主义的书信》,载《路标》,孙周兴译,商务印书馆 2000 年版,第 371 页。)在《论真理的本质》一文中,他明确指出,源起于关于真理的本质追问的"存在之思,自柏拉图以来就被理解为'哲学',后来又被冠以'形而上学'之名"。([德]马丁·海德格尔:《路标》,孙周兴译,商务印书馆 2000 年版,第 228 页。)

② [德]马丁·海德格尔:《论真理的本质》,载《海德格尔选集》(上),孙周兴译,上海三联书店 1996 年版,第 235 页。

③ [德]马丁·海德格尔:《存在与时间》,陈嘉映、王庆节译,熊伟校,生活·读书·新知三联书店 1987 年版,第 258 页。

实质内容做出了具有创造性的开掘。在此之外，尼采、阿伦特及福柯异军突起，将真理作为"这个世界上的一件事"①，探究其与权力的内在关系，与实用主义在英美真理观中的兴起有异曲同工之妙，将真理研究的理论空间由认识论、本体论推广到现实生活的真理社会学或哲学人类学的新论域。值得注意的是，福柯晚期在一系列法兰西学院课程讲稿中对古希腊哲学的斯多葛学派与犬儒学派进行其考古学探究，对真理与主体自我治理（修身）层面的道义关系展开别开生面的探讨。

一、真理与存在

在西方哲学中，海德格尔是对真理问题进行了大量专门探讨的作者。② 比梅尔说真理与存在构成海德格尔哲学的双重核心，③按海德格尔自己的说法，二者"源始地……联系着"、彼此"必然"地相互"为伍"。④ 与传统及现代英美哲学中真理基本上只是认识论或语言哲学领域内的特定问题相比，海氏真理观的宏大视野与理论格局由此可见一斑。海德格尔真理观区别于其他一切真理研究之处的确在于"**存在**"二字，而其要义是，真理问题不是"真"（假）问题，而是"being"即"是"与"存在"本身之事。

真理问题上认识论与存在论之别，关系到真理与人的不同关系。如果说认识上的求真是人所**做的（一件）事**，那么，存在真理的求索及其发生则是**人的全部之事**。在此，被活出来的真理（truth lived）不但比所知

---

① Michael Foucault，"Truth and Power，"in *Power/Knowledge：Selected Interviews & Other Writings 1972 - 1977*，Colin Gordon（ed.），New York：Harvester Press，1980，p. 131.

② 仅标题中直接出现真理字样的，就有《逻辑学：真理的追问》（1925—1926）、《存在与时间》（1927）第四十四节"此在、展开状态、真理"、《论真理的本质》（1930）、《论真理的本质：柏拉图的洞喻和〈泰阿泰德〉讲疏》（1931—1932）、《艺术作品的本源》（1935—1936）中的"作品与真理""真理与艺术"。

③ ［德］比梅尔：《海德格尔》，刘鑫、刘英译，商务印书馆1996年版，第30页。

④ ［德］马丁·海德格尔：《存在与时间》，陈嘉映、王庆节合译，熊伟校，陈嘉映修订，生活·读书·新知三联书店2012年版，第246页。

的真理(truth known)①更根本,并且切身。真理的价值与地位必须在这一层面上才能得到切实与充分的理解。

在认识论的视野中,真理的要义为真知的获得,"符合论"等不过是对此进一步的哲学刻画与解释。在语言哲学中,关于"真"的基本句式为塔斯基式的系词(是)与表语(真)构成的谓述句,在此,真理的基本意思就是"是真的"。内中蕴涵逻辑上的真假二值性,其现实原型即科学真命题。在本体存在层面上,海德格尔认为 ἀλήθεια 的真理重心不在"真"而在"存在",正如某一论者所指出的,"海德格尔将系词视为真的真正承载者"②。海德格尔本人在《柏拉图的真理学说》(1974 年第 1 版)中有一边注明文指出,"ἀλήθεια(无蔽状态)是一个表示 esse(存在)的名称,而不是表示 veritas(真理)的名称"③。在另一处他还明确指出,"我们不能把 ἀλήθεια(即澄明意义上的无蔽)与真理等同起来",这只是"允诺了真理之可能性"。④ 可见,ἀλήθεια 的意思不是 being true**(是真的)**,是 true being**(真的是)**,在真理的存在论根据的意义上,ἀλήθεια 属于本质的真理,是存在"真容"的无蔽"本相"。

自亚里士多德以来,存在一直是"第一哲学"的形而上学的主题,对于亚里士多德来说,存在作为各种实际存在物体的最终根据从而不变不动的永恒者即实体。在此,我们清楚地看到存在最终的对象化,其语言表现就是存在的名词化。中世纪,永恒存在理所当然地归于上帝。而对

---

① 参见 Michael Gelven, *Sprit and Existence: A Philosophical Inquiry*, Nortre Dame, IN: University of Nortre Dame Press, 1990, p. 66。

② 笔者的领悟在以下两处获得印证:Daniel O. Dahlstrom, *Heidegger's Concept of Truth*, Cambridge: Cambridge University Press, 2001, p. 25; Richard Capobianco, *Heidegger's Way of Being*, Toronto: University of Toronto Press, 2014, p. 9, p. 11. Heidegger refers to the copula as "the authentic bearer of truth". (FS 2 70)

③ [德]马丁·海德格尔:《柏拉图的真理学说》,载《海德格尔文集·路标》,孙周兴译,商务印书馆 2000 年版,第 273 页。

④ [德]马丁·海德格尔:《哲学的终结和思的任务》,载《海德格尔选集》(下),孙周兴选编,上海三联书店 1996 年版,第 1257 页。

于海德格尔来说,存在(to be)意味着生存(to exist)。名词化的存在不过是动词的抽象名词化,在英文中即 Being,是 to be 的抽象名词化,这一理解的语言表现是存在的系词化,换言之,存在的含义"是""在""有"中的"是"被凸显出来,其理论意义,是通过"S 是 P"这样的句式达到对一切认识的普遍先验概括。系词"是"总是连着"什么",表达我们关于事物"being what"或者"being true or false"的实存、真假认知。

由于表达上"提及"的需要,Being 而非 to be 成为首选,但存在的动词不定式其实是比其动名词更基本的。海德格尔对 Sein 问题的重大推进,如黄裕生所说,正是"通过引入 Existenz 把作为存在动词的 sein 和作为系词的 sein 明确区分开来"①。顺便指出,在德文中,Sein 一词兼有名词与动词义,das Sein 中 sein 的本义乃动词不定式义,但英文中 The To Be 不成立,在 Being 的动名词形式下,Sein 作为 to be 的意义反倒隐而不显。在不定式及其蕴涵的存在论维度上,哈姆莱特之问只能是"to be or not to be"而不可能是"being or not being"。②

Sein/Being 的系动词性名词义"是",除了与认识论的直接勾连外,其意义较之不定式(zur)sein/to be 更倾向于现成者而不是生成者,而海德格尔恰恰是在此在"去存在"的生存论维度直面存在,超越单纯认知性"是"的思考。美国学者哥文(Michael Gelven)说,"除非真理本质上最终与人类存在相关联,海德格尔(关于此在的基本存在论)的分析不可能是'真'的"③。他在此明确拈出 existence 一词,并以其著作《真理与存在》(*Truth and Existence*)之名明示这一点。④ 当然,在理性和真理的维度

---

① 黄裕生:《站在未来的立场上》,生活·读书·新知三联书店 2014 年版,第 38 页。

② 施特劳斯亦曾指出过这一点,"除了海德格尔,每位作者都把 Sein 译解为 Being。但对于海德格尔来说,一切都依赖于理解为动名词的 being 与理解为分词的 being 的截然不同的内涵。"施特劳斯:《海德格尔式存在主义》导言,载刘小枫选编《西方民主与文明危机》,华夏出版社 2018 年版,第 119 页。

③ Michael Gelven, *A Commentary on Heidegger's Being and Time*, revised edition, Dekalb, IL: Northern Illinois University Press, 1989, p.133.

④ 据此,"存在与时间"较之"是与时"是关于 *Sein und Zeit* 更为名副其实的翻译。

上,存在毕竟涉及理解与意义,因而同样内蕴"是"的维度,此即陈春文所说的"'是'与'存在'的合式发生"①。在还原 Sein 的不定式意义的前提下,海德格尔关于存在意义的发问"the question of the meaning of being"依其动词本义应该表达为"to question what it means to be",② to be 之问剥离任何限定的身份或角色,这是其作为"存在"之思("你是谁"/Who are you)与关于存在者认识("你是什么"/What are you)的根本分野,它跟上帝对摩西的回应"I am who I am"表达的是同样的意思。当然,存在毕竟落脚在具体存在物中,但这里关于任一存在者的哲学提问不是直接的"是什么",而是"是什么意思""意味着什么"。因此,重点不是经验性的"什么",而是存在性的"意义"。准此,意义之"是"最典型的语言表达形式不是谓述句而是定语性语词如"真朋友"(true friend),③"真朋友"的意思无非(够得上)"是"朋友,在存在意义维度上,"是"与"真"融合为一。准此,存在真理之为存在意义敞开的内在联系语义澄明,"真理之为无蔽的存在"④不是经验、科学式的解密及其证明,而是现象学或"本质直观"的明证。

在存在论上探讨真理的理论依据,必须承认"自古以来,存在与真理即使未被视为一事,也始终是相提并论的"⑤。这在"真"所包含的真"实"

① 陈春文:《哲学的希腊性:"是"与"存在"的合式发生》,《云南大学学报》2012 年第 5 期。

② Michael Gelven, *A Commentary on Heidegger's Being and Time*, revised edition, Dekalb, IL: Northern Illinois University Press, 1989, p. 5.

③ 值得注意的是,黑格尔与海德格尔在关于真理的论述中均指出"真朋友"的用法,并且前者明确指出真的这一用法显示出"真理更深层的哲学意义"。(Adopted from Richard Campbell, *The Concept of Truth*, Basingstoke: Palgrave Macmillan, 2011, p. 101;亦见黑格尔《小逻辑》,贺麟译,商务印书馆 1981 年版,第 86 页,中译文与此略异。)事实上,在分析风格的哲学论文中也有人发出这样的质疑,在"真朋友"这样的合法用法中的"真"为什么不被缩简论者纳入思考?(Predrag Cicovacki, "Rethink the Concept of Truth," in Jaroslav Peregrin (ed.), *Truth and its Nature (If Any)*, Springer Science+Business Media. B. V. 1999, p. 208)

④ Ronald Aronson, "The Ethics of Truth, Introduction to Paul Sartre," in *Truth and Existence*, Chicago: The University of Chicago Press, 1992, p. XXII.

⑤ [德]马丁·海德格尔:《存在与时间》,陈嘉映、王庆节合译,熊伟校,生活·读书·新知三联书店 1987 年版,第 222 页。

(real)义中也可一窥真容。另外，德文 Wahrheit 的词根 wahr 很可能是从 was 即德文"是"的过去时而来，在古德语中其不定式形式为 wesen，其义为"是"与"存在"。依通常关于真理的符合论理解，如实为真，（德国史家兰克所谓 wie es eigentlich gewesen）那"实在"（reality）本身即便不是更真也没有理由不真。在海德格尔这里，系词"是"之后的"真"已是第二位的真，第一位的真是"是"，即"是什么意思"及"如何是"的意义敞开与澄明。

海德格尔并不否认传统符合论的真理概念，但指出其在理论上不"究竟"。首先，符合论预设的主客二分不成立，具体表现在不论是依"表象之间"的关系还是"表象同实在物的关系"，又或"心理的东西与物理的东西的符合"，在理论上均窒碍难通。依照现象学意向性学说，海德格尔认为，真即事情本身的当下直接呈现而非观念与事实之间"二度比对"的结果，"一个命题是真的，这意味着：它就存在者本身揭示存在者"①。关于譬如"墙上的像挂歪了"的觉知，即墙上的像挂歪了这件事的直接呈现，其间并无主客隔阂从而所谓主观判断与客观事实相比对这回事。其次，更根本的是，如果不是首先有存在论层面上世界（包括万物）的预先澄明与敞开，认识论上有真假的语言游戏无以进行，奥古斯丁早就说过，"除非有真理存在，没有什么会是真"②。这就好像先有围棋，后有行棋的"死活"、胜负计算。

"人是存在的看护者"③，"唯当此在在，真理才在"④。作为无蔽，存在真理与此在之"能在"的自由，以及让存在现身的自由间有直接与本质

---

① 参见［德］马丁·海德格尔《存在与时间》，陈嘉映、王庆节合译，熊伟校，生活·读书·新知三联书店 1987 年版，第 251、250 页。

② 参见 Paul Carus, "Truth," in *The Monist*, Vol. 20, No. 4, 1910, pp. 481–514。

③ ［德］马丁·海德格尔：《海德格尔文集·路标》，孙周兴译，商务印书馆 2000 年版，第 403 页。

④ ［德］马丁·海德格尔：《存在与时间》，陈嘉映、王庆节合译，熊伟校，生活·读书·新知三联书店 1987 年版，第 276 页。

的关系,因此,"真理的本质揭示自身为自由"①。亚里士多德关于存在的形而上学探讨最终归结为实体问题,为近代科学的兴起准备了相应的思想与理论条件,海德格尔对存在问题的形上追问则聚焦于意义。"意义"在海德格尔哲学中是另一个与"存在"同一级别的概念,海德格尔说,"追问存在的意义,就是追问存在本身"②,而"'存在之意义'与'存在之真理'说的是一回事情"③。

海德格尔拈出 ἀλήθεια 界说真理的本义只有在(存在)意义的层面上才能获得真切的把握,事实需要解释,意义方可言解蔽。如果说事理解释往往意味着由无知到知,义理解蔽如伽达默尔所说是"已认识的东西又被重新认识","在再认识中,我们所认识的东西仿佛通过一种突然醒悟而出现并被本质地把握"。④ 此际,"从前我们隐隐地、模糊地、半有意识地感知的事,现在完全改变了,它被放大,被增强,或全新地出现在我们眼前。在外在性和内在性的交互中,处在我之外的事物激发我对自己有了一个修正过的、不一样的认识。"⑤此即格朗丹所谓真理作为无蔽"可以从意义开启的概念来把握"⑥。无蔽的关键词是"光明",其在世界与社会层面上分别为"去混沌"与"去昧",在人的层面上为"启蒙"。通过解蔽,自我认识之蔽与对象世界之蔽的解除是同时到场、一体两面的现象,就像"光"与"(明)目"的共属关系,主客二分在这里是不存在的。

---

① [德]马丁·海德格尔:《论真理的本质》,载《海德格尔文集·路标》,孙周兴译,商务印书馆 2000 年版,第 221 页。

② [德]马丁·海德格尔:《存在与时间》,陈嘉映、王庆节合译,熊伟校,生活·读书·新知三联书店 1987 年版,第 178 页。

③ [德]马丁·海德格尔:《形而上学是什么》导言,载《海德格尔文集·路标》,孙周兴译,商务印书馆 2000 年版,第 446 页。

④ [德]汉斯-格奥尔格·伽达默尔:《诠释学Ⅰ真理与方法》,洪汉鼎译,商务印书馆 2007 年版,第 161 页。

⑤ [美]芮塔·菲尔斯基:《文学之用》,刘洋译,南京大学出版社 2019 年版,第 40 页。

⑥ [加]让·格朗丹:《诠释学真理?论汉斯-格奥尔格·伽达默尔的真理概念》,洪汉鼎译,商务印书馆 2015 年版,第 163 页。

　　"语言是存在之家"①,语言的产生与世界由原始混沌中脱胎而出是人类历史上同步发生的大事,"能够被理解的存在就是语言"②。在《圣经·创世记》中,上帝创世第一事即"说'光',于是有了光"。③ 这是关于存在与语言关系进而意义关系很好的神学隐喻。物理上"光"作为视觉成立的先天条件隐喻认识的先天可能性,神(哲)学上"光"隐喻世界意义之明,而"使一切事物都能自身阐明、自身可理解地出现的光正是语词之光"④,老子曰:"无名,天地之始,有名,万物之母"。在此,上帝不是以科学家的方式运用基本粒子或基本元素造物,而是以"语言学家"的方式行事,在此,"上帝"准确说来是"创**世**者"而不是"造**物**主",他是"**人文始祖**"而非"**科学宗师**"。在存在意义澄明的维度上,"科学并非真理的原始发生"⑤。所谓"仓颉作书,而天雨粟、鬼夜哭"(《淮南子·本经训》)的说法颇能道出语言发生之为人类开天辟地真理性事件的根本意义。

　　语言在包括日常表意载体(Zeige)的"道示"层面与存在层面上是"创意"方式的"道说"(das Sagen)的形上维度。⑥ 在质料层面上,宇宙显然在人类出现之前就已存在,从而在语言之外,但纯粹的质料只是含意不明的"大块"⑦"混沌",正如"光"不在场的所在一片黑暗。离开语言,物并

① [德]马丁·海德格尔:《关于人道主义的书信》,载《海德格尔文集·路标》,孙周兴译,商务印书馆 2000 年版,第 366 页。
② [德]汉斯-格奥尔格·伽达默尔:《诠释学 I 真理与方法》,洪汉鼎译,商务印书馆 2007 年版,第 12 页。
③ 通常译文为"上帝说,要有光,于是有了光",此处引冯象依古希伯来语的译文。(冯象:《创世记传说与译注》,生活·读书·新知三联书店 2012 年版,第 5 页。)
④ [德]汉斯-格奥尔格·伽达默尔:《诠释学 II 真理与方法》,洪汉鼎译,商务印书馆 2007 年版,第 616 页。
⑤ [德]马丁·海德格尔:《艺术作品的本源》,载《林中路》,孙周兴译,上海译文出版社 1997 年版,第 45 页。
⑥ [德]马丁·海德格尔:《海德格尔选集》(下),孙周兴选编,上海三联书店 1996 年版,第 1134 页。
⑦ 参见李白《春夜宴桃李园序》中的诗句:况阳春招我以烟景,大块假我以文章。

不"是","惟有词语才让一物作为它所是的物呈现出来,并因此让它到场"①,此正是所谓"道行之而成,物谓之而然"(《庄子·齐物论》)。在宏观维度上,"世界就是语言地组织起来的经验与之相关的整体"②,即意义空间(天地),"世界是按照我们划分它的方式而划分的,而我们把事物划分开的主要方式是语言"③。

语言作为世界人文化成的工具乃意义的源始,与上帝之言一次性地"道成肉身"不同,人类语言与意义空间的互动是永远在路上的历史性进程。万物在初次被"命名"成其所是后成为各"是"其是的"存在者",其意义的此一解蔽同时意味着其丰富意蕴被固定为一的遮蔽,发生海德格尔所谓"存在的遗忘"。遮蔽之义有二,其一是作为人的理性有限性表现的"偶然的遮蔽",其二(也是更本质的)是去蔽与遮蔽一体两面的"必然的解蔽",在此,语言之为"存在的家"与"存在的牢笼"一体两面,正如光明与黑暗恰为一体。于是,昨日之解蔽"蜕化"成今日之遮蔽,"原初的明见性变成了**沉积物**"④。"在空洞的领域中人云亦云……源始的'掌握'会僵化"⑤,科学在原本意义上作为自然的解蔽本身属于"真理的一种形态"⑥,在伽利略、开普勒、牛顿时代出现的科学革命中,"某种筹划被实施了,通过这种筹划,先行界定了在自然和自然事件之下,通常应该得到领会的东西"⑦。但科学内在地将纷繁的世界抽象为比如数与形的意义单

① [德]马丁·海德格尔:《语言的本质》,载《海德格尔选集》(下),孙周兴选编,上海三联书店1996年版,第1071页。

② [德]汉斯-格奥尔格·伽达默尔:《诠释学Ⅱ真理与方法》,洪汉鼎译,商务印书馆2007年版,第572页。

③ [英]布莱恩·麦基编:《思想家:当代哲学的创造者们》,周穗明、翁寒松等译,生活·读书·新知三联书店1987年版,第267页。

④ [美]罗伯特·索科拉夫斯基:《现象学导论》,武汉大学出版社2009年版,第164页。

⑤ [德]马丁·海德格尔:《存在与时间》,陈嘉映、王庆节译,熊伟校,生活·读书·新知三联书店1987年版,第43—44页。

⑥ [德]马丁·海德格尔:《存在与时间》,陈嘉映、王庆节译,熊伟校,生活·读书·新知三联书店1987年版,第401页。

⑦ [德]马丁·海德格尔:《论真理的本质:柏拉图的洞喻和〈泰阿泰德〉讲疏》,赵卫国译,华夏出版社2008年版,第60页。

一化倾向与宰制自然之力,令人在科技的"世界图景"中远离自我涌现的"自然","固执地孜孜于一向最切近可达的存在者"①,古代关于自然活生生的存在领会转向为关于现成存在物的"研究",即"认识把自身作为程式建立在某个存在者领域(自然或历史)中"②,遮蔽了现实生存方式如科学技术背后蕴涵的源始意义通道③。当此自然退隐即"存在遗忘"之际,"真理的独特本质……存在于被我们称之为存在的'意义'的持续不断敞开的历史中"④,"哲学探讨最终无非就是意味着当一个刚开始的新手"⑤,无蔽的要义在于新的解蔽⑥。

当原始语言在日常使用中发生意义固化与磨损,语言的超越性便成为意义之源,哲学以其超越性与反思性、文学艺术以其自由创造性成为本义的语言,科学——至少在其常规阶段——因其方法论的严格性,虽新说不断、新术迭出,却未必开辟出新的意义空间。在此,语言最基本与重要的维度不在语词及句子中,而在"文章"(文本)尤其是"故事"(叙述)中,故事是意义打开的基本方式,并且,与直陈描述或逻辑证明相比,故事作为类亲知经验,其深入人心之力无与伦比。⑦ 神话、传说蕴涵着人类在鸿蒙初开时关于自身与世界的意义理解与体认,如果说科学话语建构的是关于事物空间结构性的因果解释,叙述——无论其为虚构还是纪实——则是人类在一逝不返的时间进程中试图确立自我、建构意义(而

① 〔德〕马丁·海德格尔:《海德格尔文集·路标》,孙周兴译,商务印书馆2000年版,第224页。
② 〔德〕马丁·海德格尔:《林中路》,孙周兴译,上海译文出版社1997年版,第74页。
③ 〔德〕马丁·海德格尔:《存在与时间》,陈嘉映、王庆节合译,熊伟校,生活·读书·新知三联书店1987年版,第27页。
④ Heidegger, *Vom Wesen der Wahrheit*, p. 25, adopted from Joseph J. Kockelmans, *On the Truth of Being*, Bloomington, IN: Indiana University Press, 1984, p. 16.
⑤ 〔德〕吕迪格尔·萨弗兰斯基:《来自德国的大师:海德格尔和他的时代》,靳希平译,商务印书馆2007年版,第7页。
⑥ "存在者之无蔽从来不是一种纯然现存的状态,而是一种生发。"(海德格尔:《艺术作品的本源》,载《林中路》,孙周兴译,上海译文出版社1997年版,第38页。)
⑦ 哥文在《真理与存在》中曾经以豌豆公主于七层床垫上知一粒豌豆之微的故事精彩阐释了这一点。参见 Michael Gelven, *Truth and Existence: A Philosophical Inquiry*, University Park, PA: Pennsylvania State University Press, 1990, p. 124.

非规律)的人文方式。①

"语言是存在的家"即语言为意义之所,是单边隐喻,反过来说,意义为语言之母。因此,真理之为意义解蔽事件首先不发生在书写与阅读中,其源始发生处在生活世界活生生的经验中,虽然除自我亲知外,它们仍然在语言中"显影"与"定形"。孟浩然的诗作《春晓》于春光明媚、生机盎然的清晨暗思黑暗中湮没的生命,其无关柴米且想必亦与己身健康状况无关的恰是人存在之形上"春愁";夏日夜晚两个孩子在户外仰观星空,于深感宇宙浩渺个体渺小之际省思此中有我(yet,here we are)②;张爱玲笔下王佳芝③于刺奸行动生死攸关之际"心下轰然一声","这个人是真爱我的"。④不但前此主人公未曾察觉的某种真相瞬间朗现,同时亦是其本真(女)人性的至真呈现;陈胜、吴广揭竿而起之际"王侯将相宁有种乎"的金石之声与独立宣言所宣示的"人生而平等"的"不证自明的真理",千古之下,异域同声;等等。

解蔽"不应理解为知识的增长,而是见地的获得,这是改变人的事件"⑤,曰"教化",用柏拉图的话说,是走出洞穴的"灵魂转向"。海德格尔说真理是此在的展开状态具有内在的实践维度,"去蔽"不是单纯的精神事件,首先是在人生中"行之而成"的践履,例如在《于思之际,何所发生》中面对危难中求救的朋友某人如何勇敢面对"我是谁"作出存在性选择,以及林肯如何在南北战争中实际理解和践履前此已写在美国宪法中的"我们人民"。关于真理一虚一实这两段叙事,就是关于去蔽的实践含义

---

① 参见周建漳《历史哲学》,北京大学出版社 2015 年版,第八章。

② 参见 Michael Gelven,*Truth and Existence :A Philosophical Inquiry*,University Park,PA:Pennsylvania State University Press ,1990,p. 59。

③ 张爱玲小说《色·戒》中的女主人公。

④ 《张爱玲文集》,安徽文艺出版社 1996 年版,第 155 页。

⑤ Michael Gelven, *What Happens to Us When We Think*:*Transformation and Reality*,Albany,NY:State University of New York Press,2003,p. 59.

的最好阐释。① 在此,去蔽真理发生的方式是知行合一的,最终真理即存在。同时,真理之为"去蔽"不只在语言与个体存在经验中发生,并且是在人类乃至民族规模上发生的历史性事件,启蒙运动的名称本身就标明了这一点,就其实质而言,"去蔽"亦即"去(蒙)昧"。在中国近现代史上,五四运动之为思想启蒙与 20 世纪"文革"浩劫之后"破除迷信、解放思想"的二度启蒙莫不如此。

真理存在论维度的另一层含义,是它最终是被实现的(come true, become reality)的存在论事件,是"行在地上"的真。在此,"说某物是真的,就是说它有一个未来"②。不论是在艺术、宗教还是政治中,其存在都是在历史进程中不断被创生的,其中,那些伟大作品或伟大人物乃是日新又日新地形塑和定义艺术、信仰、政治的历史事件,在此,"一种新的原初经验"也可以说存在真理"得到澄清"和"被缔造"。③ 因此,海德格尔将建国(政治)、立教(宗教)、筑居(建筑)乃至哲学、艺术并列为真理的设立方式。④

二、艺术—真理?

将真与美相提并论依具备科学主义气质的正统哲学来看是涉嫌范畴谬误的无稽之谈,但人文见解与此迥然不同,"诗家将真理与他们自己的图腾美等量齐观"。济慈(Keats)告诉我们"真是美,美就是真",19 世纪美国伟大诗人狄金森(Emily Dickinson)在她的诗句中让为美和真理

---

① 参见 Michael Gelven, *What Happens to Us When We Think*: *Transformation and Reality*, Albany, NY: State University of New York Press, 2003, pp. 1 - 2, pp. 81 - 87。

② [美]约翰·D. 卡普托:《真理》,贝小戎译,上海文艺出版社 2016 年版,第 74 页。

③ [德]H. 罗姆巴赫:《作为生活结构的世界:结构存在论的问题与解答》,王俊译,张祥龙、朱锦良校,上海书店出版社 2009 年版,第 136 页。

④ 参见 [德]马丁·海德格尔《论真理的本质:柏拉图的洞喻和〈泰阿泰德〉讲疏》,孙周兴译,华夏出版社 2008 年版,第 60—61 页;[德]马丁·海德格尔《林中路》,孙周兴译,上海译文出版社 1997 年版,第 45 页。

而死的人比邻而葬。① 海德格尔强调艺术为真理显现的重要方式不仅彰显其与传统真理观分庭抗礼的理论姿态,它对意义真理亦有观点深化之效。因此,关于海德格尔真理观的讨论如果忽略了其关于艺术真理的论述势必是不充分的。

艺术真理说将真理为意义解蔽推到极致。以符合事实之真论,艺术虚而不实,且远离现实生活,然而,在现象学存在论视野中,"唯有那些以从日常功用中抽身而出,致力于为了理解事物的本体意义而对我们应该思考的事情加以反思为职志者才能见到真理"②。在这一意义上,艺术虚而不假,离功利远,却离存在的真意近。在此,真理主要是在"事情本身"的意思上说的,"真理就是那种把其最本己的本质,根本上托付给了其所是的东西"③。在日常"繁忙"和"闲言"中,人们注意的是"登机口改为 64号"的信息内容或其他"八卦内容",而不是语言本身,相比之下,音乐让声音从"话"中摆脱出来,以本来面目示人,这就是所谓声音的本质或本质的声音了。在面对艺术作品时,我们不是"看"(watch),而是如陶渊明诗句所写的那样"见"(see,vision)或者说"照面",④同理,在音乐中我们心无旁骛地"听",在诗中我们纯粹地"读",只有在去除"物"蔽直见本质(essence)的存在性而非认知性的"见""听""读"中,我们才能避免听而不闻(hearing without listening)、熟视无睹(seeing without knowing),乃至言不及义(talk a lot say nothing)之蔽。

海德格尔对梵高"农鞋"的阐释是他以实例给出的关于艺术真理实相难得的"现身说法",在此,不但"器具的器具存在才专门露出了真相",

① 参见 Michael Gelven,*Truth and Existence :A Philosophical Inquiry*,University Park,PA:Pennsylvania State University Press ,1990,p. 3。

② Michael Gelven, *A Commentary on Heidegger's Being and Time* , revised edition, Dekalb, IL: Northern Illinois University Press, 1989, p. 229.

③ [德]马丁·海德格尔:《论真理的本质:柏拉图的洞喻和〈泰阿泰德〉讲疏》,孙周兴译,华夏出版社 2008 年版,第 109 页。

④ 参见 Michael Gelven,*Truth and Existence :A Philosophical Inquiry*,University Park,PA:Pennsylvania State University Press ,1990,p. 127。

并且,鞋作为人辛劳跋涉在大地上的物理象征见证了农妇的整个世界——迈动在田垄的坚韧脚步、对面包稳靠性的焦虑、床上分娩时死亡逼近的战栗等等——"在作品中走进了它的存在的光亮中"。① 在此,真理并不像在通常科学中那样,"某种东西被正确地表现和描绘出来了,而是说,存在者整体被带入无蔽"②。问题来了,一是梵高画的到底是不是农妇之鞋;二是海德格尔关于梵高"鞋"画发表的看法究竟是不是梵高的本意?③ 第一点对画的解读并无实质影响,即便如果不是农妇之鞋则"分娩"云云就没有着落,但于鞋对人生死的象征意义无碍,"今日脱鞋上床去,不知明日穿不穿"是所有临终卧床之人命运的共同写照。海德格尔关于梵高画意的解读总体上应该方向正确,因为,"鞋有什么好看的?"作为人行走于大地的象征,画它肯定是画人。至于第二点,海德格尔对"鞋"的阐释是否即梵高原意,这一发问本身预设着这样一种理解,即画家以画作为传达其观念的形、色手段,而观众则在作品中读取这一预先被放进画里的想法,关于艺术作品的这一理解从根本上说是误导性的。艺术作品不是表达思想观念的工具,而是有独立品格的本体存在,这当然不是说艺术家的创作没有创意,而是创意在作品之外是没有存在性的,在艺术作品中所敞开的真理可以说是在这一艺术品之外根本不存在的东西,在此,作品不是"意义的承担者",而是意义本身的在场,"使意义出现"。④ 对于海德格尔所谓"艺术就是自行设置入作品的真理"⑤应该在这一意义上加以理解。艺术家通常拒绝解释其作品含义的要求,因为,如果说法可以代替作品,那直接说就是了,何必画? 进而,艺术中自

---

① ［德］马丁·海德格尔:《林中路》,孙周兴译,上海译文出版社 1997 年版,第 19 页。
② ［德］马丁·海德格尔:《林中路》,孙周兴译,上海译文出版社 1997 年版,第 39 页。
③ 参见时卫平《梵高的农鞋:再论艺术作品的真理性》,《艺术百家》2012 年第 2 期。
④ ［德］汉斯-格奥尔格·伽达默尔:《美的现实性》,张志扬译,生活·读书·新知三联书店 1991 年版,第 54、56 页。
⑤ ［德］马丁·海德格尔:《林中路》,孙周兴译,上海译文出版社 1997 年版,第 23 页。

行敞开的真理内涵最终是在作者、读者之间复杂的阐释关系中成立的，这在音乐、戏剧这种有赖表演呈现的艺术中表现得尤为明显，但意义依赖阐释，作品并非原作者独立完成，(历代)读者是作品匿名的合法作者①的解释学观点是普遍适用的。准此，关于作者原意的质疑多少有言不及义之嫌。

艺术真理说包含对日常经验的陌生化眼光，"从现存事物和惯常事物那里是从来看不到真理的"②。"鞋"被放进画框，"石头"被砌进希腊神庙都是寻常事物陌生化的手法，塞尚将抽水马桶放到艺术展览会上不仅是对传统艺术权威的挑战，更以惊世骇俗的方式揭出艺术陌生化的本义。陌生性往往意味着本真性，所以，与艺术作品遭遇的时刻正是真理出场的时候。

在意义构造而非事实之真的含义上，"美是作为无蔽的真理的一种现身方式"③获得合理解释的，这正是伽达默尔在《诠释学Ⅰ真理与方法》中所说的"超出科学方法论控制范围的对真理的经验"④。在此，"科学决不是真理的源始发生"⑤，因为"科学所告诉我们的真理本身只是相对于某种确定的世界定向而根本不能要求自己成为整体的真理"⑥。针对传统上将艺术视为实的假象从而排除在人类认知事业之外的"审美区分"，伽达默尔明确提出"艺术经验是一种独特的认识方式"的"审美无区分"的观点，指出艺术经验作为认识方式固然不同于科学、伦理乃至一切

---

① 汉斯-格奥尔格·伽达默尔在《真理与方法》上卷"艺术作品的本体论及其诠释学的意义"中对此所论甚详。

② ［德］马丁·海德格尔：《艺术作品的本源》，载《林中路》，孙周兴译，上海译文出版社 1997 年版，第 55 页。

③ ［德］马丁·海德格尔：《海德格尔选集》(上)，孙周兴译，上海三联书店 1996 年版，第 276 页。

④ ［德］汉斯-格奥尔格·伽达默尔：《诠释学Ⅰ真理与方法》，洪汉鼎译，商务印书馆 2007 年版，第 18 页。

⑤ ［德］马丁·海德格尔：《林中路》，孙周兴译，上海译文出版社 1997 年版，第 45—46 页。

⑥ ［德］汉斯-格奥尔格·伽达默尔：《诠释学Ⅱ真理与方法》，洪汉鼎译，商务印书馆 2007 年版，第 574 页。

概念性的认识,"但它确实是一种传导真理的认识,难道不是这样吗?"①"当艺术的陈述与我们自己结成了一体,当它们在我们的自我理解的过程中,以自己的真理被领悟时,那就不是艺术而是哲学在起作用。"②作为伽达默尔的同时代人,分析哲学家古德曼在艺术与真理关系上表现出少见的通达,他立场鲜明地质疑"真理全在科学那里,一点也不在艺术中"。他跟伽达默尔一样肯定艺术经验的认知性,在他看来,"科学与艺术的区别"并非"真理与美","只是各自符号系统主导性特性的不同而已"。③

上述观点在文学家中不乏共鸣,或者不如说,以海德格尔为代表的哲学家们在哲学上所言说的不过是以感性形态存在于文学家作品中的真理经验。米兰·昆德拉认为,"认识是小说唯一的道义","小说'存在'的唯一'理由',是发现那些只能为小说所发现的东西。"④法国哲学家德勒兹在《普鲁斯特与符号》中揭示了普鲁斯特的理论的要旨"不是记忆与时间,而是符号与真理⑤。借助"爱的谎言性符号""空洞的社交符号""物质性的感觉符号"以及"本质性的艺术符号",小说家展示了主人公学习成长——伽达默尔会说"教化"——解开生活真谛的思想历程。

正如科学式真命题在大多数情况下并不是关于对象的镜像式反映,艺术中真理的出场也不是关于相关对象亦步亦趋的"模仿",而是事物本身的直接到场(representation),即意义的当下呈现。在语言方式上,艺术(例如绘画)的语言与科学命题的主谓陈述句如"这只猫是黑色的"截然不同,在命题谓述中,主词指涉猫,谓词将特定属性即黑色归诸对象,

---

① [德]汉斯-格奥尔格·伽达默尔:《诠释学Ⅰ真理与方法》,洪汉鼎译,商务印书馆 2007 年版,第 125 页。
② [德]汉斯-格奥尔格·伽达默尔:《科学时代的理性》,薛华等译,国际文化出版公司 1988 年版,第 17 页。
③ Nelson Goodman, *Languages of Art: An Approach to a Theory of Symbols*, Indianapolis and New York: The Bobbs-Merrill Company, Inc, 1968, p. 262, p. 264.
④ [法]米兰·昆德拉:《小说的艺术》,孟湄译,作家出版社 1993 年版,第 4 页
⑤ [法]吉尔·德勒兹:《普鲁斯特与符号》,姜宇辉译,上海译文出版社 2008 年版,第 90 页。

可是,在一幅关于黑猫的画作中,我们没有办法区分出哪一笔是画"猫"而哪一笔是画其"色","指涉与谓述在图画中是同时和统一发生的"①。更重要的是,在与世界相遇的源始经验层次上,此时"物"未始有名,即未尝"是",我们一眼看到的是某种"样貌"(feature),而非"带有属性的事物",②但正如《圣经·创世记》所喻示的,关于自然物的命名等活动在"第一个星期"已然完成,倒是人类社会尤其是非实体性的人文观念性存在如制度、历史、事件始终在人类发展进程中时时作为未定型物的样貌被形塑或者说被"表现"(representation)着,依安柯斯密特关于令存在"出场"(presentation)的独特"表现"概念,在此"表现是实践性的,陈述则是理论性和抽象的"③,"这就是表现比真值陈述更基本的原因"④,因此,理论抽象在特定意义上固然有其思想上的必要性,但当涉及生活世界基本理解的时候,表现比陈述更基本亦更重要。

在存在论维度上,艺术表现相对于科学陈述的优越性在于其切身性,科学命题所表达的理论性意义对于科学家乃至进一步的技术运用意义重大,但终究只是认知性的,其与人的存在的关系是间接的、工具性的,而人文学说(包括艺术作品)所表现的意义则是有感存在性的,具有直击人心的力量。认知性意义及于脑,而存在性意义及于心。伽达默尔曾经说过,一个人参观博物馆"进去时没有带着生命的感觉,参观后从里面走出来时就有了这种生命的感觉;如果人们真的获得了艺术的体验,那么这个世界就变得更光明,变得更轻松了"⑤。意义解蔽带给人的是否一定是"更光明",尤其是"更轻松",也许未必,但去蔽者看世界的眼光有

---

① [荷兰] F. R. 安柯斯密特:《历史表现》,周建漳译,北京大学出版社 2012 年版,第 40 页。
② [荷兰] F. R. 安柯斯密特:《历史表现中的意义、真理和指称》,周建漳译,译林出版社 2015 年版,第 167 页。
③ [荷兰] F. R. 安柯斯密特:《历史表现》,周建漳译,北京大学出版社 2012 年版,第 76 页。
④ [荷兰] F. R. 安柯斯密特:《历史表现中的意义、真理和指称》,周建漳译,译林出版社 2015 年版,第 167—168 页。
⑤ 参见[德]伽达默尔《美的现实性》,张志扬等译,生活·读书·新知三联书店 1991 年版,第 41 页。

些不一样了,他(她)的生命中有了些变化则是一定的。顺便指出,柏拉图对艺术不无偏见,但在谈及理念时屡屡提到"美",叶芝直言"真就是美,美就是真",包括海德格尔对艺术与真理关系的阐述,其要义除了突出真理如美的直观明见性,还包含着对真理如美的理解。如果说知识有工具之用需经物质转化环节,艺术(美)则有直击人心的力量,其在人身上造成的可能转化具有整体和根本的性质,歌德笔下和比才歌剧中的浮士德与卡门,虽为虚构,却为实情。

三、实质哲学真理

英美哲学真理观中经典三大论与当代语言哲学语义真理论分别被称为实质性与形式性真理理论,但前者所谓实质性无非指的是承认真理与语言之外世界的关联的形而上学面向,强调认识论与科学现实之间必要的"摩擦",①但就广义认识论二阶反思话语下"论"真理的真理论而言,其都属于关于真理的理论性形式化话语。欧陆哲学家在理论上谈论真理的同时对哲学以真理为己任有清醒的认识和坚定的信念。海德格尔认为,"真理是在世之为在世的本质**组建要素**。必须把真理理解为基本**生存论环节**"②。萨特有一本写于 1948 年,1989 年由其养女推出的《真理与存在》,其中明确指出,"自为者生活在真理中,就像鱼在水中",以及"真理如果不是被身历或被造就的就不是真的"。③ 因此,当海德格尔在理论上说**真理即无蔽**,他关于此在的存在论分析以及艺术作品的分析同时实质地给出**无蔽的真理**。人文领域是哲学"失守"物质世界领域后的安身立命之地,如海德格尔所说,在这一场域中,哲学与文学、艺术是"探

---

① "我把实质性当作一种普遍的'摩擦'(friction) 要求或限制,并作为知识应用于理论知识进而应用到知识的所有领域。"参见絮尔《真之实质主义》,《世界哲学》2019 第 3 期。

② [德]马丁·海德格尔:《存在与时间》,陈嘉映、王庆节合译,熊伟校,生活·读书·新知三联书店 1987 年版,第 353 页。

③ Jean-Paul Sartre, *Truth and Existence*, Chicago:The University of Chicago Press, 1992, p. 3,p. 32.

索真理的'姊妹'"①,古德曼和伽达默尔从不同的理论背景出发对美的认知从而真理性价值都有专门的讨论。② 那种以自然科学为唯一真理从而哲学只能退居评论席的想法即便是与康德时期的哲学相比亦倒退甚远。

海德格尔关于真理的许多文字(包括"无蔽")都属于论真理的理论性话语,《存在与时间》第 44 节与《论真理的本质》都是如此。值得注意的是,第 44 节在全书 83 节居其中,在文本上是起起承转合的作用,此前围绕"操心"展开的只是关于此在的"基础分析",是"准备性"的。"存在的意义问题的答案尚付阙如",因为,"至今的探索"尚未"把此在作为一个整体收入眼帘",③在紧接第 44 节后的第二篇"此在与时间性"中"时间"正式出场,由此此在存在的真理性得以展开。依照直观亦是传统的线性时间观,时间是无数当下瞬间的嘀嗒(钟表)流逝(流水),过去已逝,未来未有。这种时间观与"沉沦当下"的生存有内在的关联。然而,人生当然不是无数瞬间碎片及其感受,而是过去、现在、未来共同组成的"一生",在此,死亡作为人生的完结点,其先行引入是人之本真存在整体呈现的契机,这其实也是《钢铁是怎样炼成的》中那句警句的"秘密":"当我们回首往事"即站在人生的终点上,在"人的一生应该是这样"的整体性视野中人生的意义得以呈现。

值得注意的是,海德格尔在探讨艺术作品之为真理现身方式时也每每强调"存在者整体被带入无蔽"④,其透过"鞋"对存在真理的阐释话语

---

① [德]马丁·海德格尔:《形而上学的基本概念》,赵卫国译,商务印书馆 2017 年版,第 9 页。

② Nelson Goodman, *Languages of Art:An Approach to a Theory of Symbols*, Indianapolis and New York:The Bobbs-Merrill Company, 1968;[德]汉斯-格奥尔格·伽达默尔:《诠释学 I 真理与方法》,洪汉鼎译,商务印书馆 2007 年版,"艺术真理问题的重新提出",第 104 页以后。

③ [德]马丁·海德格尔:《存在与时间》,陈嘉映、王庆节合译,熊伟校,生活·读书·新知三联书店 1987 年版,第 264、265 页。

④ [德]马丁·海德格尔:《存在与时间》,陈嘉映、王庆节合译,熊伟校,生活·读书·新知三联书店 1987 年版,第 264、265 页。

实际上给出了农妇劳作、生育（包括死亡①）一生的小型叙事。此外，在《形而上学的基本概念》中，海德格尔对"无聊"作为一种基本生存情绪的分析，以及由这种基本情绪中发展出来的关于世界是什么的三个引导性命题——"石头无世界、动物缺乏世界、人形成着世界"②——都是关于人与世界实质性的真理言说。

有人关于诗说过这样的话，"伟大的诗歌常常具有一个特点，不管它说的是什么，它做的同时就是它说的。它说的是自然它成为自然里的一道泉源，它说的是死亡它滑下生命的悬崖要死给你看，它说的是虚无它变成虚无的容器让你听个回响，它说的是人之链——它一次次联结了我们"③。在例示的意义上，萨特关于人作为"自为之物"自由本质的阐述，加缪关于人生处境的西西弗斯隐喻，都是关于人类存在的实质性解蔽。尤为值得一提的是，由于福柯对斯多葛派与犬儒主义的思想考古，西方哲学中湮没已久的以主体为载体（包括"直言"）的真理实践传统得以呈现，在此，真理不但在身体力行的亲身实践意义上"知行合一"，并且直接是及身且具身的德性实在，"真理即德性"。如此理解的真理及其实践养成与中国哲学以"成"（成己、成物）为训的"诚"以及修身功夫论确有内在会通之意。④

以海德格尔为基础"接着讲"，当代美国海德格尔研究者哥文指出，真理的根本特征是"终极性"（truth as ultimate），"在终结所有为什么的意义上的终极性正是真理的**意思**"。⑤ 在一般认知意义上，终极性指向问

---

① 作为中国人，"鞋"甚至可以让我们想起那句饱含人生无常感的俗语"今日脱鞋上床去，明日不知穿不穿"。

② 〔德〕马丁·海德格尔：《形而上学的基本概念》，赵卫国译，商务印书馆 2017 年版，第 117—244、261 页。译文有所改动。

③ 〔爱尔兰〕谢默斯·希尼：《人之链》，王敖译，广西人民出版社 2016 年版，第 134 页。

④ 参见李晨阳《道与西方的相遇：中西比较哲学重要问题研究》（中文增订版），中国人民大学出版社 2005 年版，第 43 页。

⑤ Michael Gelven, *Truth and Existence：A Philosophical Inquiry*, University Park, PA：Pennsylvania State University Press，1990，p. 68.

题的解决即终结,而在存在论层面,"欣悦"(pleasure)、"命运"(fate)、"罪责"(guilty)与"美"(beauty)是我们典型的四种具足终极性的在世经验,同时也是我们遭遇与见证存在真理的四种方式。尤其值得一提的是,四种终极经验不仅是关于人文存在真理本质特征的理论论述,同时亦是在海德格尔时间性之畏之外关于人之为人形上本质的实质性真理言说,并且,主体层面的这一真理同时映射人所栖居之世界的真理,即世界之为"历史""家园""裁判所"的面相。①

---

① 参见 Michael Gelven, *Truth and Existence : A Philosophical Inquiry*, University Park, PA: Pennsylvania State University Press ,1990,Part Three。

第二章 真理概念

在第一章关于真理理论既有流派、观念的历史性概观后，从本章开始正面进入本书关于"何为真理"问题的探讨，这一探讨可以区分出概念和理论两个相对独立的层次，分别构成以下两章的内容。

通常哲学思考与研究直接从既有概念出发，但哲学概念的源头是日常意识与日常语词，对此的"还原"同样构成哲学思考的一个方面。真假观念是真理概念的意识前提，日常语词则是真理概念的生活原型，二者分别呈现出意识发生学视角与分析性的语义内容。

真理在概念上同时具有抽象内涵与具体外延两个维度，在前一层面上，关于真理的基本直觉即"真"，在后一层面上，关于真理的实指外延即具有实质认知内容的真命题，其意义为相关问题的唯一正确答案。真理概念这些相互交错的头绪最终在理论上可以收拢和概括为"真"与"真理"两条线索，也就是说，真理概念包括"真"与"真理"这样两个面向。

第一节 真假之本体可能与语言发生

在究竟至极的意义上，关于真理最切近的问题不是其概念规定乃至理论界说，而是这个世界上何以有真理这回事，这正是海德格尔所强调的真理在认识论与语言论维度之上的本体论维度。作为属人之事（Tatsache），真理的根本在于人，自由是真假分叉的本体论前提，在此基础上，真理是人于天地间确立尺度、要求理由的本原规范性概念，自由意志是真之持守的终极理由。真理成立的本体根据不等于真理观念的实际发生，后者作为首先萌芽于人类意识的真假观念与语言（虚构）有密不可分的关系，而这回过头来又是立足于自由这一人的本体规定性的。

一、真假分叉的本体根据

海德格尔区别于英美实质性与形式化真理理论的根本之处，是将整个问题推进到本体论的层次上加以探讨，在这一层次上，真理之为"无蔽"植根于"此在"作为"能在"的存在方式，即"自由"，这意味着此在从而其世界始终处于未完成态或可能态，需要也可能被不断敞开。在此，自由是意义澄明的本体根据，而在更基本的层面上，真理之为真假的可能性，即从根本上说这个世界上为何会有真假这回事，同样可以依自由得到其本体论上的说明。

人类出现之前的世界有物有事，但没有意义/语言，同样没有真假。因为，在没有生命的纯物质状态下，"世界"只是大块混沌，从而在"空间"上是既定、一体的，时间上亘古如一，不存在任何可能性空隙，真假二元无以发生。地球演化进程中生命乃至动物的出现是破天荒的大事，动物世界是行动从而事件的世界，偶然性由此发生。然而，动物本质上仍然嵌入在物质世界中，作为与世界一体并同处"迷醉状态中"的"定在"，[①]动物世界中虽然有行动的成败，但这一切在根本上完全受各种自然力（包括本能力量）的支配，终究是机械与本能地展开的，不存在本质上的可能性空间。因此，在动物世界中，实然即必然，而自由则意味着必然性的打破与可能性的出现，后者是自由的根本可能与呈现方式。总之，在一个

---

① 石头无世界、动物缺乏世界、人形成着世界。参见［德］马丁·海德格尔《形而上学的基本概念》，赵卫国译，商务印书馆 2017 年版，第 261 页。

全然物质性的事实世界中既不存在区分真假二元的必要性,也不存在真假区分的可能性。换言之,动物的生存环境中只有自然力,没有真假这样的语义内容。① 赵汀阳从语言的角度指出,超出直接的"是"之上"否"定词的出现是"第一个哲学词汇",由此打开了可能性的意义维度。②

没有超越自然力束缚的自由,就没有主体与客体的分离,也就没有认知上的第一人称③与置身主客之外的反思性事外视角,无作为主体与外界关系顺逆判断语义内容的真假。唯有在思维发生的基础上,人与世界的主客分离才得以实现,从而为认识乃至真假提供了本体论前提,简单说,完全无知的世界中是没有真假对错的,正如上帝的全知视野也是不允许有真假对错的。生活在固有因果链条中依本能生存的动物,其行为错误都是偶然和技术性的,只有人才是原则上可能犯错从而在本体上说必然会错的存在者,在此,真与假均奠基在这样的可能性之中。

自由意味着原始单一状态的被打破从而可能性空间的出现,当然,这里的自由是区别于上帝的人类有限自由。在无限自由即所谓全知全能的上帝的世界中是不存在真假对错的可能性的,正如在无限时间背景下不存在历史以及"一失足成千古恨"。同样,在完全无自由的另一极端,如亚当、夏娃的原始混沌处境中,真假同样无从发生。亚当、夏娃被逐出伊甸园的起因,是因为为蛇所惑吃了智慧树之果,对此不应从受骗上当的认识意义乃至所引申的道德意义上去解读,而应该认识到,这是关于自由意志与人的本质的神学寓言。亚当、夏娃对禁令的违反是人类自由意志诞生的标志,这是人告别前此动物性状态真正成其为人的"成人礼"或者说"独立宣言"。人类由此告别了伊甸园中"上帝宠物"的状态成为自为者也即自由者,从此男人必须汗流满面才能生存,女人必须忍

---

① 参见郑宇健《规范性:思想和意义之基》,中国人民大学出版社 2019 年版,第 13 页。
② 赵汀阳:《第一个哲学词汇》,《哲学研究》2016 年第 10 期。
③ 儿童开始讲话时称呼自己用的都是别人称呼他们的名字,如"豆豆""强强",能够自称为"我"是后来(一般 4 岁左右)的事。

受生育的痛苦。卢梭所谓人生而自由说的就是人类无所依傍亦无所定限的命运，在天地之间展开充满艰辛又具足尊严的自我历史进程。如果说因果及偶然、必然等范畴是康德所谓人为自然立法，那么，真理实属人为自己立法，是人判定是非成败的法度。在本体层面上，自由是人类的宿命，由此开启非伊甸园式有真假对错（包括善恶）的人间世界。总之，不论是在何种意义上，真理之所以可能的本体论前提都是自由。自奥古斯丁开始，自由被视为归派善恶的本体论根据，实质上，自由同时亦是真假对错发生的本体论前提，唯有在此基础上，才会有认知上的真假判断与归派等一系列后续的事情。

二、真假在人类意识中的语言发生①

真假乃至真理的本体论根源是作为自由存在者的人，真假的本体可能性作为先验前提转化为现实性进入人类意识，成为实际的真假观念，是以抽象思维为前提的，而在人类抽象思维能力的形成与发展中，语言是至为关键的中介。

与经验层面可以被感知的各种信息内容不同，真假作为二阶抽象观念反映抽象思维的发展水平。抽象思维能力是动物所不具备的，其结果就是动物世界中是没有真假的。动物无抽象真假观念的一个有趣的例证是，人类做出的欺骗性假动作对动物丝毫不起作用。英国作家约翰·格雷转述过一个剑术高手与熊对峙的经验："我时而猛刺过去，时而虚晃一招"，但"当我使用虚招的时候"，熊"纹丝不动"，完全"不予理会"，而这是世界上任何高明的剑客都做不到的。② 这显然不应解释为熊的聪明，只因它完全不具备抽象的真假意识，因而不能理解世界上有一种动作叫

① 思维与语言本身互为表里，标题无非是为了突出真假的思/语发生时的语言因素，且亦扣本节标题。

② ［英］约翰·格雷：《木偶的灵魂：自由只是一种错觉》，于晓华译，新华出版社2017年版，第5—6页。譬如，我们容易把"狡兔三窟"当成动物的有意识的欺骗，但其实这种现象只是动物在长期进化中形成的"适者"的本能。

假动作,从而将剑术师的虚招简单视为无关动作摒除在外,不作反应。相反,心理学研究表明,人类个体在 2 岁左右即已具备某种真假观念,证据是儿童在 2 岁之前已学会玩"假装"的游戏,①这显然是人类思维与语言成就在个体身上的"重演"。

　　人类抽象思维能力是真假观念产生的前提,而人类语言的发展在其中扮演了至关重要的角色。真假意识在发生学意义上以语言和思维的抽象化为基础。抽象化使得脱离当面直接反映与信息交流的"离线思考"成为可能,《数学犹聊天》的作者指出,人类数学推理能力和与生存攸关的信息传递无关的聊天能力本质上都是离线思考能力。② 在大脑摆脱直接信息独立运转的条件下,长程推理能力得到发展,逻辑中不考虑具体经验内容展开的独立真值运算(truth table)是其高阶表现。在更为原初与质朴的水平上,语言"离线"即"以言为事"的自说自话和闲聊能力表现在小至八卦闲聊、大至文学文本的语言样式中,③其实质是谈论不在场者的能力,更有甚者,就是由谈论只是当下不在场事物到谈论子虚乌有之事的虚构想象,④这样一来,人不但开始在闲暇时悬想和传讲故事(白日梦),⑤在现实生活中编"故事"(假话)也是迟早的事。在此,语言不但相对独立于世界,并且还可以是脱离世界的。这样,在语言的虚构游戏中,⑥

① Lajos Brons, "Recognizing 'Truth' in Chinese Philosophy," *Logos & Episteme*, VII, 2016 (3), p, 277. 对象意义上的真假与人际语言活动中的真假的区别值得注意,此处不赘。
② 参见[美]基思・德夫林《数学犹聊天》,谈祥柏、谈欣译,上海科技教育出版社 2009 年版,第 163 页。
③ 台湾作家张大春在《小说稗类》(广西师范大学出版社 2004 年版)中提出关于小说的语言本体论见解,称之为"一个词在时间中的奇遇"。
④ "讨论'虚构的事物'正是智人语言最独特的功能。"([以色列]尤瓦尔・赫拉利:《人类简史》,林俊宏译,中信出版社 2014 年版,第 25 页。)
⑤ 梦似乎是我们意识到真假的重要经验来源,但在无真假意识的前提下,梦未必被辨识为假,原始人对梦的理解乃至崇拜似乎多少说明了这一点。
⑥ 赵汀阳认为"可能性意识是虚构能力的逻辑前提",而开启可能性意识的是否定性词汇"不"。(赵汀阳:《第一个哲学词汇》,《哲学研究》2016 年第 10 期。)其实,虚构与否定及可能性意识之间也许是"同规共贯"而未必存在何者逻辑在先的关系。从虚构出发考虑问题倾向于语言与意识发展中偶然性的维度,而赵氏似乎更倾向于必然性的思维。

"假"作为与通常语言中给定的"真"相反的东西第一次进入人类的视野，这就是真假观念从而真假之事的区分在人类世界中的思维与语言发生。

在发生学的意义上，人类首先是在思想和语言可以假的维度上觉察和区分出真假，按照逻辑，只有当假（包括虚构）成为可能，真才在假的映衬下呈现出来。丹图说，不大可能想象一个全部由影子、艺术品组成的世界，但我们完全可以想象一个没有艺术品的世界，只不过，"在这样一个世界中，现实概念是尚未诞生的……艺术的哲学价值就在于，当人们意识到它的时候，也就同时意识到了现实概念。"①这说明，真作为"如是"本身尚无真假义，是在假的前提下，真作为与之相区别的存在才得以凸显。一旦在现实中确立了真假的二元分立，二者就处于相互依存与呈现的关系中，类似阴阳或明暗。作为负面存在，现实生活中假话是寄生在人类语言（真话）躯体上的衍生物，谎言是乔装成真话、暗中向真致敬的假话，其奏效的要点是听者信以为真。

真的观念与语言发生是真理与世间各种物体的迥异所在，后者都是在感觉经验中呈现的。物体在意识中首先呈现为空间上的形体，其次是属性。树、石、鸟首先是样子不同，其次各有其性，包括颜色、气味及运动形态等等，雪是物，白是色。特定的色并不唯一附着于某物（白与马不等同），但属性与物不可分离，并且我们通常是在物中认识属性，如在苹果或西红柿中看到红。真作为形容词同样指涉属性，我们称具有此一属性的东西叫真理，但与红不同，世间并不是先有作为真物的真理，然后有真这一性质，因此，真并不是真理（真句子）本身的固有属性，而是二阶真断言——"'雪是白的'是真的"——的结果。

真的语言性是语言哲学的深刻洞见，将真理缩减为真意味着真理即属性即存在，或者说"因性成事"，其相应语言表现是真理之为形容词真的名词化。真理不是某种特定"真物"的固有属性及其二阶断言性决定

---

① ［美］阿瑟·丹托：《寻常物的嬗变：一种关于艺术的哲学》，陈岸瑛译，江苏人民出版社 2012 年版，第 101 页。

了其存在的语言性，因此，语言成为捕捉和理解真理的优先路径。当然，由于语言固有的意向性，真理同时属于世间客观存在。不过，真理作为发生在世界中的事件，其所是及其边界不是先天固有的，而是在人的语言实践中赋形、呈现的，这正是日常语言关于真与真理的言说与用法在真理问题的哲学研究中合法性的根基及其不容忽视的理由。

三、真假之为尺度与理由

古希腊普罗泰戈拉认为，"人是万物的尺度"，康德有人"为自然立法"之说，西方哲人之名言与宋儒张载的"横渠四句"中的"为天地立心"虽时空相异，其精神于千古之下，交相辉映。

"语言是存在的家"，真假不但因语言虚构而在人的意识中原始地彰显、发生，并且是人赖以在混沌中形塑世界意义空间的一种基本文化构件。作为生活在意义之网上的生物，真假是人类意义网格中重要的节点之一。应该指出，人作为动物，其与外部世界第一位的关系并非抽象认知，而是与世间万物打交道以谋立于世，在这一意义上，成败利钝乃至吉凶祸福（《周易》）是首要之事，存在（生死）以及行为（成不成、可否）大于认识（是非、真假），[①]不过，由于认识正误可以成为实践成败的内在原因，因此，即便出于功利考虑，真假仍然是人们必须在意的，但基于功利考虑，人所关心的实际上主要是真知所包含的实际认知内容，真只是作为知之正确性的要素而连带地获得重视。在实用导向下，认知的真正旨趣**不是科学**（know that / why）**而是技术**（know how）！

与真知之为导致实践成功的主体**原因**不同，真作为真知的必要条件从而与实用有关，但关于抽象之真的认同与追求另有其内在**理由**，这个理由不是成功，而是自由。在亚里士多德的知识谱系中，"理论知识"（episteme）、"实践知识"（phronesis）与"创制知识"（art）是由高到低排

---

① 作为群经之首的《周易》通篇问的都是"吉凶祸福"，史迁"究天人，通古今"的宏大抱负，然"岂有只字及于存旦夕之真"。（张大春：《战夏阳》，九州出版社 2018 年版，第 16 页。）

列的三种知识形态,而在知识的三分法中,决定彼此品位高下的根据乃"自由",即思想的自为和自足(autonomy)程度。他明确说,"理论知识的目的在于真理,实践知识的目的在功用"①。而"在各种知识或科学中,那为自身的缘故,为知识而知识的科学比为求取结果的科学更加合乎智慧的本质"②。因为"正如我们把一个为自己、并不为他人而存在的人称为自由人一样,在种种科学中唯有这种科学才是自由的,只有它才仅是为了自身而存在"③。在因自由而求真(而非实用至上)的理性探索精神下,西方自古希腊始对抽象理性思辨的浓厚兴趣与注重演绎推理的几何学、逻辑学最终在近代发展出独具特色的现代理论科学。

借助"真"与"真知"的概念区分,不难看出,真假意识虽在语言中有其先验根源,但这和真假是否上升到抽象概念层面,成为一种文化中基本的语言游戏是相互区别的两件事,事实上,这正是中西文化差异的关键所在。早在 20 世纪初,吴世昌就指出,"中国文化史上有一件平凡的事实……六经中没有'真理'的'真'字……先秦诸子所谓'真'也没有真理的观念"④。美国汉学家陈汉生(Chad Hansen)更在他 1985 年的文章《中国语言、中国哲学与"真理"》中在学理上论证了"古代中国哲学家根本就没有真理(truth)概念"⑤。简言之,由于非认识论中心的实用理性⑥以及古汉语无系词等一系列复杂原因,中西古代思想最终呈现"务实"与"求真"的不同思想取向,反映在哲学上,就是"道"与"真"分别成为

---

① Aristotle,Metaphysics,993b20 – 21,p. 712.

② Aristotle,Metaphysics,982a15 – 16,p. 691.

③ Aristotle,Metaphysics,982b24 – 27,p. 692.

④ 《吴世昌全集》第 12 册,河北教育出版社 2003 年版,第 49 页。

⑤ Chad Hansen,"Chinese Language,Chinese Philosophy,and 'Truth'," in *Journal of Asian Studies*,Vol. 44,No. 3,1985,p. 491.

⑥ 台湾学者汉宝德认为"中国文化是一个经过包装的原始文化"。(汉宝德:《中国建筑文化讲座》,生活·读书·新知三联书店 2013 年版,第 25 页。)无独有偶,大陆小说家阿城也认为,"以平常心论,所谓中国文化,我想基本是世俗文化吧,这是一种很早就成熟了的实用文化"。(阿城:《闲话闲说:中国世俗与中国小说》,江苏凤凰文艺出版社 2016 年版,第 22 页。)

二者哲学上异质的同位概念。[①]

因果与理由的区别是动物与人的区别,当然,即便是对因果的把握,依仗理性(包括语言),人类对物质世界因果关系的解释绝非动物可比,虽然在功能性方面,人类有许多需要向动物学习的地方,比如"仿生学"对鸽子定向能力与海豚游泳能力等等的模仿,但人类上天入地的本领显然与动物不在同一层次上。但是,仅就科学技术而言人仍然在动物的范畴中,虽然是最聪明能干的动物,而要求和坚持理由则是人之为人真正的独特之处,动物世界里有因果、存亡,但全无理由,只有人才会在因果之上提出进一步的"凭什么""为什么"的诘问,这是道德最深刻的理由。与善恶美丑相比,真假本非直接的道义,但与因果从而成败相比,毕竟属于二阶超越性的规范性理由。也就是说,认知之真不仅仅依附于实践功利,且具足独立的价值,抽象为思想与行为的独立规范与理由。在此,"真"本身就是"对"的,不真不但"不正确",并且"不对"。由此引申,在个体公私行为层面上,如果明知为真而被迫保持沉默甚至必须反着说则不但不对,并且是痛苦的,即便在巨大利害权衡面前我们的正义感与羞恶之心或许不足以让我们舍生取义,但它必定对人造成真实的精神伤害。在要求和相信超功利理由的意义上,人是真理的动物。

第二节　基于日常语言的"Truth"概念分析

到目前为止,本书对"真理"一词的使用都是就其一般字面义不作分辨的,但在进入正式理论探讨的时候,在当代语言哲学背景下,尤其是在王路教授关于"真"与"真理"的探讨——这是笔者近年来涉入真理问题讨论的直接理论动因——之后,对 truth 一词的确切所指(包括准确用

[①] 详见周建漳《中国思想中"真理"之阙及其文化意义》,《清华大学学报》2021 年第 4 期。汉宝德提出"中国文化是一个经过包装的原始文化"的判断的理据是,原始文化"一切价值以维持生命为主要目的",文明社会则是在生存之上尚有对精神价值的推崇与追求。

法)缺乏理论敏感显然是不恰当的,这也是本节在对"真理"尚未完成分析与界定前在标题中暂且以 truth 处之的理由。

以训诂见长的清儒尝云:先学识字后读书,语言概念的辨析是基础性的理论工作。然而,当代语言哲学关于 truth 的形式化人工语言分析未能覆盖 truth 在自然语言中不止于真假直觉的丰富语义与用法,为此,我们在其基础上回到日常语言,揭示语言哲学关于 truth 分析的未竟之义,希望以"分庭抗礼"的姿态追求"分进合击"的理论效果。

一、"真"的双重含义:"如一(是)"与"真(假)"

概念的载体是语词,而"真"是真理的基本义素,因此,我们的分析从"真"开始。依照十分流行的奎因、戴维森等人的观点,truth 由于其自身的基本性——犹如色彩中的红、黄、蓝——,我们对其有直观、无定义。定义问题不在我们的考虑范围内,可以明确的是,"真"本身是有可以分析展开的含义的。关于真,我们的第一语言直觉是与假相对,逻辑上真与假相互否定,从而由其一可以推及其他。然而,真之为真,其本身的含义是"如一"(如是、如实),拉丁语 Verus(真实)是英语用于强调的 very(正是)的词根。亚里士多德的《形而上学》中著名的"说是的不是,不是的是,即为假,反之为真"①将真之"真假"与"如一"双重含义表达得十分明确与清晰:如其所是即为"真",非其所是或是其所非即为"假"。

说到"真",它在我们的观念中往往与"假"联袂出场,这意味着真在与假相对峙的意义上被理解。作为逻辑上的反对概念,真假在语义上相互依存从而互为界定,在此,真、假显然是间接理解与确定的,而处于此一逻辑循环开端的应该是真或者假本身不依赖于对方的直接本己含义,只有在正面意义确立的前提下,其对立语词的含义才得以成立。表面观之,不论真或假任何一方意义的确定都可以成为真假意义确定的立足

---

① Aristotle, *Metaphysics*, 1011b25.

点，并且，在经验意义上，真假意识恐怕最初还是源于后者，具体来说，人类语言虚构乃是真假意识萌生的心理契机。[①] 但是，真假在逻辑上涉及肯定与否定，在这一意义上，应该是先有肯定才可能有作为其对立面的否定，这也是黑格尔《逻辑学》辩证法"肯定—否定—否定之否定"三段式以"肯定"为起点的本意。无论如何，我们在语词中可以清晰辨识出"真"之为"如一"，包括在不同语境下可以引申出的"如是"乃至"如实"义。

虽然直觉上真似乎离不开假，但真之独立"如一（是）"义在语言中其实有迹可循：根据王晓朝的解释，希腊文表达"真"有两个词，一个是 Aletheia，另一个则是 einai，一般表"在"或"是"义，其第三人称单数表"真"或"对"。前者为"本真"，后者用以"断真"即"如一"判断义。[②] 佛经中为强调所记与佛陀开示一般无二的真实性，每每在话语开头强调一句"**如是我闻**"，英文 stay true 的意思亦"始终如一"。在语言上和理论上更重要的是，"真"作为形容词在用法上亦表"同一性"含义。"'雪是白的'是真的"如冗余论所言于语句内容并无增益，只是表示对"雪是白的"这一句了内容的认同的肯定性断言。真的"如一"义在理论中亦得到反映。依弗雷格式的理解，作为句子意谓的真值在数学意义上等值于等号，而等号的自然语言解释即"如一"。坎普贝尔（Richard Campbell）说："为真即如其所是地对待对象。"[③]在塔斯基真句子的等值式乃至真理"同一论"（identity theory of truth）中亦明确透露出真之"如一（样）"含义。总之，作为"如一"的"真"可以说是预先内嵌在"符合论"这一人类最古老和根深蒂固的真理观念深处的前理论的语言构件。

与真假相对应的真之"如一"义在谓述句**表语性**用法之外的**定语性**构词"真朋友""真爱""真君子"中有突出的体现，值得注意的是，黑格尔和海德格尔在他们关于真理的论述中都曾专门拈出过"真朋友"一词，事

[①] 参见本章第一节关于语言虚构的可能性与真假意识萌生的可能性的论述。
[②] 王晓朝：《西方哲学精神探源》，北京大学出版社 2016 年版，第 94 页。
[③] Richard Campbell，*The Concept of Truth*，Basingstoke：Palgrave Macmillan，2011，p. 246.

实上,分析哲学阵营中的人亦有这样的质疑:"真朋友"这样的合法用法中的"真"为什么不被缩简论者纳入思考?[1] 黑格尔明确指出在真朋友这样的用语中包含"真理更深层的哲学意义"[2],因为所谓真朋友"就是指一个朋友的言行态度能够符合友谊的概念"[3],当然,是合乎概念还是符合事实在理论上有重要区别,对此我们将在下一节结合作为意义真理的"真谛"展开探讨。

"真朋友"中的真在语义上与一般形容词(如"白""新""男")是用以描述事物的偶然性质或修饰名词不同,在诸如"真朋友""真爱",乃至"真存在"中,"真"指涉的是事物的本质属性或者说事物本身。一般形名构词如"白人""黑人""男朋友""女朋友"都包含肤色、性别(定语)与朋友(名词)两个意思,而形容词的不同并不影响其所修饰名词的本义,"白人""黑人"均无碍其为"人","新朋友""老朋友""男朋友""女朋友"是各种不同的"朋友"。然而,"真朋友"在"朋友"之外并无别的意思,在此,不真即不是(俗所谓"不够朋友"),因此,"真朋友"的对面不是假朋友,而是非朋友,在此,对真的否定即对朋友的否定。这正好与以上所说的"真"之"如一"或"如(其所)是"义契合。在此,"真"在语言中的作用类似于口语或书面上加诸"朋友"的重音或重点号,在语义上其实是一种冗余。然而,意义之"真"可谓**冗余而本质**:它因隐身于"事情本身"如"朋友"之义中而显得冗余,却因冗余而见本质(同一性)。

这里要指出的是,真之"真假"或"如是"义与表语或定语用法并无必然联系,同为定语性构词,"真牙""真品"就与"假牙""赝品"相对应,其所表达的正是真假之真。"真"之不同语义取决于其与事实还是意义相连接,"真金""假牙"牵涉的是事实,而"真朋友"涉及意义,一者**从物**,一者

---

[1] Predrag Cicovacki, "Rethink the Concept of Truth," in Jaroslav Peregrin (ed.), *Truth and its Nature (If Any)*, Springer Science+Business Media. B. V. 1999, p. 208.

[2] Adopted from Richard Campbell, *The Concept of Truth*, Basingstoke, UK: Palgrave Macmillan, 2011, p. 101.

[3] [德]黑格尔:《小逻辑》,贺麟译,商务印书馆 1981 年版,第 86 页。

从义。① 事实有真假(being true or false)，意义只有"是"与"不是"(true being or it's negative)，而无直截、简单的真和假。因此，当我们说不存在(与真朋友对应的)假朋友，并不是说事实上不存在冒充的或经不起考验的朋友，但作为人间物事，朋友本质上是依意义而非事实成立的概念②，因此，对"真"的否定即对其所强调的意义如"朋友"的否定。准此，"朋友"的要义是我们关于友谊的理解。意义当然不是与事实绝缘的，但决定意义的是特定事实的**有无**而非既有事实的对错(即真假)，其评价尺度是深浅厚薄。其实，作为柏拉图对话录的主题，"爱""勇敢""自由""正义""友谊"都是关于它们意味着什么(what does X mean to be)③的意义之问，而非通常张口就来的"是什么"(what is X)、"为什么"(why)的事实性常识之问，不理解这一点正是苏格拉底的对话者与读者的常识感受到冒犯的基本根源。④

在"真朋友"这样的语词中凸显的真之"如一(是)"义与谓述句中"是真的"所表明的真假二值性含义最终与英美和欧陆两种真理观之间有着隐秘然而内在的联系，或者说，英美哲学与欧陆哲学关于真理的两种思想路数可以在真的双重语义中获得语言理据的明确支持。进而言之，英美与欧陆真理观的差异与各自的语言观尤其是语言实践互为镜像。首先，句子有真假，不在句子中的孤立词语(如"雪"和"黑")各自有含义，这些词语无真假，只有当二者由系词联结成句子(如"雪是黑的")时才有真

---

① 事实与意义是相互纠缠的，但前者可感觉直观，后者直接呈现为语言规定，从而"一是难定"。因而，人类思维优先从物，真假分明。

② 经验层面上朋友当然总是与某一个人相关的事实，荒岛上的鲁宾孙没有朋友，但朋友之义却不取决于任何单一事实，例如钱锺书在《谈交友》中由西谚"急难时的朋友才是真朋友"(a friend in need is a friend indeed)看穿其"不免肤浅"，"我们有急需的时候，是最不需要朋友的时候。朋友有钱，我们需要的是他的钱；朋友有米，我们需要的是他的米……我们讲交情、搭面子、东借西挪，目的不在朋友本身，只是把朋友作为可以利用的工具"。(《钱锺书散文》，浙江文艺出版社1997年版，第66页。)尽失朋友之义！

③ 参见 Michael Gelven, *A Commentary on Heidegger's Being and Time*, Revised Edition, DeKalb, IL: Northern Illinois University Press, 1989, p. 5。

④ 这是哥文给笔者的启发。

假问题。不但如此,语法虽包含词类问题,但其核心是句法,逻辑演绎也都是在句子层面上的推理。明乎此,我们对维特根斯坦《逻辑哲学论》劈头就说"世界是事实的总和,而不是物的总体"①的深层理论考虑可以获得明晰的理解,这是为其整个以句子为本的"哲学语法"的分析与展开预设的本体论基础。质言之,以句子为中心的语言分析所对应的是事实的世界而不是各种物的集合,因此,"世界是什么,这是由描述,而不是由对象的列举所确定"②。与此相映成趣的是,"对于海德格尔来说,'真正的语言单元不是句子,而是词语';言语的原始行为不是命题性的联结,亦即陈述条件下的语义形式 ti kata tinos(关于某物说什么),而是纯粹诗意的命名,即 onomazein(命名)"③(包括文本叙述,如故事④)。顺便指出,"句子思维"与"语词思维"其实还是中西方思想与哲学差别的关键所在。⑤

以句子还是语词为关注焦点在理论上兹事体大。句子就是句子,而语词收可为句子的最小构成单位,放可为整个文本,如《正义论》或《拿破仑传》标题所示,或者说,语词才是语言真正的基本单位。句子加上逻辑常项后固然可以联结成句子串,但文本绝非句子的逻辑集合。一种只限制在句子层面的语言哲学肯定不是完整意义上的语言哲学。严格意义的真假在句子层面呈现,其反面例证是,早期汉语因系词不发达导致语

---

① 黄敏:《维特根斯坦的〈逻辑哲学论〉:文本疏义》,华东师范大学出版社 2010 年版,第 5 页。
② 黄敏:《维特根斯坦的〈逻辑哲学论〉:文本疏义》,华东师范大学出版社 2010 年版,第 5 页。
③ [德]克劳斯·黑尔德:《真理之争——现象学还原的前史》,载《世界现象学》,孙周兴编,倪梁康等译,生活·读书·新知三联书店 2003 年版,第 162 页。
④ "Truth as story",参见 Michael Gelven, *Truth and Existence : A Philosophical Inquiry*, University Park,PA: Pennsylvania State University Press ,1990,pp. 123 - 141.
⑤ 这背后隐含着中文"深察句号"的"小学"与西文"句子"为中心的"语法学"之别,参见龚鹏程《文化符号学》(上海人民出版社 2009 年版)第二卷中"以文字为中心的文化表现"。另可参见周建漳《中国思想中"真理"之阙及其文化意义》,《清华大学学报》(哲学社会科学版),2021 年第 4 期。

言学不以句子为中心的倾向最终妨碍命题层面真假思维的发展。[1] 由此观之，英美当代语言哲学之专精于句子，传统哲学如柏拉图对话录所示的概念辨析与辩证，以及当今欧陆思想包括哲学（解释学）专注"文本"的差别并非偶然。是句子还是语词、文本，与事实和意义的区别有关，关于事实的陈述是通过句子实现的，而语词乃至文本则是意义的语言处所，逻辑二值性的真（假）在前者中呈现与证成，而"如其所是"（"如一"）的意义真谛则在概念辨析中澄明以及文本展开中显现。

"如一"与"真（假）"可以说是"真"最基本和源始的含义，是认识这个字的人在字面上可以直接感受的语义直觉，必须指出的是，直觉语义是内蕴而非外显的，以此为根基，字词的原初含义在不同语境的实际使用中进一步衍生出甚至大相径庭的日常实用语义，即记录与定型在辞典中的外显含义，这是更接近现实语言实践的真之含义。英语辞典中，true的词条下通常包含"correct（true）"、"real"和"right"三个最基本的义项[2]，从语言哲学类科学式一词一义的概念追求看，除 true or false 外，其他意义上的"真"均被认为是"同形同音异义词"。[3] 但这种观点在语言上和哲学上均有不妥。因为，语言中所有语词彼此都是异义词，因此，"同音同形"的异义显然需要做进一步的说明。其实，音形相同而异义的词之间或许可以说总是存在内在语义关联的，[4]例如常常被提及的英文"Bank"之为"河岸"与"银行"看似风马牛不相及，其实，二者之间隐秘的

---

① Chad Hansen，"Chinese Language，Chinese Philosophy，and 'Truth'，"in *Journal of Asian Studies*，Vol. 44，No 3.

② 其他的义项尚包括"忠实的""权威的"，乃至"可信赖"等，都可以理解为非核心的引申义。

③ 这是台湾学者侯维之的提法。

④ 近日在微信群中看到公众号"密涅瓦 Minerva"推送的社会学家郑作或译自加布雷尔·阿本德（Gabrel Abend）《"理论"的含义》一文［参见 Gabrel Abend，"The Meaning of 'Theory'，"in *Sociological Theory*，2008（6），26：2；完整译文由李钧鹏代为索取］。其中这段文字与笔者所见略同：严格来说，同形异义词是指在词源上不相关，但碰巧在一种语言中由同一串字母表示的词。例如，指称某种鱼类的 bass 来自古英语 barse，而指称声音的 bass 则来自意大利语 basso。相反，多义词在词源上是相关的，因此在语义上也是相关的。

关联义是"堆积"：河岸乃水边土堆，钱币(current)如流水，银行乃钱币堆积之所。① 再举个例子，熟。果子与人的成熟和食物的(煮)熟有什么相关性？曰"性质或状态的转变"。但是，食物加热变熟，但水加热我们却不说熟了，而是开了，因为，沸水并不像食物加热后发生变色、变软、变味等性状改变，这从反面显示了"熟"的底层基本义。因此，所谓同形异义并非真正异义，而是具有维特根斯坦所谓"家族相似性"的近义词，正如海鱼与淡水鱼的差别甚至大到各自在对方水域中无法存活，但仍然无碍二者同为水生动物中的鱼类而非天上之鸟，也非水中之鲸或者龟。

真的不同辞典义究其实际，其实分别指向不同层面、不同语境的概念含义：correct 显然是**认知**意义上的"正确"(纠"错")，具有真假二值性逻辑品格；real 指的是**本体**实在层面的"真实"，其反面不是假(false)，而是不实(unreal)；至于 right，除与 correct 同义的正确义外隐含作为"正当"的**规范**义。真之三重含义在日常语言中各有其基本用法，比如，true friend 不可以说是 correct friend，却属于 real friend② 当诺奇克说"我们称某人为真朋友不单纯是在与假朋友(false friend)对立的意义上说的"时，他用的字正是"(a) real (friend)"。③ 在此，real 与 false 不是相互对举的语词，在 unreal 的意义上，世界上根本不存在一种朋友如"女朋友"那样是所谓的"假朋友"，假朋友根本不是朋友(not a friend)——正如我们说小人"不是人"，"禽兽不如"。true meaning 虽较 real meaning 在语感上更自然，但后者大致也说得通。come true 对理解真的现实性、实践性品格有独特的意义，它意味着在现实世界中某种新的真实性的发生(即 make happen or become reality)，对此，海德格尔关于"建构"之为真

---

① 参见高秉江《生活世界与形而上学》，《社会科学研究》2013 年第 4 期。至于"花衣"、"花心"与"花钱"间，"花"迥然异义，在此可以指出的是，前两个词与后一词间形容词与动词的不同，这和"真"在此从头到尾是形容词的情况不一样。

② Robert Nozick, *The Examined Life：Philosophical Meditations*, New York：Simon & Schuster, 1989, p. 132. 与通常采用 true friend 不同，在此他将真朋友表述为 real friend。

③ Robert Nozick, *The Examined Life：Philosophical Meditations*, New York：Simon & Schuster, 1989, p. 138.

理实现方式的观点已然点出这层意思,巴迪欧关于真理四个通用领域(艺术、科学、政治和爱)的论述系统表明了"真理之为事件"[①]的存在论规定,它令生活世界中原本不存在的情势由虚空中进入实在。准此,真的本体义、认知义和英美广义认知性的真与海德格尔为首的哲学家们所言的本体存在层面的真一一对应,而真之规范义不但是日常语言理解中真理的固有意义,在当代真理哲学的"规范转向"中亦得到重视。

以上我们主要围绕"真"展开以"真理"为指向的语言分析,这主要是考虑与语言哲学在同一话语平台上讨论问题,但是,虽然讨论"真理"可以由"真"入手,但在不囿于语言哲学真之言说的通观性理论视野中,"真理"与"真"不但在语词上有形容词与名词之别从而指涉不同,尤其是在学理层面上,真理究竟是何种意义的"真",英美哲学与欧陆哲学间存在重大理论分野,这些都将在本节下一部分与下一节中展开分析与讨论。

二、Truth 两义:"真(性)"与"真理"

在英文中 true 与 truth 的词形尤其是词性不同,在中文中"真"与"真理"一字之差,此间的形容词与名词转换及中英文格义须格外小心,背后牵涉复杂的概念与学理问题。

众所周知,英文 being(Sein)一词在中文语境中"水土不服",true 与 truth 在汉语中对译为"真"与"真理"似乎文从字顺。王路教授以其深厚的西学功底与敏锐的学术嗅觉,于通常不疑处见疑,质疑中文学界长期以来将"truth"不假思索地翻译为"真理"是对西方哲学的误读。他指出,在诸如戴维森所说的"我们能够把真(truth)看作……话语的特性"[②]这类句子中不分青红皂白径直将 truth 译为"真理"令语义窒碍难通。进

---

① "在事件遇到其额外名称之时,真理才可能降临"。参见巴迪欧《哲学宣言》,蓝江译,南京大学出版社 2014 年版,第 16 页。

② 参见[美]W. V. 奎因《真之追求》,王路译,生活·读书·新知三联书店 1999 年版,"译者序"第 23—25 页。

而，王路认为西方人关于 truth 的实质理解就是 true，主张在"真的"意思上将 truth（或 Wahrheit）一律理解和翻译为"真"。① 字词的背后是义理，在语言哲学的脉络中，真理缩简为真的观点不但所来有自，并且自有其合理性，但如果不囿于分析哲学的视野，跳出语言哲学局限于谓述词"（为）真"的逻辑分析，在欧陆哲学背景与日常语言分析的路径下，无论在语词还是学理上王路关于 truth 可以概括为"一律为真"的主张均义有未赅。

首先，"truth"在构词上由形容词 true 加名词性后缀 th 而成，这样看来，我们在字面上不但读出的只有一个意思——"真"，并且本身似乎就是一个词。反观汉语，"真理"在"真"之外添一"理"字，似有画蛇添足之嫌。然而，true 与 truth 与"真"与"真理"其实都分属形容词和名词，只不过屈折语与非屈折语分别通过词形变化与构词实现形容词与名词的转换。当然，可以认为 truth 在含义上终究只是 true，在语法上属于名词表形容词义的用法。问题是，不论在英语还是汉语中，truth and true、真理与真即便在语词上也不是单纯语法上的词形与词性变换那么简单。

从语法上说，形容词与名词所指不同，即便形名同形的词如 salt 可以一词两用，兼有"咸""盐"两义，但二者实际所指有异，一为性质，一为对象，true 与 truth 也是如此，true 作为表性质的词，含义为"真"，而truth 则指具有该性质的实指对象，属于"为真者"，即通常所称的"真理"。当然，依语言哲学对真理为真的理解，truth 径直理解和翻译为"真"在义理上似乎也说得通，但"说得通"未必"说的是"。依语词与含义的一致性，仔细辨析之下，truth 作为名词除可以表示"为真者"外，其与"真"最切合的名词义其实是"真性"，而这恰恰也是上文所引戴维森句中truth 含义的正解。准此，这个句子严格说来应该直译为"我们能够把

---

① 参见［美］W. V. 奎因《真之追求》，王路译，生活·读书·新知三联书店 1999 年版，"译者序"第 25 页。

truth(真性)看作……话语的特性"①。虽然由于真性在内涵上与真相通,并且由于句子后面"话语的特性"的提示,将之简单译为"真"不影响理解且显得更为文从字顺,但这不改变 truth 在此严格说来表示的毕竟是名词"真性"而不是形容词"真"。王路说"'真理'不是'真的'的名词形式"②是对的,但他借此想说的是汉语词真理与英文中的 truth 不是一回事,后者的中文意思就是"真"。在笔者看来不是这样。顺便指出,英文中既突出"真"的含义又满足名词形式现成的语言手段的是直接在 true 的前面加定冠词的构词,即 the true (德文 Das Wahre),而于此恰恰另有 truth 一词,这让我们有理由怀疑它未必只是穿上名词"马甲"的"true"。

有必要指出的是,中文作为非屈折语字面上缺乏词性标志,这使得"真"在理解上和表达上有形容词与名词兼用之利,但是,除形名同形如无必要应尽量避免,它在名词上指代"真性"时不可能**同时**指代作为"为真者"的"真理","真"一身而兼二义不但不必要,并且于理不通。③ 准此,与英文 true 与 truth 的词性及语义相一致,其相应的中文译名分别为形容词"真"和名词"真性"和"真理"。中文"真理"在构词上属于"名名组合",其含义不能依偏正结构读作"真的理",而是"称为真的东西和称为理的东西的交集",二者间是"互文见义"④的关系,在此,"真"和"理"二者均是真理一词不可或缺的实义成分,其中"理"起到限定"真"之具体指涉的作用,即与认识有关的真(知),由此区别于"真爱""真朋友""真币",乃

① 顺便指出,依"使用"与"提及"的关系,形容词在语法上必定要名词化(如 the true 或者 being true)才能被提及,在霍维奇的"the truth predicate existes solely for the sake of a certain logical need"这段话中,如果将 truth 换成 true,那句中的 true predicate 到底是指"真的谓词"还是"真谓词"是不清楚的。

② ［美］W. V. 奎因:《真之追求》,王路译,生活·读书·新知三联书店 1999 年版,"译者序"第11页。

③ 语言哲学视"真(假)"为 truth 的唯一本质属性,问题是基于我们出自日常语言的仔细分析,"真"不只有此义。

④ 这是沈家煊先生在回答笔者关于"真理"语法问题时用的词,他认为"真"和"理"可以理解为互文见义的两个名词。沈老师在多个电子邮件中对笔者关于真理语言方面的问题的回答颇有教益,谨此致谢!

至"真皮"等非认知的真,因此,即便在学理上坚持真理为真,字面上关于中文中"'真理'这一概念中'理'的色彩太浓,味道太重,意思太强"①的顾虑也是不必要的。

其次,关于真性与真理的辨析有其相应的理论层面与学理意义。在语言哲学中,真(true)包括真性(truth)取代传统真理概念之为理论焦点反映出"语义上行"的抽象化取向,在研究策略上,舍弃实质认知内容是纯形式化逻辑分析得以展开的前提条件。但是,关于真性的理论抽象固有其合理性甚至优越性,但在其现实性上,真(性)毕竟是依特定真者而存在和成立的,因此,从认识论的角度看,真落实为"为真者"的"真命题",而不是纯粹的真所代表的"真性质",然而,由于专注于真,语言哲学在这一点上往往出现盲目性,导致理论偏差。作为例证,在真之"极简论"(minimalism)者霍维齐(Paul Horwich)为《剑桥哲学辞典》(*The Cambridge Dictionary of Philosophy*)所写的"Truth"词条中我们读到,"科学的目的是发现其研究领域中哪些命题是真的……而哲学关注的核心则是真这一性质的本质"。如果说在霍维齐关于科学和哲学这句短短的话中,后半句对语言哲学②来说是当然之论,前半句关于科学目的的描述则显然是错误的。科学的目的不是霍维齐所说的发现"哪些命题是真的",而是发现"真的命题"(true proposition),日常语言哲学家斯特劳森认为:"真理概念直接导致关于**所说的话**的概念,即关于所说的话的内容的概念。"③当然,由于认识论与真理论的区别(包括"符合论"),实质性真理理论作为关于真理而非知识本身的全幅的理解,真理在其理论中的确同样可以抽象为真——这正是传统真理论与形式化缩简论同为英美谱系一脉相承之处,正因如此,霍维齐不假思索地将之套用到作为

---

① 语见王路《寂寞求真》,北京大学出版社 2009 年版,第 47 页。

② 哲学不只是关于真的二阶分析,如与霍维齐同时代的欧陆哲学家海德格尔等人的哲学所示,哲学具有在特定维度上发现真理的资格与职责。

③ [英]P. F. 斯特劳森:《意义与真理》,载 A. P. 马蒂尼奇编《语言哲学》,牟博译,商务印书馆1998 年版,第 197 页。

认识论真理原型的科学上,出现不应有的错位表述。

在《语言与世界》中,王路给出了一个将"弗雷格图示"扩充为不只限于简单谓述,包括"量词"、"模态词"和"认知词"的不同类型语句的"句子图式"。① 新的图式坚持弗雷格的基本分析框架,即将句子分解为语言层面的"语句"(token)、涵义层面的"思想"和意谓层面的"真值"三层结构。根据这一分析,"真"是第三层的东西。按照本书关于"真性"与"真理"的区分,这一图式第三层上的作为弗雷格所谓"意谓"的"真值"所对应的只是"真性"而非"真理",因为,"真性"指的就是**不带经验内容纯粹语义上的"真"**,②而"真理"则是**带命题内容的真**,从而至少必须将第二层的"涵义"内容包括在内。前者在英文中为 it is true,后者则是 it is true 后边的 that 从句的内容,其疑问句形式则是 what is it true 中"真的什么"。所以,不论我们在理论上可以将一个句子分解为几层,其最终所在不过是同一个句子,即语符串、涵义(内容)和真假三者浑然一体的语句本身。并且,我们必须就命题的内容(涵义)确定真,"没有任何人可以通过一种性质来确定命题的内容是什么"③。如果对句子的内容无所知,真假从何谈起? 总之,句子图式帮助我们厘清语义上行层面抽象普遍的真(性)与真理作为包含内容的真的区别,后者表征语句、句子涵义与真值条件三者的统一。

语言哲学以"缩简论"为代表的形式化**真理论**与传统实质性**真理理论**一字之差,表明语义论与认识论的区别,分析哲学所关注的"语句的真"与"真的语句"④在认识论中的核心地位各有意义,不可偏废。关于真理的真之抽象为真理的规范性预作铺垫,而生活世界层面上真理不只为

① 参见王路《语言与世界》,北京大学出版社 2016 年版,第 17 页。
② 代语句论者格洛芙从"真"之为一阶对象语言与二阶形上语言谓词的角度区分纯粹的真与"谈论世界上的事情"的真或者说"真的知识"。
③ 引自 2022 年 9 月 13 日笔者向黄敏请教分析哲学真理观问题时的微信回复。
④ 陈波:《语句的真、真的语句、真的理论体系:"truth"的三重含义辨析》,《北京大学学报》2007年第 1 期。

真有其实践意义。在人作为认识与实践主体的第一人称视角下，我们首要考虑的也许未必是孤立的真，而是实际认知内容和实用主义所强调的与此相关的生存考虑。在一阶认识承载者与二阶真假判断之间，后者只是作为担保前者内容得以成立的"随附性"要求，正如我们计较货币的真假终归在意的是币，无价值的东西是无人在意其真假的。在现实生活中我们追求实实在在的真理而不是悬空的真性质，这也是威廉姆森（Timothy Williamson）所谓知识比真假更根本的"知识第一"论的意思。[①] 在现实性的完整意义上，真与知识不可割裂，如果仿美学将 truth 研究称作真学，那么，真学不应只关心"真"概念，更应该在意"真理"。正如即使美的理念比现实中所有美的事物更完美，但人只可能爱上后者而不可能"拥抱"前者。

综上所述，truth 一词包含"真性"与"真理"二义，并且二者对应于认识论与语言论两种理论取向，但毋庸讳言的是，二者之间本质上一脉相承，"真"归根到底是其真理观共同的理论内涵：其一，科学真命题是二者关于真理共同的理论原型，换言之，命题的真与真的命题互为表面；其二，真假二值性是二者共同的理论预设；其三，与前此两点相联系，如此理解的真理在语词和理论两个方面均属于价值中立的平凡概念；其四，不论是传统实质性真理理论还是语言哲学真理论，都是关于真理的二阶理论论述，而非真理的一阶直陈给出。所以，"真性"与"真理"最终的确可以缩简为"真"。到此为止，一切正常（so far, so good）。但是，这一切都是以对日常语言中真之"如一（是）"义的忽略，尤其是以哲学中欧陆真理言说为前提的，一旦我们将目光投向此一樊篱之外，真理不止于真的思想与理论意蕴其实一目了然。正是在这里，"真理"概念的内涵出现进一步的理论分叉。

---

① Timothy Williamson，"Knowledge First Epistemology，"in S. Bernecker and D. Pritchard (eds.)，*The Routlege Companion to Epistemology*，London：Routledge，2011.

第三节　真理二维:"真知"与"真谛"

以上两节围绕"true"与"truth"的语言分析表明,"真"与"真理"无论是在语词上还是在内涵上都是尽管联系密切但仍然有各自不可替代意义的两个语词,并且,truth 一词本身亦可以分析出"真性"与"真理"两层含义。但这些分析除了"真"的"如一(是)"义的拈出挑战了通常伴随真理概念的真假二值性逻辑,总体上说与由传统三大论及语义真理论构成的主流真理观之间并无本质分歧,换言之,上述分析无碍真理终究可以被"缩简"为真,本身亦不具有实质性的学术意义。然而,在前此语词分析的基础上,我们在本节中将指出,在真理的日常语境和欧陆哲学的理论视野中,真理概念显示出其不只可以缩简为"真",而是具有更丰富的——如果不说是更深刻的——维度,即"真知"之外的"真谛"维度,这最终导向本书关于"何为真理"的"真理双核论"观点。

一、"真"与"真理"

英美主流哲学真理观历史地由传统实质性真理理论走向语言分析哲学形式化的"真"理论,后者可以说是此一真理理论谱系最终的逻辑旨归。在这一历史与逻辑统一的理论发展背后,我们可以清晰地看到始终如一的认识论取向,换言之,英美真理理论的理论原型或者说实际所指是以科学为代表的认知真理,"真"正是此一真理的形式化语义表达。在这一理论视野之外是与英美哲学分庭抗礼的真理言说,其所指向的是无法被包括在认知之真范畴内的人文理解性真理。

人的认知目光遍及世界,在这一意义上,世界作为维特根斯坦所谓"事实的总和"为关于它的各种真命题所覆盖。但与此同时,他清楚意识到,"即使一切可能的科学问题都能解答,我们的生命问题还是仍然没有触及"①,只不过,囿于其未免执着的关于确定性的知识论取向,这些都在"不可说"之列。但是,特定理论观念下不可说之事未必为无真理可说之域,哈佛校徽上拉丁文真理 Veritas 一词分列在三本书中已然喻示真理的不同可能性样式。在《独立宣言》关于"人生而平等"之为"不言自明的真理"的宣示中,在济慈关于"真是美、美是真"的诗句中,甚至在"砍头不要紧,只要主义真"的豪言壮语中,我们体认到在科学命题之外的生活世界中真理的确存在。

如果只从事实性认知之真的角度理解和界定真理,那么,关于世界多如恒河沙数的事实性真陈述似乎并不都那么有意义,甚至不值得被知道。分析哲学各派真理观深处共有的关于真理的"冗余论"直觉正是这一真理观念的理论表现。在这一层面上,"真理"作为原生于西方文化的日常语词的确有其"极其普通""常用"的"平凡概念"的一面,②但与此同时,我们不应忽视西文中"真理更崇高甚至是尊贵的一面"③,是克尔凯郭尔所谓"让人为之生、为之死的真理"④,正是在这一意义上,苏格拉底被视为为真理而献身的典范。在此,"真理这个名词具有无比的魅力。它显然暗示着我们人生的真谛之所在。"⑤因此,"把真理限制于真论断是不必要的、不合理的,也是愚蠢的","它截短了我们的真理感,扭曲了我们

---

① [英]维特根斯坦:《逻辑哲学论》,郭英译,商务印书馆 1985 年版,第 97 页。
② 参见[美]W. V. 奎因《真之追求》,王路译,生活·读书·新知三联书店 1999 年版,"译者序"第 23、24 页。
③ Michael Gelven, *A Commentary on Heidegger's Being and Time*, revised edition, Dekalb, IL: Northern Illinois University Press, 1989, p. 230. 作为 17 世纪后由日文(西周:《百学连环》,1870)引进的外来词,"真理"一词在汉语世界中似乎自始就是一个具有崇高意味的大词。根据金观涛的研究,近代国内公共言论中有一个由倾向于用原本具有道义色彩的"天理""公理"到具有科学、逻辑含义的"真理"的曲折格义过程。(参见金观涛、刘青峰《观念史研究》,法律出版社 2009 年版。)其实,作为梵文"*Pāramārthika*"(胜义、真谛)的中译,中文中"真理"一词与西方有时与"事实"同义的 truth 的确形成某种对比。
④ [美]约翰·D. 卡普托:《真理》,贝小戎译,上海文艺出版社 2016 年版,第 50 页。
⑤ [德]卡尔·西奥多·雅斯贝尔斯:《生存哲学》,王玖兴译,上海译文出版社 2005 年版,第 21 页。

的智慧感"。①

正是基于伽达默尔所清晰概括的"超出科学方法论控制范围的对真理的经验"②,欧陆哲学真理观与科学之外生活世界中"事情本身"的真理声气相通。

在概念层面,此一真理常常被冠以这样一些名称:"精神科学的真理"、"理解的真理"(伽达默尔),"显露的真理"(索科拉夫斯基),"存在真理"(雅斯贝尔斯、海德格尔),乃至"哲学真理"(黑格尔、海德格尔),等等。前两组概念均侧重"形容"人文真理与科学真理的区别和特征,"存在真理"则直接由言说对象的角度命名,切中肯綮。它既揭示了作为"世界的去蔽"的"aletheia"与英美真理观认识论、语言论取向不同的存在论路径,蕴含存在对于认识的优先性的内在逻辑,同时意味着这样的真理是与"此在"存在内在相关而非外在"有用"的。

一切哲学最终与其所扎根的时代有内在的关联,依照本书第一章关于真理史理论脉络的描述,英美与欧陆两种真理观实质上是对近代科学革命变局下哲学危机的不同理论回应。③ 所谓哲学由前此本体论到近现代认识论、语言论转向,实际上即哲学由丧失了前此形而上学及自然哲学关于世界本身的一阶真理言说权后退而为关于(世界的)认识进而成为语言的二阶言说与分析话语:"科学说明了世界,这唯一的世界","哲学别无其他领域可占⋯⋯只有分析和批评各种科学理论和观念",因此,"哲学问题的重点完全转移到了所谓的认识论问题"。可是,在一个更广阔的思想视野中,"科学并非真理的原始发生"④,在科学研究的领域之

---

① [美]约翰・D. 卡普托:《真理》,贝小戎译,上海文艺出版社 2016 年版,第 51、58 页。

② [德]汉斯-格奥尔格・伽达默尔:《诠释学Ⅰ真理与方法》,洪汉鼎译,商务印书馆 2007 年版,第 18 页。

③ 笔者在《科学革命与哲学的可能——围绕认识论/语言论转向的元哲学思考》(《学术月刊》2023 年第 4 期)一文中对此有详细的讨论。

④ [德]马丁・海德格尔:《艺术作品的本源》,载《林中路》,孙周兴译,上海译文出版社 1997 年版,第 45 页。

外,人对真理的人文存在论要求仍然在那里,这正是发生在欧陆哲学中真理言说的实情,也是我们在概念上坚持真理人文主义维度的实在论理由。因此,哲学除了可以是关于科学真理二阶认识论与语言论言说的"真理哲学"之外,还对科学范围之外"事情本身"负有给出一阶"哲学真理"的责任。

鉴于两种真理的理论分野,哥文在《真理与存在》一书中指出,"为概念的清晰性起见,可以在真和真理之间划出正式的界限"①,即将二者分别标示为"真"与"真理"。在海德格尔那,我们亦见到"真"与"真理"同时出现在一个句子里的实例,"truth is the essence of the true"(真理是本质的真)。在这句话中,true 与 truth 并非修辞上无实质意义的同语反复,其重点放在"真理"而非"真"上,真理是真更深刻的本质,这也契合他强调真理为真奠基的基本理论主张。很明显,如果强调真才是真理的本质,那这样的句子应该写作"true is the essence of truth"或者"the essence of truth is true"。

将两种类型的真理在概念上径直区分为"真"与不止为真的"真理"的优点,是切中英美真理观尤其是语言哲学真之理论的本质,将两种真理之别鲜明地表示出来。但是,由于"真"在中英文中都兼有形容词与名词性质,因此,尽管它颇能体现出科学真理的特质,但这一在我看来理论上成立的观点落实到语词层面上却仍然存在"真"与"真理"间形容词与名词缠夹不清的毛病,哥文也意识到"真与真理的分野,虽然这一区分仅对探究有效;它无法通过仅仅诉诸日常语言而得到支持"②。在此,以词形变化见长的西文反而不如非屈折语的汉语构词法有优势。在中文中,两种真理之别依其实质可以分别用"真知"与"真谛"两个词确切清晰地

---

① Michael Gelven, *Truth and Existence*：*A Philosophical Inquiry*, University Park, PA：Pennsylvania State University Press，1990，p. 49.

② Michael Gelven, *Truth and Existence*：*A Philosophical Inquiry*, University Park, PA：Pennsylvania State University Press，1990，pp，108 – 109.

表达出来，在此，真知指关于"实际"（特定事实）确认为真的正确认识，真谛则关乎"真际"①（事情本身）的形上"胜义"②的揭示，事实上，哥文本人亦曾通过 actuality 与 reality 论述两种真理的区别，并明确指出二者分别是真（知）与真理的基础。这样，"真理"作为"真知"与"真谛"的总称是包含科学与人文两种类型的真的集合名词。顺便指出，虽然真知尤其是真谛在汉语中所来有自，但在今天的中文语境中毕竟显得生疏，在进一步的学理分梳中，二者的实质规定即字面上更为平易的语词表达是"事实真理"与"意义真理"。准此，我们在行文中视情况分别使用这些不同的语词。

二、真理与问题

关于真理理论的各种纷繁的解说——如"符合论"等——是建立在前理论的直觉把握的基础上的，我们关于真理的直观把握，其实就是关于相关问题的思想答案，关于真理这一实指把握与真理理论的关系，类似于"水是无色透明可饮用液体"的经验直观和水为 H_2O 的科学概念。作为人们心目中不言自明的默会理解，真理之为答案通常并不成为理论探讨的对象，却内在于我们的概念理解中，对理论思考有程度不同的影响。不论是真知，还是真谛，终究都导致理解之明，准此，"探问之满足与决断是真理的根本意思"③。

真理作为问题的答案几乎是自明的，但由于问题本身的不同性质，真理与问题的关系呈现出真知与真谛之别，作为英文作者，哥文用以区分此二者的语词是分别为"真"与"真理"。关于问题的分野，英文中分别有 problems 与 question 两个词，前者是实事性的，后者事关"事情本身"，前

---

① 参见冯友兰《贞元六书》（上），中华书局 2014 年版，第 166 页。
② 真谛在梵文中为"Pāramārthika"，是佛教中表示"胜义"的概念。
③ Michael Gelven, *Truth and Existence*：*A Philosophical Inquiry*，University Park，PA：Pennsylvania State University Press，1990，p. 77.

者是"有疑的"(fragliche),后者则是"可追问的"(fragwurdige),前者是原则上可以解决的有待解决的事实性问题,后者则是有待阐释与不断阐释的意义性困惑,在此,二者之间呈现科学与人文的分野:"是鹿还是马"是事实问题,父亲、母亲是意义性关系,而人是什么,进而,你是谁(什么样的人)则是本质性的追问。"to be or not to be"后边没跟着"什么",它脱开所有的关联之外,是与"你是谁"(your being)有关的"大哉问"。要言之,"'真理'所在的是这样的场域,其问题是关于在本质(essence)中所揭示的意义。'真'所在的是这样的场域,其中知识给出最终的答案。"①在真理不止于真的意义上,"答案也许是真的,但不是真理"②。

答案最典型的类型是认知性的,从一道数学题的解,到一桩原本扑朔迷离的罪案的真相,再到某种疾病机理的解释,都是事实基础上关于事理的真知;但在广义非典型意义上,真理意味着理解,并且具足事件性:我们终于领悟了梵高"鞋"的画意,即其所揭示的关于人"行走"在大地上的存在真相;我们读懂了孔子"唯女子与小人为难养"中所包含的对"户主"与女眷、佣人关系特殊性之本质——远则怨,近则不逊——的深刻洞察;这时世界与人生向我们显现出前此不被注意或者说"遮蔽"了的本来面目或真相。

不论是真(知)还是真理(谛),理性思考有止尔后有定,于此不再有进一步的"为什么"可以被提出,在此,真理意味着终极性(truth as ultimate)。不过,在科学的知识性寻求中,问题止于答案,其本质是消除事实层面的无知,人文哲学性追问的要害不在于事实上的无知,而是关于本质(essence)理解的追求,例如,关于某人与我的朋友关系在事实上没有疑义,但这并不妨碍我们提出关于友谊本质的义理之问。柏拉图对

---

① Michael Gelven, *Truth and Existence : A Philosophical Inquiry*, University Park, PA: Pennsylvania State University Press ,1990,p. 77

② Michael Gelven, *Truth and Existence : A Philosophical Inquiry*, University Park, PA: Pennsylvania State University Press ,1990,p. 38.

话录中的苏格拉底问题都属于这一类问题，"当焦点是真理而不是什么是真的，问题较少表达无知和与之相伴的求知欲，而是在我们的旅途上指引我们通向窄门的灯塔。问题发挥启明之源的功能……提问即探究，而探究即增益。"[1]因此，虽然本质性问题不会像知识问题那样存在一个明快和最终的答案，但这并不意味着真理的缺席，事情本质的理解在追问中总是愈益被趋近和愈益丰满着。

科学求真（知），哲学爱真理（谛）。基于这样的理解，巴迪欧明确指出，必须"始终坚持在知识与真理之间、认知与思想之间作出区分"[2]。知识可以传授，而真理正如莱辛寓言[3]所示，只能亲证，在此，真理的追求具有某种悖论性。在莱辛的故事中，来访的上帝提出要奖赏其善。上帝让莱辛在他右手所握的真理与左手所握的对真理的追求中任选其一。莱辛的选择是"我将拿你左手握着的东西，把真理只留给上帝"，这不只是一个关于莱辛的谦逊或正视自身有限性的迷人故事，它本身也是相当矛盾的。因为，如果莱辛真心实意地想寻求真理，那他对上帝右手直接给他的现成真理本身的拒绝岂不是虚伪？通过拒绝上帝许诺的真理，莱辛似乎在否定探索真理的任何**意义**。然而，莱辛的这个寓言除了提示真理之爱的要义在追求，对真理的实际拥有恰恰令其价值减损（婚姻是爱情的坟墓）外，更重要的是，只有无限的存在才可能把真理直接据为己有，接受来自右手的馈赠的人是褫夺自己的人类性。并且，不像真（知）是可以"私相授受"的，本质之真谛不是具体、现成的知识形态的东西，而是具有某种切身性的体悟，这即便是作为无限存在的上帝其实也是无法将之

---

① Michael Gelven, *Truth and Existence: A Philosophical Inquiry*, University Park, PA: Pennsylvania State University Press, 1990, p. 51. 窄门系《圣经》典故，意谓真理之路走的人少并且难走。"你们要进窄门。因为引到灭亡，那门是宽的，路是大的，进去的人也多；引到永生，那门是窄的，路是小的，找着的人也少。"（《圣经·新约马太福音》第7章第13—14节。）

② ［法］阿兰·巴迪欧：《哲学宣言》，蓝江译，南京大学出版社2014年版，第49页。

③ 此处关于莱辛寓言的解读受到哥文的重要启发。参见 Michael Gelven, *Truth and Existence: A Philosophical Inquiry*, University Park, PA: Pennsylvania State University Press, 1990, p. 35.

直接赠予任何人的,我们必须亲身参与,希望亲自感受,就像在爱情中,过程重于结果,结果等于结束。

将"真"与"真理"区分开来的既非问题本身的复杂性,也不在于思考者智力或悟性的差异,而往往是由于日常思维中人们对有关事物形上本质问题的冷淡,部分原因是了解友谊或正义的本质并不能帮你找到朋友或获得正义,而关于某种疾病的真知或某一案件的真相却可以帮助我们治愈肉体与社会的疾病。某物的本质是"解蔽"之源,当真理呈现,它本身不需要,或者甚至不可能被进一步解释。例如,我可以问"你为什么走进这房子?",并得到"躲雨"这样的回答。但如果这是一个伟大的建筑,揭示出栖居的真意,我不能问"你为什么栖居?",而只能问"栖居的意思是什么?"在此,"躲雨"是真答案,"栖居"之问是本质之问,指向人存在诗意,即非陈义的澄明。

沿着"问题"往下走,将"真"与"真理"区分开来的还有问题与答案优先性的反转。在认识领域,我们感兴趣的是正确答案,相对于答案,问题本身并无独立价值。在意义的探寻中,问题的价值大于回答,"真理的获得不在于对真答案的思考,而是寻求对未被解决的问题(unresolvable question)的理解",这也就是宁选上帝左手所握的"追求真理"而不选右手之中的"现成真理"的"莱辛之选"的内在深意。① 这部分是由 problem 的具体性、局部性和 question 的整全性与永恒性决定的。无论是对人类个体还是整体而言,存在问题与人类同在并且共始终,人类存在一天,存在问题就不会消失,而是与时俱进地与人类同在。海德格尔说,"之所以形而上学的追问始终没有答案"并不是没法回答,"而是因为那些在传达某种被发觉的事实情况的意义上的答案,不足以符合这种追问,或许还会使之堕落或窒息"。② 在柏拉图对话录中,无论是《理想国》中的正义,

---

① 参见 Michael Gelven, *Truth and Existence*: *A Philosophical Inquiry*, University Park, PA: Pennsylvania State University Press, 1990, p. 38, pp. 35 – 36。

② [德]马丁·海德格尔:《形而上学的基本概念》,赵卫国译,商务印书馆 2017 年版,第 273 页。

还是《拉克斯》中的勇敢等,对人们所给出的各种合乎事实与常理的回答,苏格拉底总是一再地质疑,而最终他自己也没个标准答案,这往往让浅尝辄止的读者与他的一些对谈者一样心生厌烦,而这恰恰错过了增长智慧的时机。"当追问本身是深刻地被提出的,它是真理的源泉。也就是说,我们不仅仅是为了问到真理,追问本身令真理成为可能——真理就在追问中。"①因此,这里的关键不是人们关于相关话题的常识性理解是不正确的,而在于任何试图终结问题的类似答案在形而上学的层面上都是不彻底的,可谓"道可道,非常道"。这里所折射的恰恰是追求知识与探索真理的分野:知识求答案,真理爱问题,并且这里的问题不是简答题,甚至也不是论述题,因而其真理性从来不存在于某种单义标准答案中,在思想的层面上,二者分别涉及事理(reason)与义理(essence)的分野,"真理只在事物的真义中"②!"这里的标准,不是认识的准确性,而是契入的深度"③。在佛教术语中,二者之间有"俗谛"与"真谛"之别。④

　　没有明确答案的追问有何意义?首先,真理就是其本身的理由!其次,没有作为疑问终结者的判决式答案不等于无效思考,关于世界的形上思考从古到今事实上在不断推进,这有点像我们永远没法走到地平线,这不是因为我们只是原地踏步,而是因为目标本身的无限性;叩问本质真理的要义不在答案而在叩问者,"在叩问中,我们自己成为真理的本质的一部分"⑤。问什么问题成为什么人,一个对意义问题有疑问者正如

---

① Michael Gelven, *What Happens to Us When We Think*: *Transformation and Reality*, Albany, NY: State University of New York Press, 2003, p. 130.

② Michael Gelven, *Truth and Existence*: *A Philosophical Inquiry*, University Park, PA: Pennsylvania State University Press, 1990, p. 57.

③ [俄]M. M. 巴赫金:《文本·对话与人文》,白春仁、晓河等译,河北教育出版社1998年版,第1页。

④ 本节乃至全书的探讨在观点与材料上均受到哥文论著尤其是《真理与存在》一书的影响与启发。顺便指出,所谓"真""俗"在佛教用语中有深浅之别,并无截然褒贬之义。

⑤ Michael Gelven, *The Asking Mystery*: *A Philosophical Inquiry*, University Park, PA: The Pennsylvania State University Press, 2000, p. 158.

经历了"失恋"的人不再是先前的那个人了，[①]当真相向他/她敞开，主体经历"教化"（Bildung）从而灵魂"转向"（transformation），这正是通常所谓恋爱是一所伟大的学校的意味深长之处。所以，**有一种问题其实本身即为答案**。不过，不是应在所求对象上，而是应在追求者自身转变上，一个对形上问题有过切身感触与思考的人跟之前的那个人是一个不同的人，如果说由儿童到成人主要是心智上的成熟，此际发生的却是成人水平上的形而上学成长，这一二度精神性成长不像由无邪儿童到可以担责的成人是在每个人身上都或多或少自然发生的社会化进程，它要求哲学性从而真理性的"学习"——学以成人。不论是在生活世界中，或是哲学课堂上。[②]

由于哲学问题的广度、深度与终极性[③]，与科学及其技术延伸相比，存在的人文真谛理解"不解决实际问题"——"真际"本来就异乎"实际"。知识之真终究是由解决实际问题的有效性来提供担保的，而人文哲学之好并不在这里，明乎"朋友"之义未必能让你更好地"出门靠朋友"，但其受用在于帮助你理解人，并且在世界中，即在群体中活得更明白、更通达。在社会历史层面，人文真理发挥力量的时间尺度通常在百年以上，但一旦发生，其除旧布新的巨大力量是同时具备颠覆性和创造性的，而一般人其实对历史事变背后的真理之光茫然无所觉，此际，新的真理又风尘仆仆地行进在远非坦途的历史道路中。

三、"真知"与"真谛"的分野

关于真理的语词分梳已然表明，真理作为集合名词包含"真知"与

---

① 就爱本身而论，爱与被爱合一才是爱的实现，但就人生而言，对爱最执着的时候是在追求或失爱时，因此，失爱者在事件中所获得的人生感悟与理解通常较之成功者更深沉，这未尝不是人生的一种经历。

② 参见 Michael Gelven, *What Happens to Us When We Think : Transformation and Reality*, Albany, NY：State University of New York Press, 2003, Part Seven：" The Student"。

③ 参见［德］马丁·海德格尔《形而上学导论》，王庆节译，商务印书馆 2015 年版，第 2 页。

"真谛"两层含义,英美哲学及其所代表的关于真理的常识性直觉是将真理等同于真知,关于真理不只真知的理解主要出自欧陆人文主义哲学,在此,"我们所说的真理与人们在这个名称下所了解的东西大相径庭"①。以《真理与方法》名世的伽达默尔明确反对那种"被科学的真理概念弄得很狭窄"的真理观,强调"超出科学方法论控制范围""不能用科学方法论手段加以证实的真理"。② 这些构成我们关于真理双重含义观点的理论依据。

真知的理论原型是常识与科学式的真知识,其哲学认识论规定为"有理据的真实信念"(Justified True Belief)。真谛在字面上有根本(根蒂)见地(与"谛"同音)之义,在概念上指区别于知识亦不可归约为知识的见识。见识从根本上来说诚然真实不妄,但在认知确定性方面却不像知识那般清晰明快,而这恰恰又是其深刻性与丰富性之所在。例如,关于母亲的标准答案为"女性家长",但关于母亲究竟意味着什么的提问寻求的不是如假包换的真定义(这是已知的),而是关于母亲的义理真谛。本质上,母爱不但以对了女近了无限的付出与牺牲著称,同时往往表现为对子女无条件的或者说有违正义的袒护,一个眼里从来容不得沙子的母亲唯一可以如蚌含珠般地容忍的那粒沙子就是她的孩子。对此我们可以理解,一句"她是个母亲"就可以解释一切,但在道义上这毕竟有违正义从而很难让人表示认同更不用说是尊敬。正是有见于义理真谛不同于知识命题的复杂性与深刻性,依哥文的概念,在"真理而非真的场域,总是充满困扰甚于满足"③。而"一个人可以有知识从而知道什么是

---

① 参见[德]马丁·海德格尔《艺术作品的本源》,载《海德格尔选集》(上),孙周兴译,上海三联书店 1996 年版,第 302 页。

② [德]汉斯-格奥尔格·伽达默尔:《诠释学Ⅰ真理与方法》,洪汉鼎译,商务印书馆 2007 年版,第 4 页。

③ Michael Gelven, *Truth and Existence : A Philosophical Inquiry*, University Park, PA: Pennsylvania State University Press ,1990,p. 50.

真的,但**不能**觉知存在的终极从而缺失真理"①,陷于萨特所谓"有知无见(识)"(knowing without seeing)的境地。在现象学存在论的视野中,在"**关于**存在者的知识中存在是不在场的,全部真理成了所有知识的总和,存在落在真理之外"②。

真知的要义为知识,真是保证知识客观性从而确定性、有效性的要件,相应地,关于真知的哲学探讨属于认识论包括语义论范畴,而真谛作为意义理解其要义不在真假,而在"如是",其内涵不是知识意义上的正确性,而在契入真际的义理深度方面,它涉及较之认识论更根本的本体存在,其相关哲学话语是存在论与解释学。在生活世界视野中,知识的探索与获取虽为人生必要之事,与之相比,在世存在才是人存在的根本之事,前者可以甚至只能委托专家,而生存却是不能亦不可委之于人的本己之事。知识归根到底是外在工具性的,而意义追寻作为海德格尔所谓人存在的本质方式,是人生在事物层面上似乎不急迫,但实质上更根本的那一个。二者的区别并非哲学上单纯的理论层次的问题。

在传统认知视野中,真知是认识终点上的事实性结果,但在存在论维度上,真理却是知识得以可能的本体前提,从根本上说,在有真理的世界上方可能有认识活动。一方面,没有真假则认知游戏无规可循;另一方面,真理作为实在意义的无蔽从根本上令认知得以可能,真假语言游戏只能在意义明确与同一的语境中展开。在此必须指出的是,真谛与真知的本末之分作为形上逻辑规定不蕴含实在层面上二者的截然二分。事实上,意义澄明与真假认知在实际真理语言游戏中并行不悖,当然重心有所不同。真知有赖证实,真谛具足自明性,"我们知道什么是真的,

① Michael Gelven, *Truth and Existence: A Philosophical Inquiry*, University Park, PA: Pennsylvania State University Press, 1990, p. 112.
② Jean-Paul Sartre, *Truth and Existence*, Chicago, IL: The University of Chicago Press, 1989, p. 58.

我们遭遇真理。"①萨特说："当去蔽发生的时候，我们把握了存在，对此我们毫不怀疑，就像我们不怀疑我思(二者在结构上是相关的)。"②就此而论，精神科学或者不如说人文学说理解的真谛同样具足应答义，当我们邂逅或遭遇这样的真理，茅塞顿开，疑惑不再。此外，如我们在当代街头涂鸦艺术家班克西(Banksy)那里看到的，他的行为艺术是让艺术如同"房间里的大象"那样隐藏在每个人于日常中尽量避免注意到或解决的问题中，"一个显而易见的真理"从虚空中呈现。③ 在科学上，"方法似乎使我们控制真理，与此相反，明见性却似乎是不可预料和无法掌握的。"④对方法与证明的信赖所表明的是企图支配真理，这在某种程度上反映了主体动机导向型科学探索的实情，但未必是真理普遍性尤其是根本性的实相。作为非知识性的见地之明或无遮智慧，义理之明具有不同于真知的独特真理特性。人与存在真谛的遭遇有时如陶潜之"悠然见南山"。真理的自明性在于其在价值和意义上的自足性(autonomy)，因而不需要外在的理由和证明，也无法对之作进一步"为什么"的提问。⑤ 例如，在个体与社会何者为本的问题上，不需援引经验从而不必卷入各自具体枝节上的纷争，只须正确地提出"为什么"(what for)这样一个切中本质的意义问题，结论一目了然：关于建设一个理想社会，我们永远有权利问"为什么"，回答必定是例如"为了每一个人的……"，如"自由与幸福"或更抽象的"个人理想的实现"，可是，对于"每一个人的……"，我们不能再问它又是为了什么，总不能说是为了"建立一个美好社会"的目

① Michael Gelven, *Truth and Existence: A Philosophical Inquiry*, University Park, PA: Pennsylvania State University Press, 1990, p. 109.

② Jean-Paul Sartre, *Truth and Existence*, Chicago, IL: The University of Chicago Press, 1989, p. 61.

③ 参见[美]亚历克斯·林《解读艺术：巴迪欧》，安丽哲译，重庆大学出版社 2021 年版，第 158 页。

④ [美]罗伯特·索科拉夫斯基：《现象学导论》，高秉江、张建华译，武汉大学出版社 2009 年版，第 163 页。

⑤ Michael Gelven, *Truth and Existence: A Philosophical Inquiry*, University Park, PA: Pennsylvania State University Press, 1990, p. 68.

标。这里就是"End"：论证的**终点**，至善**目的**的达成。不论你是否喜欢这个结果，它显然具有无可辩驳的**逻辑**力量。①

真知与真谛的区别还在于，作为存在性见地之真谛不像科学真知那样是专家的独得之秘，相反，"从说话者、科学家到画家、剧作家及其观众都能够明见事物的存在方式"②，因为存在是人作为此在的本己之事，它无可回避，不可替代，"要成为人就是要参与真理，就是要能够揭示事物的存在方式，能够让客观性在我们身上取得胜利。当我们卷入这种活动的时候，我们自己就是在最大程度上作为人而存在。"③科学家在专业领域内也许是很高明的，而作为人，其人生完全有可能与芸芸众生一样普通。与科学给我们带来的利益与便利相比，恰恰何以为人（包含何以在世）是更重要的。因此，"把真理问题定位在认识论领域很可能阻碍了哲学更根本地追问真理问题……如果真理是人类尊严的源泉，那么传统真理观的一个意外结论将是人的尊严是不同的"④。

"真知"或"真谛"从根本上说是"知识"与"思想"的区别，前者是事理性的，后者则是义理性的，我们把握事理的方式是**解释**，洞见义理的方式则是**理解**。知识是可以经验求证与逻辑求解的，科学是知识的集合，思想则出自本己见地与理论思辨，文学艺术是其感性（aesthetics）形态，哲学则是其理论形态，于此可以见出科学与人文之别。这一区别在根本上分涉经验与超验、实际与真际的不同层面，后者"是与本质（essence）稀有和超越日常的相遇"⑤。总之，正如拉康所说的那样，真理通过在知识中

---

① 这当然不是关于个体与集体关系的整全真理，或者可以简单用于一切具体情境的教条，例如，不能用它为借口拒绝承担个体社会责任。

② ［美］罗伯特·索科拉夫斯基：《现象学导论》，高秉江、张建华译，武汉大学出版社 2009 年版，第 160 页。

③ ［美］罗伯特·索科拉夫斯基：《现象学导论》，高秉江、张建华译，武汉大学出版社 2009 年版，第 164 页。

④ 黄裕生：《真理的本质与本质的真理：论海德格尔的真理观》，《中国社会科学》1999 年第 2 期。

⑤ Michael Gelven，*Truth and Existence：A Philosophical Inquiry*，University Park，PA：Pennsylvania State University Press，1990，p. 57.

打洞而"挖出了一条通往真实的道路"①。真知与真谛在结论的可决出性、唯一性、真值性,亦即认知的"鲁棒性"(robustness)方面表现出明显的区别,这些我们将留待下一章进一步探讨。

---

① 〔美〕亚历克斯·林:《解读艺术:巴迪欧》,安丽哲译,重庆大学出版社 2021 年版,第 18 页。

第三章　何为真理

　　在上一章语词、概念分析的基础上，我们现在可以进一步在理论上正面处理"真理是什么"的问题。与语词上真理概念"真知"与"真谛"双重含义的分梳相一致，我们关于真理的基本理论观点，可以概括为一种"双核真理观"。和圆只有一个核心不同，椭圆有两个焦点，形象地说，我们视真理为由真知与真谛两个内核共同构成的思想椭圆。这样，当我们——借用卡佛（Raymond Carver）的专著《当我们谈论爱情时我们在谈论什么》的书名的句式——谈论"真理"的时候，我们实际言说的分别可能至少应该是"真知"和"真谛"这样两件既相关亦相异的事情。作为对真知和真谛实质进一步的理论概括与界定，在此我们提出"事实真理"和"意义真理"的概念。

　　"真理双核论"在理论上面临的挑战是如何说明二者"一而二，二而一"的关系，这关系到我们所说的究竟是同一真理的两个维度，还是真理与其他（同名异义的）东西，不可不辨（辩）。最后，本章还涉及"真理"与中西哲学比较的话题，这有益于我们在双向格义角度上丰富与深化对真理问题的理解和认识。

第一节 两种真理

在欧陆哲学背景下,关于两种真理的区分与论述所在多有,作为对这些观点的综合与概括,本书提出关于"事实真理"与"意义真理"的理论观点,以之作为揭示与刻画"真知"与"真谛"内在本质的理论概念。

一、"事实"与"意义"

事实与意义在直觉上前简后繁,前者似乎一目了然,后者不免一言难尽,但在哲学概念层次上,二者实际上"一如既往"地一言难尽。例如,"白雪"是物还是事实(雪是白的)? 事实、事物、事态、事件各自的边界与含义如何? 维特根斯坦强调世界是事实而非物的集合在哲学上显然有深意存焉。此外,在物理事实之外世界上是否存在独立的"法律事实""道德事实"? 而这已然触及概念上事实与意义的相互纠缠。本书不是关于事实或意义任何一个概念的专题研究,只是在有关真理的理论旨趣下切入两个概念及其关系。

西文中事实一词源自拉丁文 factum,原意为"已成之事",亦指"事迹"(发生了的事情)所留下的客观痕迹。从 17 世纪开始,它被说成"在客观世界中以某种方式相关联的一组对象",其语言表达形式是句子,这是其与以名词表达的事物的一个区别。[①] 哲学上说,事实属于物质范畴,是可经验直观或经验实证者,具有独立于意识的客观实在性。正是在这一意义上,"真理"在日常语言中与"事实"存在交集。

意义是一个重要且必然复杂的概念,它常常与认知/语义性的**意思**(sense/meaning)——如一个东西、一个词、一种文本的含义"是什么"——有关,同时还涉及与人及其行为有关的重要性、目的与价值的存

---

① [英]尼古拉斯·布宁、余纪元编著:《西方哲学英汉对照辞典》,人民出版社 2001 年版,第359 页。

在性**意味**（significance/implication），①由此就有所谓"句子的意义""行为的意义""历史意义"，乃至"存在的意义"的区别。例如，在历史哲学中，意义如丹图所说通常涉及"参照一个更大的时间性结构而将'事件'看作是有'意义'的，这些事件乃是这一结构的组成部分"②。海德格尔关于此在存在的分析亦是通过"向死而在"所构设的时间性整体视野把握其意义。分别而言，事物为感官所感知，意义则为心灵所理解，但事实上二者相互纠缠。人的视野中事物具有意义（例如命名），而意义亦须托身于物得以彰显。在人化自然的文明条件下，原本的混沌之物在人的意向性中呈现意义，成其所"是"，进而有是不是的真假之辨，但意义也不是飘浮在精神空间中脱离事实的孤独符号：事因义成"是"，义因物赋形。

意义的载体（token）是语言，"物谓之而然"（《庄子·齐物论》）。事实与意义在现实中当然不是相互隔绝的，但分而言之，二者在意向方向上有它向与我向之别：人外求知识，内忖自身，此即康德所言"灿烂星空"与"在我心中"的含义。在关于外部自然的方向上，我们以命名、描述的方式把握事物的属性及其因果关联，在自然化的生存中人受限于事实，从而事实是本体，意义服务于事实。而在文化亦即人化的存在上，最终我们在意的毕竟是意义（人文性的）而非外部事实，是为意义本位。在此，事实虽实在但外在，意义则虽虚灵却中肯。人生在世，不免与物周旋，却不舍、不懈意义追求。在其最深刻的本质上，"意义是由降临我们的真理的转变性力量建立起来的我们自身在世界中的存在之实"③。

意义的认知性"意思"与存在、价值性"意味"在语言上呈现出有趣的区别。前者附着于物，一旦被"命名"，其意义固定为一从而隐入事实，在日常生活中，物之为现成"在手之物"与其意义之为"在口之词"一体两

---

① ［德］H. 罗姆巴赫：《作为生活结构的世界：结构存在论的问题与解答》，王俊译，张祥龙、朱锦良校，上海书店出版社 2009 年版，第 22—53 页。

② ［美］阿瑟·丹图：《叙述与认识》，周建漳译，上海译文出版社 2007 年版，第 9 页。

③ Michael Gelven, *What Happens to Us When We Think：Transformation and Reality*, Albany, NY：State University of New York Press, 2003, p. 59.

面:"树"总是树,语词本身没有时态。后者不滞于物,不但在空间上是语境化的,同时在时间维度上是历史性和开放性的,同一历史事实在不同时代和不同语境下可能具有从而呈现不同的意义,如"长城"之为军事工程或旅游景点、文化象征。弗雷格关于语词"指称"和"涵义"的不对称性在事实与意义的不对称性上有更深刻的呈现。"母亲"事实层面的意思是"女性家长",且可以指实为某一个体,而"母亲"的存在意味不以事实——如"性别"或"哺乳"行为——为依归,一言难尽,甚至言人人殊。指实性含义在人由少及长的社会化过程中基本被成人所把握,而存在性意义则贯穿人类历史与个体一生,被人们深浅不一地关注与领会。传达事实的语言是功能性符号,而涉及意味的语言是存在性乃至诗性的"文"。例如,李白的"明月光"与义山诗中的"巴山夜雨"在指事的外壳下意味深长。日常使用与交流层面上基本的语言方式是句子,而文学作品如高尔基的《母亲》当然不是传达实际信息的语言,没有人会长篇大论地传达信息,叙述文本均是事实基础上的表意文字。广而言之,人文学科与书本、叙述的关系均可由此观之。文本化意味着整体性,因为,人生及历史的意味必定是在一个整体性的框架中理解和把握的,此非语词所能办,而文本内在地是在过去、现在、未来的三重时间维度上展开的。

在感觉经验层面,事实作为物质性范畴是客观实在的,我们日常生活中的各种现实需求均需在事实层面上获得解决,我们事实地吃、喝以维持生存。反之,意义本身是在感官上不在场者,它不满足实际需要,不解决实际问题,但是,物之所是蕴含意义规定,正是在这一意义上说,"词语破碎处,无物存在"①。事实与意义依海德格尔的观点分属"存在者"与"存在"两个层次,存在者是已然具足意义(是什么)的事物,意义之"无蔽"呈现是事实确立进而关于事实的科学"解释"得以可能的思想前提。海德格尔说:

---

① [德]马丁·海德格尔:《语言的本质》,载《海德格尔选集》(下),孙周兴选编,上海三联书店1996年版,第1090页。

对象并不是首先被呈现为赤裸裸的实在者,就好像某种自然的状态下的客体……相反,原初的以及被直接给予我们的,未经过任何对于事物的概念把握的思维上的拐弯抹角的,乃是有意义者。当我们生活在环绕着我们的直接经验的世界中,时时处处,一切向我们走来的事物都承载着意义。①

意义对于事实的先验逻辑在先性在属人存在者方面表现得尤为明显。法国作家拉罗什富科(De La Rochefoucauld)说过大意如此的话:如果人们从来不曾听过"爱情"这个字眼的话,就不会有人堕入情网或失恋。比如说,"监狱"事实上是"这条路往下走街角那幢铁门铁窗的红砖建筑",但监狱的意义则是"监禁","监禁"的背后牵连着从"惩罚""(失去)自由""法律"到"正义"的一整个意义链条,在此,"因缘整体性的揭示则奠基于意蕴的指引整体的展开状态"②。同理,"价值"与"交换"的观念在先,"货币"在后,"自由""平等"的理念在先,"宪法"及"民主体制"在后。"独立宣言"称"人生而平等是自明真理",在迄今为止的人类历史中,平等并非事实,然而,平等的意义一旦"自明",它或迟或早成为现实。准此,意义真理乃人类进步的引领者。在既定意义框架内事实问题及其解决方案才出现,一旦失去意义或意义理解发生变换,则相应实践与事物也就不复存在了。这方面最明显的例证是中西方医学术语中"心、肝、肺、肾"所指有异,中医"有图有真相"的经络穴位在西医看来毫无根据。

二、事实之真与意义之正

英美哲学与欧陆哲学中双峰并峙的两种真理观彰显科学主义与人

---

① [德]马丁•海德格尔:《论哲学的规定》(德文全集第 61 卷,第 91 页);《亚里士多德的现象学阐释》(德文全集第 56/57 卷,第 72 页)。Adopted from Thomas Sheehan, "Sense, Meaning and Hermeneutics: From Aritstotle to Heidegger, "in Niall Keane and Chris Lawn(eds.), *The Blackwell Companion to Hermeneutics*, Hoboken, NJ: Wiley-Blackwell, 2016, pp. 270 - 279.

② [德]马丁•海德格尔:《存在与时间》,陈嘉映、王庆节合译,熊伟校,生活•读书•新知三联书店 1987 年版,第 242 页。

文主义的张力。在海德格尔哲学的语境中，"存在"的本质不是亚里士多德以来哲学上长期所认为的实体，而是"意义"。正是在这一脉络下，格朗丹说，真理作为无蔽"可以从意义开启的概念来把握"①。希恩（Thomas Sheehen）在其集五十余载功力于一册的著作《理解海德格尔：范式的转变》中明确指出，海德格尔哲学的真正主题并非"存在"，而是"存在的意义"。② 在这一视野中并参照科学真理的实情，笔者认为，这两种真理在本质上可以分别界定为"事实真理"与"意义真理"。就真理皆超越表象与意义而言，真理总是与本质相联系，但本质如英文所示有事理层面之 nature 与义理层面的 essence 两义，关于前者的认知是关于"实际"（factual）即"事实"的真知，关于后者的义理把握则触及"真际"（real），即事情自身"本义"恰如其分的阐释。赵汀阳关于"事实真理"与"价值真理"的概念区分③与我们这里关于事实与意义真理的论述虽着眼点未必相同，但在概念含义上颇有相通之处。

"事实真理"是**关于**事实并最终**系于**事实的客观描述与事理解释，其关于事实的假说性解释正确与否最终取决于所预期的实验事实的出现：可量化的一个（组）数字，（与"广义相对论"相关的）被观测到的光线偏斜，可实证的那朵"蘑菇云"（原子弹），等等。在某种意义上，科学理论不论多么高深玄妙，均始于（观察）事实终于（实验）事实，技术的本质则是"制造"事实。在这一层面上，事实真理如实用主义所说是事实上有用的，科学真知是典型的事实性真理，常识中亦包含浅表真知的碎片。与之相对应，意义真理着眼的不是事实上的真（假）（being true），而是存在的真义（true being），海德格尔说，"与科学意识以及科学知识的本质不

---

① ［加］让·格朗丹：《诠释学真理?：论汉斯-格奥尔格·伽达默尔的真理概念》，洪汉鼎译，商务印书馆 2015 年版，第 163 页。
② 参见［美］托马斯·希恩《理解海德格尔：范式的转变》，邓定译，译林出版社 2022 年版，第 2 页。
③ 赵汀阳：《直观：赵汀阳学术自选集》，福建教育出版社 2000 年版，第 26、29、48 页。

同","沉思的本质在于:探讨意义"。① 意义真理不行诸实事,无事实之用,却得义理之(真)正,二者虽为分庭抗礼之势,却有虚实相生之理,共同构成人类理解的双璧。

事理认识与义理理解是文、理学科的不同目的与旨趣,前者诚然功效卓著,唯后者意味深长。事实之发生实属"意外",其性质、因果机制等有待证明,意义则内在于语言之中,其呈现具有不假外求的自明性。进而,如果说知识的特性是外向增殖,由 A 到 B,意义则是围绕某一中心不断向内深化,"思同一事情,思其同一性之丰富"②。在这一点上,意义跟生命一样具有有机内在性特征。因为,此在最终就是此一存在的时间性展开。义理澄明之际,我们发现的不是全然陌生的事实,而是其实原本就在那里的东西,因而往往伴随一种失而复得的熟悉感。

出于科学主义的方法论追求,语言哲学将其分析限定在容易讲清楚的"句子意义"上,即便是奎因从翻译角度关于语言原始意义的讨论已然涉及现实生活场景,但其落脚处仍然是语义,而于存在维度上的意义无所触及。③ 在这方面,维特根斯坦是最具典型性的例子,其一生行迹包括文本的字里行间均透露出他本人对生命意义相当自觉与深刻的领悟,但是,其理论探讨所呈现的仍然只是语义分析,其理由则是"不可能有伦理学和美学命题"④。如果仅以理论的单义明快确定性为导向,此一考虑自有其理,但并不彻底,因此,这并不是在哲学上放弃人文意义性探究的理由。基于意义之于人存在的重要性,只有关于语义的狭窄意义探究不但不够,并且有舍本逐末之嫌。事实上,在单义确定性理论迷思之外,在欧

---

① [德]马丁·海德格尔:《海德格尔选集》(下),孙周兴选编,上海三联书店 1996 年版,第 976 页。
② [德]马丁·海德格尔:《海德格尔选集》(下),孙周兴选编,上海三联书店 1996 年版,第 1265 页。
③ 就笔者手头的 *The Cambridge Dictionary of Philosophy* 来看,"meaning"词项所占篇幅达 6 页之多,但其内容则全是讨论语言或符号意思的。布宁与余纪元所编《西方哲学英汉对照辞典》虽分别列出"句子的意义"与"生活的意义"两个词项,但在"意义"总项下其界定仍是"在一个表达式中所表达,说到或提及的东西"。
④ 参见维特根斯坦《逻辑哲学论》,§6.42。

陆哲学尤其是现象学、解释学的脉络中，均有对海德格尔、伽达默尔们关于语义之外的存在的意义进行的深刻、有效的探讨。

知识本质上是实在论或者说现实主义的，最终所面对的是事实，经验、入世是其特质，意义之思往往不拘泥于当前与感官经验：审美是对事物单调与呆滞事实性的超越，历史之思超越现在，贯穿古今，宗教、哲学更具足超越性，总之，人文思想以不同方式触及人存在意义的层面，以整体性视野观照宇宙人生。在求真与务实的关系上，以知识为中心的事实真理（理科）最终落脚在"务实"（工科）上，人文理解的真理超脱实务，反倒纯粹"求真"（truth for truth's sake）。正因如此，海德格尔说，科学"研究"，但"科学并不思"。① 哥文说，"哲学家是唯一追求'真理'的人，而所有其他学科的人关心的只是为真之物？ 这也许是一个过强的说法。但是，这么说绝不过分，只有那些有心直击事物'本质'（essence）的人才可以说是关注'真理'。"②

关于事实的理性认识成果是作为相关问题正确答案的真知，其语言形式是真命题，意义理解的成就则是存在真谛的揭蔽，其语言形态不是真命题的集合，而是文学或哲学文本。黑格尔早就批评过哲学中"以为真理存在于表示某种确定结果的或可以直接予以认识的一个命题里"的"教条主义"。他指出，对于事实性问题当然"应该给予一个明确的简捷的答复"，"同样，直角三角形斜边的平方等于其余两边的平方之和，也确定是真的"，问题是，"这样的所谓真理，其性质与哲学真理的性质不同"。③ 与事实相关的语言句式是"什么""为什么""怎么样"，意义之问的语言句式则是"这是什么意思（义）"或"意味着什么"。事实真理"是真的"（being true），而意义真理为"真的'是'"实即"真存在"（true being）。

① 参见［德］马丁·海德格尔《海德格尔选集》（下），孙周兴选编，上海三联书店 1996 年版，第 1209 页。

② Michael Gelven, *Truth and Existence: A Philosophical Inquiry*, University Park, PA: Pennsylvania State University Press, 1990, p. 56.

③ 参见［德］黑格尔《精神现象学》（上卷），贺麟、王玖兴译，商务印书馆 1979 年版，第 26 页。

事实真理是"being 之后的 something 之 true(or false)",而意义真理则是 being 本身的 true,"真朋友""真爱"都属于此一意义的真。其理论含义是,事实层面认识之真只有在意义开显、无蔽的情况下才可能,[①]换言之,真知以真谛为本体论前提。不但如此,与事实相比,意义之于人有根本的重要性,人生在世最深刻的困惑往往未必是实际处境即日常事实性的,而是意义性的,不是不知道"怎么办",而是觉得"没意思"。人生的各种事实如名利对不同的人有不同的意义,并且,追逐名利者最终追求的仍然是其所理解的意义,只是其意义相对肤浅而不究竟。

意义真理关乎超越事实的本质真谛,在这一意义上,"真理……是遭际作为我们的意义的敞开的实在"[②]。意义敞开并不只是思想向度的事情,同时可能是现实世界中发生的真实事件。在诸如巴迪欧所说的"艺术、科学、政治和爱"四种真理程序中,"一个点燃政治革命的星星之火,一次让你的生活翻天覆地的爱情邂逅,一个迫使我们改变理解世界方式的新科学理论,一个迫使我们重新评估艺术的局限性和可能性的新奇形式",都有可能使"世界上突然发生了一些事情……它指向了一种以前无法想象的可能性,一种迄今为止不可能或不可想象的事情(而不是简单地不予考虑)"[③]。

作为对意义之真的理解,"真朋友"(true friend)是一个合适的例子。"通过超出我们的确然与被接受的友谊事实进而探究这样一种关系的意义,这会被想成我们可以发展出一个对于朋友更深刻的领会。"[④]钱锺书先生曾写过一篇名为《谈交友》的文章讨论友谊的意义。他认为西谚"急难时的朋友才是真朋友"(a friend in need is a friend indeed)"不免肤

---

① 王庆节:《解释学、海德格尔与儒道今释》,人民大学出版社 2004 年版,第 26 页。
② Michael Gelven,*Truth and Existence:A Philosophical Inquiry*,University Park,PA:Pennsylvania State University Press ,1990, p. 197.
③ [美]亚历克斯·林:《解读艺术:巴迪欧》,安丽哲译,重庆大学出版社 2021 年版,第 13 页。
④ Michael Gelven,*Truth and Existence:A Philosophical Inquiry*,University Park,PA:Pennsylvania State University Press ,1990, p. 48.

浅":"我们有急需的时候,是最不需要朋友的时候。朋友有钱,我们需要的是他的钱;朋友有米,我们需要的是他的米……我们讲交情、揩面子、东借西挪,目的不在朋友本身,只是把朋友作为可以利用的工具。"①急难之时,友谊成了只能用钱来估定价值的东西了,或者说,这是我们最顾不得友谊的时候了。(平日"钱锺书",此际"千钟粟"——笔者)平日我们瞧不上的人此际伸出援手可立成"新朋",而这与"有奶就是娘"似乎并无二致。

"朋友之爱肩并肩"②,照见交友动机之浅陋的是朋友的本来之义即纯粹的知音与志同道合,就此而论,对朋友以义相求的"仗义疏财"要求骨子里其实正是重利轻义,是有违朋友"真谛"的"俗谛",正如"朋友值千金"最终是以金钱衡量友谊。这样说当然没错,但所谓"话又说回来了","车马轻裘与朋友共"亦朋友应有之义,进而,作为"五伦"之一的朋友并非人生在世的唯一关系,友谊嵌在其他各种事情中从而处于复杂的意义网络中。"利益输送"诚非友谊的必要条件,但"朋友"作为"人"必然涉及"仁":人有急难你不帮于心何忍,何况这人还是你朋友! 可以肯定地说,急难之时不施以援手,这朋友肯定是做不下去了,其理由倒未必完全像钱先生所阐释的是对朋友之义的曲解,而是因为这样的人"没人味"(不合人之义)从而不值得相交。因此,仅从对友人的需索有违友谊本义立论③未免有"一面之词"之嫌,这告诉我们,意义真理具有非单一标准答案的辩证特征,而这主要是因为意义总是在一个更大的整体框架内得以呈现,在一个层面上言之凿凿之理,在另一个层面上可能翻转出另外的意义。

---

① 参见钱锺书《谈交友》,载《钱锺书散文》,浙江文艺出版社 1999 年版,第 66 页。

② 这是 C. S. 刘易斯在《四种爱》里说的,与此对应的另一句是 "男女之爱脸对脸",以体态语言表达"友爱"是双方面对共同理想,"情爱"以彼此为对象,颇为中肯。

③ 不过,钱先生大概早已有见于此,所以,与集中《论快乐》《论俗气》等文不同,此篇题名《谈交友》而不是《论友谊》。以钱先生的博学,他对"友谊"这一西方自古以来老生常谈的话题显然了然于心,而其"选题"只从交友动机入手切入问题,暗含只是关于友谊"一得之见"的"免责"声明。另外,最近在微信上看到易立军在《陈子谦与钱锺书的交往》一文中提到,1986 年陈子谦想将《谈交友》一文交杂志重新刊出时,钱先生回信说:"《论交友》(原文如此,应为笔误)乃少作,请代为藏拙,不要重新'示众',至为恳切!"可以说实际印证了钱先生的确"有见于此"。

不论是希腊悲剧的安提贡涅还是儒家伦理的"子为父隐"①都是如此。

语义层面上,事实是意义已然确立和凝固的实况,而意义则是事实之前、之上可能性的理性空间。作为可能性存在,意义的本真形态是在不断创生中从而具足陌生性,例如在艺术和诗的语言中被"推敲"与言说、日新又新的意义,就此而言,意义总是新的意义。它仿佛是存在者"被第一次说出"②,从而"这个逻各斯就是在存在意义上的会集"③。此外,语词含义与蕴含在语言中的实质意义有重要的区别,"金山""飞马"在语词中有可以理解的语义但无事实义,在生活世界中更没有意义,因此,意义嵌入在生活中,这是意义所要求的真实性与客观性。

人生在世,我们一方面囿于事实,另一方面具足意义冲动,我们不同于动物之处是于事实之外另外开出意义世界的精神性维度,并且最终以后者为本。因为,前者诚然"有用",但只有后者才真正是"有意思"的,"具有一种直接影响灵魂的力量的"④。英文中表达意义理解的词组是make sense,sense 的一般字面含义为感知,但感知其实可以进一步区分出感官"知觉"与"感受"两个方面,前者恰恰是无感工具性的,后者则是包含情绪的感知。以"看见红色"⑤为例,前者是视网膜对特定波长光波的感官知觉,后者则是对红色亢奋的心理反应,于此,我们如佛语所说"见红不只是红",实际上,这也是陶潜"见"南山时的"悠然"感受。质而言之,举凡我们对艺术作品乃至人生际遇的存在体验都不止客观知觉,本质上都是具足意义(sense making)的感受与体悟,同一事实双层含义是意义的语义与意蕴二分的心理根据,"它让人类可以产生一个'自我',

① 笔者近作《直而已矣,然是否真?——也论儒家观念中的"亲隐"问题》于此有所辨析。(载《临沂大学学报》,2024 年第 2 期)
② [德]马丁·海德格尔:《形而上学导论》,王庆节译,北京:商务印书馆 2015 年版,第 30 页。
③ [德]马丁·海德格尔:《形而上学导论》,王庆节译,北京:商务印书馆 2015 年版,第 199 页。
④ [英]尼古拉斯·汉弗里:《看见红色》,梁永安译,浙江大学出版社 2012 年版,第 13 页。
⑤ 参见[英]尼古拉斯·汉弗里《看见红色》,梁永安译,浙江大学出版社 2012 年版。

让生命变得是一种有价值的活动。"①正是在触及人存在之本质的意义上,意义真理超越一般所谓认知性从而物质实践上的利好而内蕴存在性价值。

三、事实真理与意义真理的理论品格

比较两种真理在特定维度上是科学与人文学说的比较,其中涉及二者各自的学术特性、思想地位与理性价值。

事实真理具有结论的严格可决出性和真之唯一性特征。作为竞争性理论假说的最终胜出者,科学中真理性的答案有决疑止讼之功,一论既出,是非立判,"事实胜于雄辩",具有"强制性的正确"②。建立在事实基础上的真理的如是特征使它具有"斗争性概念"的潜能,是"用真理来斗争"的"叫真"语言博弈(详见本书第四章第三节)得以展开的前提。

与科学相比,人文、哲学学说风格迥异,其关于意义真理的理解与阐释并不表现为单义排他性真值命题,见仁见智是人文学说的学术常态。从是非立判从而胜负立见这一点看,二者间颇有文武之别,即所谓"文无第一,武无第二"。就此而言,人文领域的真理可以说是一种"弱的,后形而上学的真理"③。在此,"真理不是像在命题真理的情况下那样非此即彼的事"④,思想于此在比真值陈述"'更深'或者说[按照沃尔什(W. H. Walsh)的表述]'准形上的'层次上把握世界。为进入这一层次所付出的代价是在排他性命题真理意义上清楚明白表达的丧失。"⑤

---

① [英]尼古拉斯·汉弗里:《看见红色》,梁永安译,浙江大学出版社 2012 年版,第 90 页。
② [德]卡尔·西奥多·雅斯贝尔斯:《生存哲学》,王玖兴译,上海译文出版社 2005 年版,第 27 页。
③ David D. Robert, *Nothing but History:Reconstruction and Extremity after Metaphsics*, Berkeley and Los Angeles:University of California Press, 1995, p. 301.
④ [荷兰]弗兰克·安柯斯密特:《历史表现中的意义、真理和指称》,周建漳译,译林出版社 2015 年版,第 117 页。
⑤ [荷兰]弗兰克·安柯斯密特:《历史表现中的意义、真理和指称》,周建漳译,译林出版社 2015 年版,第 118 页。

　　按照库恩关于科学发展的范式理论,非科学人文学说似乎从来没有确立过库恩用以定义常规科学的统一学科范式,他所描述的发生在不同科学范式转换间的革命性动荡反倒是这类学说的常态。面对科学在认识上的结论严格性和确定性与实际上为科学大力背书的通过技术发挥的无处不在的物质效用,各种精神学科(德文所谓 Geisteswissenschaften)的思考者在学科压力下或试图靠拢科学(如自然主义的还原论进路),或在譬如史料严格性等方面竭力比肩科学,但在认识确定性与结论精确性方面终究不免自愧不如。而在大众(包括一些科学家①)眼中,各种非科学的学说与科学的距离,有时简直就是空腹高心与真才实学的差别。但是,基于事实真理、意义真理之异,即自然科学与人文哲学学说理论品格上的文武、软硬之别,从而以为在学科上文(科)不如武(理科、工科)实乃皮相之见,在学理上是经不起推敲的。

　　首先,自然科学令人称羡的认知确定性、结论权威性是特定语言游戏的产物,这乃是将原本五彩缤纷的世界作黑白两极化理论抽象的结果,②而在真假二值性理论空间中,单义参照是确保结论唯一可断真性的逻辑前提。③ 其实,只要满足单义性,结论的确定性和唯一性在非科学研究领域原则中亦普遍可期,成问题的倒是其可欲性。举例来说,"不管白猫黑猫,捉得老鼠就是好猫",可是,同一逻辑,"男贼女贼,能偷就是好样的"就不成立,因为前者手段与目的合理性天然合一的局面在此出现分裂,手段有效性之"好"与目的之善的"好"出现分裂。在面对自然界时,人类根本利益的一致保证价值目标具有某种天然的合理性,从而只需考

---

① 曾经在"哔哩哔哩"上看到物理学家费曼的一个视频,他明确说"社会科学不是科学"。可见,文理之间的学科鄙视链是广泛存在的。

② 尼采说,"认识的所有机制就是抽象和简化的机制",并且,这"不是为了认识,是为了掌控事物"。诚哉其言! 转引自[法]米歇尔·福柯《知识意志讲稿》,张亘译,上海人民出版社 2021 年版,第 274 页。

③ "科学阐释公然宣称它只讨论事件的某些方面,如量的方面和可衡量的方面"。参见[美]海登·怀特《后现代历史叙事学》,陈永国、张万娟译,中国社会科学出版社 2003 年版,第 324 页。

虑手段有效性,也就是说,猫抓老鼠"天经地义",目标与手段之好相互重合,而在生活世界中,由于人类价值及利益的内在多元性,单义参照在此失效,单义之"好"虽然可能,却不可欲。(详见本书第四章第二节)这正是事实真理与意义真理的深刻区别。

二值逻辑与单义对照的结论表明,科学本质上是特定语言游戏的产物,用伽达默尔在《真理与方法》全书题记中引用的奥地利诗人里尔克(R. M. Rilke)的诗句来说,这"只是接住自己抛出的东西"。相对朴素实在论,这是事情本身更为真实的一面,据此,自然科学与人文社会研究在理论品格上的刚柔之别可以依此得到解释。给定前提下事实真理认识有效性的代价是**意义的单调性**或者说单薄性,在单义参照前提下,科学上正确与错误都是百分之百的,这样一种"赢者通吃"二极性质之于现实世界的丰富性与复杂性,其在"事情本身"层面上的不自然、不合理性一目了然。由此我们不难理解,"由运用科学方法所提供的确实性并不足以保证真理"[1]以及黑格尔所谓"如果真理是抽象的,则它就不是真的"[2]的现实感,当然,这里所说的真理是不同于真命题的"大写的真理"[3]。

事实性认识单义求真最终是为了与实践活动目标统一性相匹配:"一义"方能"孤行","三心二意"(英文所谓 in two minds)乃行动之大忌,在此,片面性是其为可靠性与确定性付出的代价。准此,在非直接瞄准实践目标的情况下,思想理论的评价指标除了"真",理论契入现实的深刻性、独创性、简洁性乃至启发性与由真所表征的可靠性相比未必更不重要。对于非实用导向的人文研究而言,狭义的真并不充分。正如伽达默尔所批评的那样,我们在满足真的"最精确的"可证实性的同时反而

① ﹝德﹞汉斯-格奥尔格·伽达默尔:《诠释学Ⅱ真理与方法》,洪汉鼎译,商务印书馆 2007 年版,第 626 页。
② ﹝德﹞黑格尔:《哲学史讲演录》(第一卷),贺麟、王太庆译,商务印书馆 1981 年版,第 29 页。
③ Michael Gelven, *Truth and Existence*: *A Philosophical Inquiry*, University Park, PA: Pennsylvania State University Press, 1990, p. 3.

"常常未能讲出真正重要的东西"。① 与之相比,所提出问题的启发性、观点的创造性及阐释的深刻性在人文学说真理性的评估上甚至比真具有更重的分量。此外,在生活世界的许多领域和方面,"单打一"的想法和做法也许显得方便、高效,可是不但行不通(不可为),并且可能是灾难性(不可欲)的(详见本书第四章第二节)。

其次,事实真理均是单义之真,其在具体内容与细节上可以是高度深刻和复杂的,但从意义维度上看有其单纯性,比如黑白分明,反之,意义问题是人文思考的核心问题,对其真谛的理解和把握因触及人之根本而无以孤立求真,排除党同伐异的非认知性因素,认识上力排众议、一锤定音的意义真理原则上可以说是不存在的。典出《论语·子路篇》的"子为父隐"近年来在国内学界引发了正反观点的激烈争执。② 卷入论争的邓、郭二氏及各自同道者皆欲求"一是"之真,用威廉斯(Bernard Williams)不无苦恼的批评来看,"道德哲学的讨论都不含左右为难的自我",冲突双方均寻求"令冲突的一方无效"的解决方式,③然而,正如赵汀阳曾经指出的那样,"真正的哲学永远陷在智慧的困惑中,永远缺乏知识的那种胜利"④。从思维方式的层面上看,论争双方共享类似的真理理解,也就是说,均以真知方式看待意义真理。

这场争论中双方攻防的直接焦点是"隐"之善恶,然而,回到原文,这段不长的对话中更关键的词其实是"直",孔子对叶公所说"吾党有直躬者,其父攘羊而子证之"的回应只是说"吾党之直者异于是"者即"父子互隐"。在此,孔子虽然从人情之直的角度为子为父隐进一解,却并没有否定叶公所说的"大义灭亲"亦为"直"的意思。问题是,此处叶公与孔子言

---

① 参见[德]汉斯-格奥尔格·伽达默尔《什么是真理》,载《诠释学 II 真理与方法》,洪汉鼎译,商务印书馆 2007 年版第 59 页。
② 参见郭齐勇主编《儒家伦理争鸣集:以"亲亲互隐"为中心》,湖北教育出版社 2004 年版;邓晓芒《儒家伦理新批判》,重庆大学出版社 2010 年版。
③ 参见[英]詹姆斯·伍德《小说机杼》,黄远帆译,江苏凤凰文艺出版社 2021 年版,第 151 页。
④ 赵汀阳:《一个或所有问题》,江西教育出版社 1998 年版,第 2 页。

下之直恰恰其义两歧:"其父攘羊,而子证之"之为"直躬"乃公共意义上不徇私情的"正直",而孔子所谓"子为父隐,直在其中"恰恰是人情之直。站在今天①的角度,公义与人情两歧之"直"间是否为"真",乃至何者为"真"? 在《论语》语境中所呈现的其实是远比"电车难题"之类思想实验真实的实际道德困境,在此,抽象言真其实是无效的,正因如此,它对我们思考与理解事实真理与意义真理、真知与真谛的分野有重要的学术价值。

如依单义参照"一义观之",不论是亲情还是公义皆有其理,但"两直相冲"背景下意义真理是否可能? 回答是肯定的! 一方面,我们对"亲亲相隐"者诚然可以有某种"同情的理解",法律上对亲人举证义务的容隐就表明了这一点,但同情不等于认同,从社会公义的角度看,对恶的隐瞒无论如何都违反了正义原则,不能想象直斥"乡愿,德之贼也"的孔子会"世故"到昧于疾恶如仇、大义灭亲之理,上述文本事实上也不支持这样的想象。在此,"亲亲相隐"与"官官相护"之间的区别并不像想象中那么大。相反,我们对直躬者"因义悖亲"之举却理应有更高的尊敬,不可轻易责之以不孝,甚而随意加诸"沽名钓誉"之类的轻浮联想。在此,福斯特(Rainer Forst)关于"伦理"与"道德"私人维度与公共维度之间关系的论述对我们有重要的启发。福斯特指出,在伦理责任和道德义务的冲突中,我们一方面要防止"对善过于僵化的、道德说教的解释",另一方面,亦要避免"有可能否认道德的绝对有效性",②"人情世故"与"天理良心"如能兼及诚然皆大欢喜,如无可能——通常如此——原则上"道德论据比伦理论据拥有更重的分量",③具有价值优先性。

---

① 微妙的是,孔子是否认他与叶公所说的"二直"之间有一最终之"真"? 依我对中国文化的相应理解(参见拙文《中国思想中"真理"之阙及其文化意义》,《清华大学学报》2021 年第 4 期,其基本内容见本章第三节),估计答案是否定的可能性更大。这似乎表明以知人论世为旨的中国哲学更多觉察到自然科学式命题真理之不可能乃至不可欲。
② 参见[德]莱纳·福斯特《辩护的权利》,刘曙辉译,上海人民出版社 2023 年版,第 83 页。
③ 参见[德]莱纳·福斯特《辩护的权利》,刘曙辉译,上海人民出版社 2023 年版,第 80 页。

　　黑格尔说得好，"知识里和哲学研究里教条主义的思想方法不是别的，只是这种见解：以为真理存在于表示某种确定结果的或可以直接予以认识的一个命题里……但这样的所谓真理，其性质与哲学真理的性质不同"①。问题的另一面是，意义真理虽不呈现出真假一边倒的面目从而不必党同伐异，却的确有真与更真（truer）的不同，②在眼下的例子里，就是**某种"直"与更高的"真"**。亲亲相隐几乎是人的本能反应，且不论被害一方的亲情何以安放，大义灭亲无疑是更为艰难的良知选择，就人性的崇高论，二者显然高下可判。在此，真值命题缺位并不代表认知上无原则的相对性与虚无主义，非狭义真理的场域并非无道理可讲的世界。不必为尊者讳，孔子以人情之直对举叶公所言直躬虽不必为谬，至少今天看来未免引喻失义。顺便指出，在文化的超越性层面上，中西文化存在较为明显的差异，中华儿女于胼手胝足于大地之际对伸手够不着的星空未免"掉以轻心"，在事实与意义（道义、原则）间③有畸轻畸重之弊，这在很大程度上限制了我们的文化的发展，譬如科学。④

　　再次，事实真理以意义之给定的单一性为前提，也就是说，意义清晰是事实呈现的基本条件，尔后才会有针对特定事实的有效的方法论程序以及确定的理论结论。人文真理以意义为本，在此"肯定不会有那种我

---

① ［德］黑格尔：《精神现象学》上卷，贺麟、王玖兴译，商务印书馆1979年版，第26页。

② 真作为形容词一般来说是没有比较级的，但truer的用法在现实中却的确存在。例如，在科林斯网上辞典（https://www.collinsdictionary.com/dictionary/english）和Quora网的页面上均有truer词条及实际用例，对真与真理的区别强调甚力的哥文在他的书中亦不止一处使用truer一词以阐述意义真理。（Michael Gelven, *What Happens to Us When We Think: Transformation and Reality*, Albany, NY: State University of New York Press, 2003, p.21, p.26.）

③ 匈牙利诗人裴多菲的诗句"生命诚可贵"脍炙人口，其要义在于强调精神价值对物质事实的超越性：就事实而言，死生最大，但就价值论，死生不如爱情，爱情不如自由，这里呈现的是肉体到灵魂再到精神的逐级升华。

④ 在这方面，"杞人忧天"是相当有趣的文化寓言。详见周建漳《中国思想中"真理"之阙及其文化意义》，《清华大学学报》（哲学社会科学版）2021年第4期。

们可以用概念的普遍性和知性的普遍性去加以辩解的真理和普遍性"①。
意义真理未基于科学程序的强制正确性，却并不缺乏明见性和思想有效
性，伽达默尔说，一旦意义呈现，"如果我们想知道我们究竟该相信什么，
那么我们简直可以说到达得太晚。"②意义真理的明见性当然不是感官知
觉层面上的直观性，甚至也不是一种单纯的认知状态，"明见性行为是理
性空间中的一个事件"③，在这一理性洞见中我们不但感受到理所当然的
正确性，并且在心灵中产生共鸣，柏拉图谈论理念时常常以"美"为例，因
为美的呈现恰恰是明证性的。

　　海德格尔指出，"随着思所达到的境地而启明的东西绝对无法证明，
也从不允许去证明"④，但并非"不言而喻"。仍以个体与社会何者为本为
例，如果我们问建立一个美好社会是为了什么，最终必定落脚在个体身
上，无论其具体内容是自由、平等还是幸福，反过来，我们不能问个体福
祉又是为了什么。为了建设一个美好社会？这将陷入循环，说不通。实
际上，个体福祉不为了什么，其本身就是目的——End，在此之上更无其
他目的。关于个体与社会何者具有最终本体地位的思考涉及理论与现
实的具体复杂思考，但基于"为了什么"的提问，我们直接在语言理解的
水平上就可以得出个体为本的思辨性结论，并且无可辩驳。这里似乎存
在着一种基于语言自身的道义逻辑，但思辨性力量与其说是抽象逻辑性
的，不如说来自一种内在的"逻各斯"，即语言（是否说得通）与理性（是否
有道理）的内在有机统一。意义洞明在不同层面、不同语境中有不同的
发生方式，这里我们所给出的只是意义真理的某种语言思辨版，在人生

---

① ［德］汉斯-格奥尔格·伽达默尔：《美的现实性》，张志扬译，生活·读书·新知三联书店
　　1991 年版，第 27 页。
② ［德］汉斯-格奥尔格·伽达默尔：《诠释学Ⅱ真理与方法》，洪汉鼎译，商务印书馆 2007 年版，
　　第 626 页。
③ ［美］罗伯特·索科拉夫斯基：《现象学导论》，高秉江、张建华译，武汉大学出版社 2009 年版，
　　第 161 页。
④ ［德］马丁·海德格尔：《什么召唤思？》，载《海德格尔选集》（下），孙周兴选编，上海三联书店
　　1996 年版，第 1210 页。

的某个时刻,在人生经验、艺术经验、历史经验等无数可能中,世界与人的某种意义维度于此显露,与之同步发生的则是整个人的成长与嬗变。明见性之根据首先在于我们关于"合理事物和公共福利"的"共通感",包括历史感、现实感、美感、道德感以及正义感,这本身是思想与语言"教化"的成就,具体表现为关于善恶美丑的"趣味"以及明辨是非、义理洞明的"机敏",①而这一切的最终基础与根据是存在维度上"我们之所是",即人性,"人生而平等"之为"不证自明"的真理正在于此。与此相联系,事实性科学真(理)的获取我们可以委托乃至依赖专家,而人文性意义理解之真却是每个人无可回避之事,需亲自"体知"。② 前者有助于我们"成事",后者令我们"成人"。

正是基于对事实真理内在机理及其片面性的深刻把握,海德格尔明确指出,"作为绝对认识的哲学之所以是科学,绝不是因为它力求使它的方法精确化,使它的结果变得具有强制性"③,"与之相反,一切精神科学,甚至一切关于生命的科学,恰恰为了保持严格性才必然成为非精确的科学。……历史学精神科学的非精确性并不是缺憾,而纯粹是对这种研究方式来说本质性的要求的实行。"④在以上分析与讨论的基础上,我们对海德格尔的这些论述当有更为真切的体会。事实真理的真值命题对于人文意义真理来说既太多,又太少。太多在于意义真理不满足逻辑上的真假截然二分从而认识鲁棒性的要求,因而不那么明快、不那么科学;太少在于命题真并不足以涵盖真理的全部意义,真理的充分条件不限于真,并且具足义理包括道义维度。"'巴黎在伦敦南边'是没错,但它的真

---

① 参见汉斯-格奥尔格·伽达默尔《真理与方法》一书中"人文主义的几个主导概念"。

② 陈立胜:《王阳明万物一体论:从"身体"的立场看》(修订版),北京燕山出版社 2018 年版,第 280—281 页。

③ [德]马丁·海德格尔:《林中路》,孙周兴译,上海译文出版社 1997 年版,第 133 页。

④ [德]马丁·海德格尔:《林中路》,孙周兴译,上海译文出版社 1997 年版,第 76 页。

却不会令我们得自由,也不会让苏格拉底之死变得崇高或值得与美比肩,更不足以与太一和至善等量齐观。"①

最后,两种真理的区别还可以有这样的比较:事实真理是单义明晰的,意义真理则是复义含蓄的,其表现方式可以是反讽乃至悖论性的;事实真理是独白性的,而意义真理则是对话性的;事实真理原则上可以在一个人手里,而意义真理事实上总是在多数人心里;事实真理在逻辑上是抽象普遍的,而意义真理则是具体此在的;事实真理与逻辑和感官经验有关,意义真理与阅历、体验相关;事实真理是严格方法程序的产物,意义真理则生成于生活和历史经验。与此相联系,事实的真可以是主体无涉的,其最终效用是外在工具性运用的结果,而意义领悟之真直指本心,是主体"参与"的内在切己之事。人文真理不像科学真理可以给人带来**实惠**,但并非"口头禅",其**受用处**在给人与世界带来存在处境与人生境界的实质性意义转变。

第二节　真理双核论

基于本书关于真理的通观性理解,我们在概念上区分 truth 之为"真"与"真理"的双重性,并从学理上论证与之相应的事实真理与意义真理的二元存在。然而,我们具有明显欧陆哲学色彩的二元真理观与从英美哲学真理观出发可能蕴涵的排他性真理一元论立场之间存在明确的理论张力。如果说我们在以上两节主要是从**真理本身的角度**出发论述了意义真理的含义,本节则是侧重从**真理观角度**论证意义真理的真理资格,为二元真理观辩护。两种真理可以形象地比喻为有两个焦点的椭圆,此即所谓"真理双核"论。

① Michael Gelven, *Truth and Existence* : *A Philosophical Inquiry*, University Park, PA: Pennsylvania State University Press ,1990, p. 4.

一、真理的"多"与"一"①

真理的"多"与"一"在表面数量关系背后涉及的是关于真理性质理解与界定的概念问题，落实到具体语境中，其要点是欧陆真理观所言说的非事实真理是否具足真理资格或者说允称真理，而其前提，当然就是前此我们所讨论的分别以事实与意义为定语的两种不同真理样式分庭抗礼的事实。当我们说两种不同真理样式的时候已然预设了二者的真理资格，而这恰恰是分歧所在：欧陆哲学在承认英美哲学所言（事实）真理的前提下主张真理多于"一"，而对持真理一元论立场的英美哲学家来说，欧陆哲学家关于（意义）真理的主张实属多余。是为关于真理的"多"与"一"的解释权之争。

说到这，前此一直暂且不表的关于真理二元论的概念问题现在再也不能存而不论。哲学上"二元论"是与"一元论"对立的形而上学立场，其中最著名的是笛卡尔关于实体的"身心二元论"观点。二元论强调两种东西或性质间互不统属且不可还原的独立性，比如物质的广延性与心灵的思维性就是这样。当我们说真理是二元的或者存在两种真理（样式）的时候，与"两种"（两面）相比，"二元"显然有更强的对立意味，也就是说，二元论与一元论似乎共享排他性，只不过二元论其实是在某种同一性背景下说的。比如，身、心统一于人，或者说都属于实体范畴，而一元论则彰显某种更为清纯决绝、目不斜视的姿态。因此，基于本书对通观性的强调，两面性或两种真理应该比二元的用语更为贴切，之所以仍然选用后者，主要是基于二元论似乎是理论上更专业从而更为上口的表达，而且，依照笔者的看法，"二元"抑或"两种"实质上也许并没有那么大的区别，更多是一种标示理论立场的语言姿态。因此，本书仍然用二元真理作为指代（事实与意义）两种真理的理论标签。事实上，美国哲学家

---

① 林奇论证其真理多元论立场的书中，有一本的书名就是 *Truth as One and Many*。

林奇将自己承认科学真理之外还有伦理、艺术真理的主张称之为真理多元论(pluralism)，多元论与多样性在此并无实质不同。

关于英美与欧陆真理观及其各自所言说对象的差异对双方来说都是不争的事实，以语言哲学真之理论来说，"通常谈到信念的内容或任何可归属 being true 的对象，都必须具备语句结构"[①]，这与诸如"真朋友"所指的意义之真(true being)显然扞格不入，也有学者明确提出，黑格尔和海德格尔所说的在语言形式上表现为真的定语用法(如"真朋友")作为真存在"更深刻"的真理与英美哲学家所理解的作为正确性命题的真理谓述句是"差异巨大"的"两个概念"，从而对前者究竟算不算得上是真理提出疑问。[②] 欧陆一方的海德格尔亦明确表示，"我们所说的真理与人们在这个名称下所了解的东西大相径庭"[③]。伽达默尔则对"那些不能用科学方法论手段加以证实的"[④]真理加以强调。

双方的不同在于，对于英美哲学通常持有的排他一元论观点，说"存在不同种类的真理其结果就是无真理"[⑤]。而海德格尔们强调在通常真理的认识论视野之外尚有存在论真理的兼容性二元论。

真理问题方法论一元论最有力的论据，是真理可以缩简为"真"的逻辑二值性品格，据此，真理是真的且必定可决出。这如果不说是依照科学真理量身打造也是与作为相关问题单义唯一正确答案的科学真理若合符节的，而这似乎恰恰是人文性意义真理的软肋。事实上，海德格尔的弟子图根哈特(Ernst Tugendhat)就批评仅仅将真理等同于去蔽而不

---

① 侯维之：《缩简主义真理理论》(2021)，载《华文哲学百科》，http://mephilosophy.ccu.edu.tw/entry.php? entry_name。

② Wolfgang Künne, *Conceptions of Truth*, Oxford：Clarendon Press，2003，p. 105.

③ 参见马丁·海德格尔《论真理的本质》，载《海德格尔选集》(上)，孙周兴译，上海三联书店1996年版，第302页。

④ [德]汉斯-格奥尔格·伽达默尔：《诠释学Ⅰ真理与方法》，洪汉鼎译，商务印书馆2007年版，第4页。

⑤ Friedrich Nietzsche，"Will to Power，" adopted from Michael P. Lynch, *Truth as One and Many*，New York：Oxford University Press，2009，p. 51.

考虑其正确性不足以称之为真理。① 的确,是否满足真假二值性逻辑条件是突显两种真理迥然有异的根本特征,因此,给定科学理论本身毋庸置疑的真理资格,只要能够证明真假二值性意义上的真是真理成立的必要条件,就可以将所有非科学的真理排除在外从而间接证成真理一元论。

以真为真理必要条件是一元论真理观排除竞争性真理观证成自身最有效的理论策略,问题是,除非能够证明这是真理的本质主义特征,否则,事实真理之外总是存在不同样式真理的可能性空间。事实上,真理一元论在直觉上最强有力的根据无非是具有二值性逻辑特征的事实真理的存在,但这充其量说明的是**至少有一种**真理满足真之为必要条件的逻辑前提,不足以说明这是**一切**真理必须满足的根本特征从而排除它样真理的可能性。在此必须立即澄清的是,在真假问题上意义真理与事实真理的区别只是严格性**程度**上的差别而非**性质上**真理与否的区别,换言之,非科学场域中的真理或许不具有真假截然二分的明快性与结论的强制性,却并非真假不分。人文学说理论并不缺乏必要的客观性、合理性,不同竞争性理论之间仍然存在可以被确认的是非(真假)界限。事实上,我们在上一节中的分析表明,造就真假截然二分局面的是参照单一性预设,因而是特定语言游戏的结果,而科学中对与错都是百分之百的,其实只是将五彩缤纷的世界处理为"黑白两色"的理论抽象的结果,这更多地与科学内含的实践性品格有关,而与实在无关。因此,人文学说包括哲学之所以没有"使它的方法精确化,使它的结果变得具有强制性"②,"恰恰为了保持严格性才必然成为非精确的科学。……[这]纯粹是对这种研究方式来说本质性的要求的实行。"③

---

① Ernst Tugendhat, "Heidegger's Idea of Truth," in Brice R. Wachterhauser (ed.), *Hermeneutics and Truth*, Evanston, IL: Northwestern University Press, 1994, p. 89, p. 91.

② [德]马丁·海德格尔:《林中路》,孙周兴译,上海译文出版社 1997 年版,第 133 页。

③ [德]马丁·海德格尔:《林中路》,孙周兴译,上海译文出版社 1997 年版,第 76 页。

　　在真理一元论直觉背后也许存在这样的本质主义迷思：诸如"金"或"水"是可以由单一性质如"原子序数 79，原子量 197"或化学结构"H_2O"一义确定，因此，真理似乎亦可依"真"一义确定。但是，首先，正如普特南曾以另一可能世界中的"水"也许并不具有地球上的水那样的两氢一氧的分子结构的思想实验对本质主义提出过挑战；其次，生物分类学上以例如"水生非哺乳动物"为鱼的某种本质规定性固然可以将"鲸"排除在外，但同样是鱼，其中其实存在种种差异，以至于海鱼和淡水鱼在对方水域中甚至无法存活，由此反观真理，是否逻辑上严格为真于真理似乎也未必如骤观之下那么致命。或曰，真在日常语言中固然有不止于真假的含义，但是，这些不同含义从严格学术角度来说是否均可以被视为真假的真，或者真假、真朋友乃至真知、真谛中的真是同音同形异义字？应该说，语言中的确存在同音同形却不同义的情况，比如，牙痛、胃痛跟心痛是不一样的，前者不管发生在什么部位，都是神经（传导）性的疼，而心痛则是精神性的不适，后者只是将肉体不适延伸到精神的说法，但是，真假与真朋友一类的真显然只是广义上不同类型的真，如同牙痛、头痛是不同部位的痛，而非头痛与心痛是痛与非痛的区别，后者属于异类同词、"引喻失义"的用法。

　　真理非实体，不具有自然物天然的外部可分辨特征，也不存在诸如金或水这样的单质物体可依原子量或分子结构这样的赖以确定其成员资格的单一本质规定性，其本质皆为归纳性与约定性的，而这些约定是在既有语言脉络中历史地形成的。从这一角度看问题，"真"不论在中文中还是在西文中，除与真假相应的"正确"义外，"实在""正当"两大基本义项的存在是对真理多元论有利的语言理据。也就是说，将从某一点上看似乎风格迥异的两类存在统一置于真理名下是我们的自然语言语感所允许乃至所要求的。从名实关系上看，真理在不同语境如英美与欧陆哲学中指的的确不是一模一样的东西，换言之，"真理"之为词实有不同含义，但必须指明的是，这一不同既非最极端意义上的真、假两义，亦非真与美、善等等不同含义之别，仍然处在广义真理家族的语言族谱中，自然语言中真与真理的实际使用是最基本的理据。

自然语言中"并行不悖"的"真"与"真理"之所以引发理论上的是非，直觉上可辩护的理由是学术概念不同于日常语词的严格性要求，上文我们对此已作了辨析。进一层看，其实，正如一位探讨社会学领域中"理论"一词含义的国外学者所说，"语义困境在很大程度上是一个政治问题。""因为'理论'没有一个真正客观的指涉对象。因此，一个人应该如何使用'理论'这个词，在很大程度上是一个政治性的或基于实践理性的问题。"①这一观点完全适用于"真理"。关于真理概念资格的学术内部争夺属于本书后文（第四章第二节"真之语用"）讨论的真理的"叫真"语言游戏的一个特例，其与一般叫真语用的区别是，这是学术内部关于真理概念本身真之资格而非某种思想真理性之争。其政治性在于排他性思想乃至学术制高点的争夺，因而其中内含话语权力（威）的诉求，而一元论作为排他性语言策略具足党同伐异的权力效应。考虑到特定真理的严格可断真性是单义参照这一语言游戏逻辑规则的结果，一元论真理观理论上的不恰当性在于，这种一元性本质上是自我设限前提下自我逻辑证成的。总之，严格可断真的真理事实上仅见于有限、特定科学命题中，因此，如果坚持唯此方为真理的唯一可能，由此推出的只能是人文学说中没有真理的否定性结论，而这显然是不能接受的：**谁能因为不满足"真值"条件就否认人文言说的真理资格？**

二、真理多样性的统一

在以上主要是论辩性的为真理的多样性或者说二元论辩护的基础上，在此我们进而正面考虑关于真理的兼容性理论构想。

---

① 参见［英］布雷尔・阿本德（Gabrel Abend）《"理论"的含义》，见微信公众号"密涅瓦 Minerva"推送的郑作彧译文；参见 Gabrel Abend ，"The Meaning of 'Theory'，"in *Sociological Theory*，2008(26)，p. 2。

在欧陆哲学方面,海德格尔基于对以符合论为代表的命题真理与他所主张的意义解蔽真理的比较提出的真理观大致可以概括为"分层模式",即以后者为真理的形上本体层面,将前者视为立足后者基础上的认识论展开。在此,"正确性的真理依赖于显露的真理……当命题性断言与直接的展现一致,它就被去掉引号。"①

在真理观整体构想上着墨较多的是雅斯贝尔斯。依照他的观点,真理在"一般意识(实存)""精神""生存"三个层次上表现出"含义的多样性","当我们是一般意识的时候我们思维那种必然正确的东西,当我们是实存的时候我们思考那种有利有害的东西,当我们是精神的时候我们思维那种构成整体的东西"。② 关于"精神的真理"他明确指出,"如果这类东西跟观念的整体配应得上并且从而证明那些观念是真的,那就是真理了"③。与海德格尔一样,在真理三层次中雅斯贝尔斯所属意的当然是"生存真理",此一真理是如此终极与根本,"它不能既认知自己而同时又是被认知的东西","生存的真理是在信仰中体验到的真理"④。雅斯贝尔斯于"真理含义的多样性"中思考"一个真理的问题",他认为,在上述真理的多重来源中,"单独把一种真理意义孤立出来,真理就不能继续是真理"⑤。"在这个点上,宽广的前景是可能的,而直接的答案——唯一真理的追求愈是迫切——则变成不可能"⑥。"换句话说,各种来自其他起源

---

① [美]罗伯特·索科拉夫斯基:《现象学导论》,高秉江、张建华译,武汉大学出版社2009年版,第157页。

② [德]卡尔·西奥多·雅斯贝尔斯:《生存哲学》,王玖兴译,上海译文出版社2005年版,第26页。

③ [德]卡尔·西奥多·雅斯贝尔斯:《生存哲学》,王玖兴译,上海译文出版社2005年版,第27页。

④ [德]卡尔·西奥多·雅斯贝尔斯:《生存哲学》,王玖兴译,上海译文出版社2005年版,第26、27页。

⑤ [德]卡尔·西奥多·雅斯贝尔斯:《生存哲学》,王玖兴译,上海译文出版社2005年版,第31页。另,原译文为"孤立起来","出来"是笔者的改动。

⑥ [德]卡尔·西奥多·雅斯贝尔斯:《生存哲学》,王玖兴译,上海译文出版社2005年版,第31页。

的真理,只有从生存的真理那里才会提取其纯洁性"①。

值得注意的是,兼具分析哲学素养和欧陆哲学视野的当代德国哲学家科赫给出的包括真理的实在论、实用论和现象论的"三重结构论"。科赫指出,当我们提出真理要求的时候,我们预设了所指涉事物的客观性,这构成真理概念的形上实在论方面;同时,我们也将事物在认识上的可通达性当作基本预设,这是真理的认识论层面;此外是所谓真理向我们呈现的现象性层面。② 根据实在论,事态的存在或非存在是不依赖我们关于它的意见的,此中蕴涵着判断的可错性,这进而引申为真理逻辑上的二值性,即认识和判断应该是真的,但可能是假的。真理实在论推至极端将导致真理被隔离在主体之外的荒谬,在这方面,真理的认识论是对实在论的必要补充,它强调真理在认识上是可通达的。认识上的可通达性进一步引出真理的"现象性"与"实用主义"两个方面。就现象性层面说,事物在知觉中向我们呈现自身,而"根据实用主义的真理观,'真的'就意味着'信之为上'(gut zu glauben):真的,就是好用的、有益的"③。

科赫关于真理三层次的整体结构性理解将本体论、逻辑学和认识论交汇在一起,同时将英美与欧陆真理观的主要观点如符合论、实用主义、语义论与现象学均涵盖在内,他强调,"真理是由三个同等原初的、本质上相互依存的层面所组成的结构整体,而一个成功的真理理论必须让这三个层面在同等程度上都得到公平的对待"④。

在英美哲学内部,林奇以及絮尔、赖特(Crispin Wright)等人明确在概念层面上对真理的"一"与"多"展开反思,他/她的问题意识主要是如

---

① [德]卡尔·西奥多·雅斯贝尔斯:《生存哲学》,王玖兴译,上海译文出版社 2005 年版,第26 页。

② 参见 [德]安东·科赫《真理、时间与自由:一个哲学理论的导论》,陈勇、梁赤斌译,人民出版社 2016 年版,第 10 页。

③ A. F. 科赫:《论真理的结构及其在哲学各主题之关联中的位置》,《哲学研究》2018 年第 4 期。

④ A. F. 科赫:《论真理的结构及其在哲学各主题之关联中的位置》,《哲学研究》2018 年第 4 期。

何正视和理解物理、伦理乃至数学、法律等领域形态迥异的不同真理的多样性存在,同时论证其真理统一性,一元论者不承认多元(样)性,因而只存在单一性,不存在统一性问题,而多元论必须论证统一性,才能捍卫多样性。

与语义真理论关于真理的准人工语言处理不同,真理多元论者往往诉诸自然语言理解。林奇提出日常理解中关于真理的常理(truism),他表示,"真理内在于信念的**不同**属性中;而我们关于真理的日常概念是单一的"①。按照他的概括,人们的日常真理观念中大致包括"客观性"(与实在的联系)、"规范性"(相信它是正确的)和作为"探索的终点"(认知收敛性)等这样一些公认的要素,②根据这一理解,在任何领域和任何主题中,凡是在认知上满足上述客观性等一组常项的命题或信念都实现真的功能从而是"真"的,而不论是"符合"或"彻底可确定性"都不单独构成真理的终极、绝对本质。在林奇的多样真理观背后不难觉察出他对自然语言中"真"的不同用法兼收并蓄的信任,由此可见哲学与自然语言理解间的内在关联。

林奇上述关于真理多样性统一的论证思路属于真之"(多样)要素论",在这一进路中,佩德森(Pedersen)与赖特持有比林奇所认为的各种真之间有某些可合取的"核心性质"更为宽松的"析取论"(alethic disjunctivism)的观点,主张只要具足林奇所列出的真的常理元素中的任一性质即确定命题为真。有人将真理与博弈相类比,各种竞技项目胜负及其判定的方式各有不同,围棋以"空"多为胜,象棋以将死对方老帅为胜,但胜负博弈是双方的共同本质。这其实是在真理多样性前提下希望由令真之为真成立的条件入手寻求其同一性。

"要素论"之外,林奇试图以在认知中所扮演的角色或者说所具有的

---

① Michael P. Lynch, *Truth as One and Many*, New York: Oxford University Press, 2009, p. 6.
② Michael P. Lynch, *Truth as One and Many*, New York: Oxford University Press, 2009, pp. 8 - 12.

功能为基点给出关于真理概念的统一界定,在真即特定认知功能的实现的意义上,其真理论为"功能一元论"。依照这一观点,凡满足上述"客观性"等认知功能的命题皆为真,可是,在不同领域(如物理、伦理或法律领域)中,真理特定功能的实现方式是各不相同的,对物理学理论来说,真理依认知与独立于认知之外的实在的符合关系而确立,而在伦理和法律领域,真理不是由独立于心灵的实体的关系确定的,而是依个案与法律条文、前此判例的融贯确定。

林奇希望用功能一元论保证真理概念的统一性,同时以功能实现从而成真方式的多样性解释其关于不同领域中各种真理存在的直觉,但不论对赖特还是林奇来说,"令命题为真的性质在不同领域或不同主题中是不一样的"[1],这令他们容易面对这样的质疑,这些不同的性质是否都指向真,换言之,真在此似乎是存在歧义的。大卫(Marian David)认为,林奇意向中的真的核心性质"没有一个"是真正超出"局部性"的统一真理性质。[2] 有鉴于此,絮尔认为,真理的本质须在思想与外部世界的关系中得以确立,这种关系的实质在她看来就是"符合"。但传统符合论为针对观念与实在一一对应的关系,所以难以对数学真理给出满意的解释。因为数学名称不像物质名词,在世界中找不到与之对应的实体对象。为应对传统符合论遇到的挑战,同时解释物理、数学和伦理学中多重真理样式存在的事实,她提出"复合的符合论",区分符合的"直接"和"间接"方式。具体来说,数学不是研究实体而是研究形式的科学,在数学法则与实际形式法则相对应的意义上,数学真理是一种符合。在以特定数学语言为前提和中介的"理由空间"中,数学真理间接和复杂地得以证成。同理,"伦理判断由这样的性质使之为真,即它是出自认知规范

---

[1] Nikolaj J. L . L. Pedersen and Cory D. Wright (eds.), *Truth and Pluralism：Current Debates*, Oxford：Oxford University Press, 2013, p. 2.

[2] Nikolaj J. L . L. Pedersen and Cory D. Wright (eds.), *Truth and Pluralism：Current Debates*, Oxford：Oxford University Press, 2013, p. 6.

的建构"①。

　　和人文学科探究中的一切问题一样,任何观点都有其对立面,且并不存在"氧气说"战胜"燃素说"、"日心说"对"地心说"那样压倒性胜出的局面,黑格尔试图以精神发展历史性的"正反合"三段式处理"真理只有一个"和"真理是发展的"辩证关系,②但他关于一切"哲学的分歧"最终将归诸绝对精神的历史与逻辑统一的方案显然并不成功,其中可以为我们继承的是其试图将各种相互冲突的学说兼收并蓄的通观视野与通达见地。

　　笔者认为,本书概括为"事实真理"与"意义真理"的科学、人文真理具有显著的二元性,但终究是"肝胆"③相照的友邻,不必是不相往来的寡头乃至争霸双方,如"楚越"。就此而论,维特根斯坦所谓的"家族相似"是理解两种真理关系的恰当概念。在维特根斯坦看来,某些事物被视为同一家族的成员,"根本不是因为这些现象有一个共同点而用同一个词来称谓所有这些现象",而是因为"它们通过很多不同的方式具有亲缘关系",④比如甲与乙眉眼相似,而乙和丙都是"招风耳",等等。不过,"这样相似下去,天下所有现象岂不都要收进同一家族⑤,如庄子所说"万物皆一"? 其实这是对他的误解。"家族相似性"概念的要点不在于"相似性"而在于"家族性",⑥维特根斯坦说的是,哪怕同一家族

---

① Michael P. Lynch, *Truth as One and Many*, New York: Oxford University Press, 2009, p. 164.

② 参见黑格尔《哲学史讲演录》(第一卷),贺麟、王太庆译,商务印书馆 1981 年版,第 24—25 页。

③ 《庄子·德充符》中说,"自其异者视之,肝胆楚越,自其同者视之,万物皆一"。后半句的"齐物"之论未免有大而化之的相对主义之嫌,但前半句所说本来的近邻(相照)也可以被当成敌对双方(楚越)却是实情。

④ 参见[英]维特根斯坦《哲学研究》,陈嘉映译,上海人民出版社 2001 年版,第 48 页。

⑤ 陈嘉映:《语言哲学》,北京大学出版社 2003 年版,第 194 页。

⑥ 以家族为说在今天其实并不成立,由于生命科学的发展,家族同一性在外在相貌特征之下内在基因水平上是具有唯一可确定性的,不过,撇开维特根斯坦"家族相似"观点在事实层面上过时失效,其所表达的意思在特定语境如"游戏"的理解原则上仍然成立。

的成员也不共享"同一性",只有"相似性",以此论证其反本质主义观点,而并不是说相似性决定家族性,在此,维特根斯坦当年并不知道的基因恰恰是"家族性"的根据。当维特根斯坦以"游戏"为例试图说明诸如棋类、牌类和球类游戏之间并不存在令其同时满足的共同充要条件时,并不否认已经接受了日常语言并称之为游戏的合法性,只是强调这并不是以某一特定游戏为标准来界定游戏。同理,"真理"和"游戏"一样是复义概念,其概念上的统一性应在"家族相似性"而非充要条件集的意义上来理解和把握:二元真理——如果有合理根据的话——乃至更多的真理之间虽不共享某一特定本质规定性(比如"真"),但并不妨碍其各自的真理资格。

在某种层面上(比如是否满足真假二值性)泾渭分明的科学真知与人文意义解蔽之所以同属真理的根本理由是"究其根本来说,真理要求就是知识诉求"[①],就此而论,如果意义解蔽与理解不算真理那算什么,美还是善?[②] 就真理归根结底是人类的认知成就而言,两种真理"种类不同,致知则一"(diverse in kind,cognitively unified),[③]均属理性之明,虽然具体而言二者之间可以区分为事理之明与义理之明,或者在方法论层次上"分"而"明"之的"分明"与义理通透之明的"透明"。[④] 如果说科学真理是照亮外部世界的理性之明,那么,意义真理在与科学不同的场域中同样具有澄明存在与直见人心的明见性,"一旦其通过语言或某种境遇被唤起",用刘瑜美妙的说法,就像有"一盏灯把本来就是我们心底里的

---

① [德]安东·科赫:《真理、时间与自由:一个哲学理论的导论》,陈勇、梁赤斌译,人民出版社2016年版,第15页。
② 作为人文真理,无蔽的确与美和善都有某种关系,但其本身既非美亦非善。
③ Michael P. Lynch, *Truth as One and Many*, New York: Oxford University Press, 2009, p. 3.
④ 卢春红:《同时性与"你":伽达默尔理解问题研究》,中国社会科学出版社2014年版,第18、19页。

东西给照亮"①。在直观明见性方面,我们在无蔽真理中与被美击中一样,人在"那一刻突然对某个真理获得了认知的完全与通透"②。科学之真的可断言性是以意义单一为代价的,人文真理虽缺乏明断性,却富于意义,二者各擅胜场,不可偏废。按伽达默尔的说法,科学真理与人文真理"各为理性的半圆",二者共同构成理解的整圆。③

顺便指出,在关于真理的一元论与多/二元论的学理分歧背后似乎存在着某种微妙的名分之争或资格鄙视链,其实,哲学家即使出于自身本位主义的考虑也是最有理由对科学真理一极独大的观念持审慎保留态度的人,平心而论,在"文无第一"的哲学中何尝决出过无可争议的真理性结论?仅就结论确定性而论,两种真理都有广义、狭义之分,从而甚至不妨分别名之为真理和道理。④ 真理是硬道理,道理是软真理,但这并不是某种高低贵贱之分,因为,就思之形上性与契入人存在的深刻性论,无蔽之真其实较知识之真更根本。总之,事实之真与意义之真"核二"为"一(椭圆)",同属一个真理家族,"两种内核,一个真理"是我们关于两种真理的最终定位。

第三节 真理:中西文化的双向格义

理论外部的他者视角相对于内部自我视角常常有"他山"之利,在这方面,王路关于 truth 中译及理解的讨论提供了一个由西及中的个例,相反,美国汉学家陈汉生在他 1985 年的文章《中国语言、中国哲学与"真

---

① 参见刘瑜在"看理想"App 上的"可能性的艺术:比较政治学 30 讲"之 22:《韩国电影中的革命:观念的水位与制度的变迁》。
② [法]夏尔·佩潘:《当美拯救我们》,唐铎译,南海出版社 2015 年版,第 23 页。
③ 参见[德]汉斯-格奥尔格·伽达默尔《科学时代的理性》,薛华等译,国际文化出版公司 1988 年版,"作者自序"第 2 页。
④ 参见王庆节《真理、道理与思想解放》,《哲学分析》2010 年第 1 期。

理"》中提出来的"古代中国哲学家根本就没有真理(truth)概念"①为我们提供了一个由中及西反向格义的机会。

虽然陈汉生命题与李约瑟问题相比总体上可以说是默默无闻,②但这无碍于他提出的是一个有关中国传统哲学与文化理解中同样事关宏旨的问题。笔者曾经撰文详细讨论陈汉生问题(以下简称"陈论"),③在此我们关注的是,围绕陈论提出的真理概念在中西思想中的"有无之辩",不但获得聚焦真理概念的"他山"视角,更由此获得一个洞悉真理与生活世界关系的有利角度,因此,一方面,正如麦克劳(Alexus McLeod)所说,"除非我们在跨哲学传统上理解了真理,我们就不会有一个充分普适和基本共享的真理概念"④。另一方面,本节正好构成由"何为真理"向"真理何为"乃至"为何真理"转换的中间环节。

一、陈汉生命题

陈汉生是第一个明确提出和着力阐发古代中国哲学中无真理概念命

---

① Chad Hansen,"Chinese Language, Chinese Philosophy, and 'Truth',"in *Journal of Asian Studies*, Vol. 44, No 3, p. 491.

② 英文方面,笔者所看到的主要是陈文发表三十年前后出版的若干对陈论持不同意见的论著〔Bo Mou(ed.), *Davidson's Philosophy and Chinese Philosophy: Constructive Engagement*, Leiden: Brill, 2006; Alexus McLeod, *Theories of Truth in Chinese Philosophy: A Comparative Approach*, Rowman & Littlefield, 2016; Lajos Brons, "Recognizing 'Truth',"in *Chinese Philosophy*, Logos & Episteme, VII, 2016(3), pp. 273 - 286〕,这也许反映了当时陈汉生的论断在西方汉学界并不是一个存在争议的问题。汉语学术界方面,中国大陆地区直接论及陈论的文字目前笔者只看到一篇(2006 年)对陈汉生观点作正面引述的文章,这应该与陈文发表时英文在中国大陆地区中国哲学研究者中并未普遍成为工作语言有关,倒是台湾学者方万全有一文及大陆访美学者李晨阳有书中一章文字与陈文商榷,海外中国学者牟博 2006 年以来发表的为中国哲学真理概念辩护的英文论著是这方面的最新成果。另外,近日读到两篇持中国哲学有真理观点的论辩文章,作者对陈汉生的论文似乎并不知情。大陆学者杨国荣有一篇阐述中国哲学真理观的长文,据笔者面询,亦与陈文无关。

③ 周建漳:《中国思想中"真理"之阙及其文化意义》,《清华大学学报》2021 年第 4 期。

④ Alexus Mcleod, *Theories of Truth in Chinese Philosophy: A Comparative Approach*, London, UK: Rowman & Littlefield, 2016, pp. ix - x.

题的学者,他的观点在一定程度上代表了一代西方学者的理论共识,①如陈汉生在文章中明确引证的他的老师孟旦的观点。②

陈论大体包含事实确认与理论解释两大环节。关于真理概念最醒目的语言事实是,虽然先秦汉语中已有"真"这个字,但它却并非今天真(假)意义上真的本字,这一点,实际上早在 1945 年已被一位治中国语言与文学的学者吴世昌拈出:"中国文化史上有一件平凡的事实,说出来大家也许要惊诧……六经中没有'真理'的'真'字!说文给'真'字所下的定义是:'仙人变形而登天也。'连先秦诸子所谓'真',也没有真理的观念。"③

陈汉生关于古代中国思想中"真理"概念缺失的语言解释,是将"真"与系词"是"在汉语中的缺失这一事实联系起来,这表明他明确的西方语言哲学背景,从而他所谓真理的确切所指,乃是具有逻辑二值性品格从而可断言的真。针对人们提出汉语中表示真理意思的"名/实""是/非"词及"然""可"这样的语言用法,陈汉生对古籍中包含上述语词和用法的例句一一加以分析与辩驳,指出它们实际上所表示的往往是对语句意思或行为的认可与赞许,并非着眼于语义上的真假。

陈汉生的论点虽然由语言入手,但他在中国古代思想"真理"缺失问题上并不持语言决定论的观点。④ 陈汉生说得明白:"问题不在于汉语哲

---

① A. C. Graham, *Disputers of the Tao*: *Philosophical Argument in Ancient China*, La Salle, IL: Open Court, 1989, p. 3;[美]郝大维、[美]安乐哲《汉哲学思维的文化探源》,施忠连译,江苏人民出版社 1999 年版,"第二篇 '真理':文化对比的典型论题";于连:《圣人无意》,闫素伟译,商务印书馆 2004 年版,第 86—115 页,"是否以真理为目标?"。

② Chad Hansen, "Chinese Language, Chinese Philosophy, and 'Truth'," in *Journal of Asian Studies*, Vol. 44, No. 3, p. 491;另见孟旦《早期中国"人"的观念》,丁栋、张兴东译,北京大学出版社 2009 年版,第 58 页。

③ 《吴世昌全集》第 12 册,河北教育出版社 2003 年版,第 49 页。

④ Chad Hansen, "Chinese Language, Chinese Philosophy, and 'Truth'", in *Journal of Asian Studies*, Vol. 44, No. 3, p. 504.

学中什么可能或不可能说,而在于事实上说了没有"。① 陈汉生断言,今天将"是/非""名/实"这些词和"然""可"这样的用法"译成'真'虽然在语文上是可行的,但实质上则往往在中国哲学的总体特征上误导读者"②。正是后者对为什么中国语文中"真"之缺失给出了理论上为什么的解释。

秉持维特根斯坦关于"语言特性与哲学信念因果关联"的观点,③陈汉生看到,语言上"真"之有无的要害,是它是否在传统中国文化的"思想议程"中,其根本理论见解是:"如果关于语言的理论是实用主义的,形而上学、知识论及身-心理论又是被关于语言的这一态度所驱动,那么,就不会有真理概念的位置。"④借用亚里士多德的"四因说",在"真理"问题上,汉语思维所缺乏的未必是言"真"的语言"质料因"而是"动力因"。由这一角度切入问题,问题的症结是,由于实用理性的传统,中国人在日常和哲学思考中的确不像西方人那样"持续不断地提出真的诉求"⑤,"中国哲人在关于自身工作的理论思考中用的不是'真这个概念'"⑥。对此,中国学者杨适有相同的看法,他指出,西方哲学自古希腊始"最突出的特点是求真",而中国原创文化智慧对"真"并不认真,因而并无专门探讨。⑦

值得注意的是,郝大维、安乐哲在《汉哲学思维的文化探源》中用三章的篇幅专门讨论"'真理':文化对比的典型论题"。他们在与陈汉生一致的立场上对中国哲学中的真理问题作了更为详尽的探讨。他们从与

---

① Chad Hansen,"Chinese Language, Chinese Philosophy, and 'Truth'",in *Journal of Asian Studies*, Vol. 44, No. 3,pp. 492 - 493.

② Chad Hansen, "Chinese Language, Chinese Philosophy, and 'Truth'", in *Journal of Asian Studies*, Vol. 44, No. 3, p. 494.

③ Chad Hansen,"Chinese Language, Chinese Philosophy, and 'Truth'", in *Journal of Asian Studies*, Vol. 44, No. 3, p. 493.

④ Chad Hansen,"Chinese Language, Chinese Philosophy, and 'Truth'", in *Journal of Asian Studies*, Vol. 44, No. 3, p. 493.

⑤ A. F. 科赫:《论真理的结构及其在哲学各主题之关联中的位置》,谢裕伟译,《哲学研究》2018 年第 4 期。

⑥ Chad Hansen"Chinese Language, Chinese Philosophy, and 'Truth'", in *Journal of Asian Studies*, Vol. 44, No. 3, p. 491.

⑦ 参见杨适《古希腊哲学探本》,商务印书馆 2003 年版,第 6、7 页。

"逻辑和修辞学""背道而驰"的角度,强调逻辑作为思维工具与命题真假的探讨和论证的内在的关系"对于语义论真理观是必须的"①,认为中国人强调合乎伦理道德要求的叙事优先于逻辑推理影响了将问题提高到真假的思辨和理论层面,从而成为影响中国思想形成西方式真理思考的重要因素。其实,逻辑意识的匮乏与实用理性共同指向抽象理论思维传统不彰,联系到本书"绪论"第一节关于西方哲学求真观念的考察,西方思想表现为"纯粹求真""求纯粹的真",而为真理而真理的理论精神在中国思想中的缺失与"真理"一词长期没有进入中国哲学的基本范畴直接相关。

总之,陈汉生等学者从中国思想中"真理"语词的缺失入手给出的语言、逻辑与文化(实用取向)解释有理有据,这里有两点需要加以澄清与讨论。

第一,陈汉生以及与他持相同观点的学者在谈论"真理概念"的时候基本上是依赖其关于西方文化中主流真理概念的普遍直觉理解,而没有对真理本身做进一步的分析论证,分析表明,他们不是在一般意义上谈真理,而是在英美哲学主流语境中谈论特定的真理概念

基于"真理"在当今思想中的显著在场,陈汉生的理论在未加分辨的情况下往往让人感到"唐突"②和难以置信。麦克留说:"真理是如此基本的一个概念,如果我们要保持其基本的重要性,我们就应该将之视为哲学围绕它而展开的人类基本概念。"③方万全在与陈汉生的商榷文章中依据戴维森的"语义真理论"推出"一个人若要具有思想则必须具有真理概念",说中国哲学家没有真理概念等于说"他们不可能有思想,更遑论成

---

① 〔美〕郝大维、〔美〕安乐哲:《汉哲学思维的文化探源》,施忠连译,江苏人民出版社1999年版,第142页。

② 〔美〕郝大维、〔美〕安乐哲:《汉哲学思维的文化探源》,施忠连译,江苏人民出版社1999年版,第105页。

③ Alexus McLeod, *Theories of Truth in Chinese Philosophy*: *A Comparative Approach*, London, UK: Rowman & Littlefield, 2016, p. x.

为哲学家"这样的归谬式结论。① 其实,诚如陈汉生所说,"对中国人(哲学家和百姓)来说,信条之真当然兹事体大,中国人在命题上也理所当然地要去伪存真"②。他们在这里显然有将意识中的"真(假)观念"与理论上的"真理"追求混为一谈之嫌,麦克留将"真理"概念理解为"不论言明与否"③的说法就是明证。

考虑到在西方哲学中真理存在着英美和欧陆两大谱系,在此必须明确指出的是,当陈汉生说中国古代哲学缺乏真理概念时,其确切所指是依英美哲学语境下的"真理"立论的。指出这一点在这里可以说特别有意义,因为在涉及陈论不多的讨论文字中,李晨阳恰恰是依《中庸》中的核心概念"诚"与海德格尔真理论述的实质会通为中国哲学的真理理论辩护的④。李晨阳的著作学术功底扎实,论证翔实,但并不构成对陈汉生观点的实质反驳。正如他在文中坦承的那样,海德格尔的"解蔽"真理"并非典型的西方真理论"。⑤ 顺便指出,法国学者于连认为,哲学不必非得锚定在真理上不可,并因此强调中国"智慧"高于西方"哲学"的价值,但他同时也坦承中国人"从来就没有确立过什么是真理"⑥,不同立场的

---

① 方万全:《真理概念与先秦哲学:与陈汉生先生商榷》,《南京大学学报》2006 年第 2 期,第 91 页。

② Chad Hansen, "Chinese Language, Chinese Philosophy, and 'Truth'," in *Journal of Asian Studies*, Vol. 44, No. 3, p. 491.

③ Alexus McLeod, *Theories of Truth in Chinese Philosophy: A Comparative Approach*, London: Rowman & Littlefield, 2016, p. x.

④ 李晨阳在所著《道与西方的相遇:中西比较哲学重要问题研究》(中文增订版)"第二章 真理论:作为存在的真与作为命题的真"中(中国人民大学出版社 2005 年版,第 43 页)将海德格尔作为"无蔽"的真理与《中庸》中的"诚"相对接,提出了值得重视的哲学见解。值得注意的是,李晨阳并不讳言若论西方经典意义上"作为命题的真"则其在中国哲学中至少是"被边缘化的",或者不如径直说这样的真理概念在中国哲学中乏善可陈,而这一意义上的"真"或"真理"恰恰是陈汉生(包括本书)的言下之意。因此,李晨阳的观点与本书不但并无冲突,且不谋而合。将海德格尔作为"无蔽"的真理与《中庸》中的"诚"相对接,提出了值得重视的哲学见解。

⑤ 参见李晨阳《道与西方的相遇:中西比较哲学重要问题研究》(中文增订版),中国人民大学出版社 2005 年版,第 3 页。

⑥ 于连:《圣人无意》,闫素伟译,商务印书馆 2004 年版,第 83 页。

学者在这一点上可谓殊途同归。

第二，如果说陈汉生对"真理"概念未加明确限定，其对"古代中国哲学"中无"真理"一词的历史断代则限定在汉代之前，理由是，佛教于汉代传入后，作为梵文"*Pāramārthika*"（胜义、真谛）的中译，中文在字面上有了"真理"一词。但是，且不说"胜义"与"truth"是否同义，字词与概念毕竟还不是一回事，史料表明，17世纪后"真理"一词在日本逐渐于世俗意义上使用，西周在1870年开讲《百学连环》时就将"truth"译为"真理"。有趣的是，严复在翻译《天演论》时往往避开直接用真理一词，而是代之以"事理之真实"或"道理之真"。① 另据金观涛的研究，近代国内公共言论中有一个由倾向于用原本具有道义色彩的"天理""公理"到具有科学、逻辑含义的"真理"的曲折格义过程。② 因此，在今天我们所使用的意义上，**"真理"作为"Truth"的中文译名与汉语世界正式结缘应晚至近代**。

出于严谨或者说"免（遭）责（难）"的考虑，陈汉生在此无意中陷入他一再避嫌的"语言学决定论"，在此，陈汉生"小处着手"的语词分析与其"大处着眼"的理论判断之间存在明显的思想断裂。因为，按照陈文所论，中国古代哲学"真理"之有无根本上是由文化上的实用理性倾向决定的，因此，如果没有证据表明中国传统哲学的思想品格在汉代由于某种原因发生了某种脱胎换骨的范式性变更，那么，将作为哲学概念的真理缺失的界限限定于此既在理论上无根据，实际上亦得不偿失，它大大削减了陈汉生理论的意义。我们注意到，郝大维、安乐哲在《汉哲学思维的文化探源》"第二篇　真理：文化对比的典型论题"中就没有呼应陈汉生的时间限定。③ 基于对中国哲学思想范式与文化品格的整体判断，本书

---

① 龚颖：《"哲学"、"真理"、"权利"在日本的定译及其他》，《哲学译丛》2001年第3期。
② 参见金观涛、刘青峰《"天理"、"公理"和"真理"：中国文化合理性论证以及正当性标准的思想史研究》，载《观念史研究》，法律出版社2009年版。
③ 参见［美］郝大维、［美］安乐哲《汉哲学思维的文化探源》，施忠连译，江苏人民出版社1999年版。

欲将陈汉生的理论再推进一步,认为**"真理"之阙是对于整个中国传统哲学乃至文化具有全局性意义的理论事实**。

二、"道"与"真"

"求道"(Dao Pursuit)或"求真"(Truth Pursuit)是学界公认的关于中西方哲学总体目标与思想品格的基本定性。对西方人来说,"哲学就是关于真理的认识"[①]。在中国哲学方面,诸子百家虽"道术为天下裂",而横跨儒、道、法、墨诸家的统一概念唯有"道",因此,李申以《道与气的哲学》为全部中国哲学的理论定位。葛瑞汉说,对于先秦诸子来说,"关键的问题不是'什么是真理?'而是'道(way)在哪里?'的治国与指导人生之道"[②]。"道"在概念序列上是中国哲学中与"真理"比肩的对位概念,不过,二者在各自概念系统中的同等地位与其说表明其同一性,不如说恰恰表明"道"对于"真"而言是一个异质替代性概念。

以真理为最高目标的哲学是以理论思辨为尚的哲学,这在亚里士多德的"理论知识"(episteme)、"实践知识"(phronesis)与"(人工)创制知识"(art)由高到低三分法下哲学的最高排序中已明白标出。同时,真理概念的突出与西方哲学认识论中心的取向有密不可分的关系,因为,真理在西方哲学中毕竟主要是作为认识论概念被提出和探讨的。此外,"真理"作为理论兴趣的产物(而非实践兴趣的目标)从古希腊哲学始就显露出语义和逻辑探究的倾向,而这恰恰是中国思想的短板。正如本书绪论中所回顾的那样,真理无论在哲学产生时精神权威由先知、诗人及君王向哲学理性的转换,还是在哲学内部辩证法与修辞学(即真理与意见)的冲突中,真理都是一个"斗争性概念"[③],"真理和正

---

① Aristotle, *Metaphysics*, 993b, 20 – 21.

② A. C. Graham, *Disputers of the Tao*:*Philosophical Argument in Ancient China*, La Salle, IL: Open Court, 1989, p. 3.

③ 参见[英]伊安·汉普歇尔-蒙克《比较视野中的概念史》,周保巍译,华东师大出版社 2010 年版,第 80 页。

义是决不妥协的"①。真假二值性与排他性逻辑特征实即真理斗争性品格的理论体现。

反观中国哲学，"道"具有与"真"迥异的经验与实用理性品格。在概念形态上，"真"不是出自经验而是在理论（语言）思辨中抽象出来的概念，反之，"道""只是从通常的观念中取来，按照直观的形式和通常感觉的形式表现出来的"②。"道"的经验原型为"路"或"通道"，包括表征生命神秘的"玄牝之门"，③由循（正）道而行衍生出"行为方式或处事方式"的含义，如为人处世与治国之道（所谓"修齐治平"）。而为寻求到达目的地的正确道路，指引方向与方式的规律的含义又由此引申出来。在此，"道"与"行"的内在关系一清二楚。司马迁谈论"六家要旨"，一言以蔽之，"夫阴阳、儒、墨、名、法、道德，此务为治者也"。（《史记·太史公自序》）孔子称"吾道一以贯之"的同时关注的亦是"道之不行"（乘桴浮于海）。因此，"道"在老庄那里于概念上诚然有其上达于天的形上一面（"大道"），但其最终落脚处仍然是在地上世界如何"行得通"的"人间正道"。"道"与"术"在词源上相关，据《说文解字》，"术"乃"邑中道也"。如果说"真"只问"是不是"（真的），"道"所关注的则是"行不行"（得"通"）而近乎术，庄子所谓"道行之而成"（《庄子·齐物论》）。张舜徽"发微""周秦道论"，以为其玄言之本实乃"人君南面术"。④"道"之实用品格后来在道教中得到更为充分的表现，所谓"一人得道，鸡犬升天"。

在更大的背景上，汉语思想中《易》为群经之首，然观其六十四卦爻、卦辞，通篇念兹在兹、戒慎恐惧的皆非"是非真伪"而是"吉凶祸福"，⑤其

---

① ［美］约翰·罗尔斯：《正义论》，何怀宏、何包钢、廖申白译，中国社会科学出版社 1988 年版，第 1、2 页。

② ［德］黑格尔：《哲学史讲演录》（第一卷），贺麟、王太庆译，商务印书馆 1981 年版，第 121 页。

③ 当然，"道"刚好也指涉言说（"可道"与"不可道"），但其语言之思指向的是"言不尽意"，与亚里士多德歧途。

④ 参见张舜徽《周秦道论发微》，中华书局 1982 年版，第 1 页。

⑤ 参见孟旦《早期中国"人"的观念》，丁栋、张兴东译，北京大学出版社 2009 年版，第 58 页。

精神意旨在根本上无非希望通过窥测天地妙理以成人间善事。冯友兰说，除名家之外，"中国哲学史中之具有纯理论兴趣之学说极少"①。在比利时汉学家戴卡琳（Carine Defoort）眼中，中文世界中的"这些古典文献不是纯粹的为真理而真理，而是把重点放在引导个人、家庭和社会国家步入井然有序的最佳之道上"②。依陈汉生、李泽厚所云，中国哲学除先秦转瞬即逝的名、墨两家之外，其主流显示出"回避非实践的理论抽象的典型特征"③。中国哲学"没有走向闲暇从容的抽象思辨之路……而是执着人间世道的实用探求"④，所谓"修齐治平""经世致用"的"道术"。⑤ 在理论与实践、认识和道德之间，中国思想在总体上是偏向后者的，因而在哲学家人格方面呈现出所谓与西方"智者气象"不同的"贤人作风"。⑥

"道"的实用性品格反映在认识上，"对于中国人来说，知识不是抽象的，而是具体的；它不是表象的，而是履行的……作为关于道的一种知识，它是一种实际技巧"⑦。孟旦说："在中国，一个哲学家接受一个信念或主张时，很少关心希腊意义上的真理和错误；这些是西方人关心的。中国人关注的重点是有疑问的信念和主张的行为贯彻。（'可'不'可'）……在儒家思想中，不导致行为结果的'知'是没有用的。"⑧从认识上说，中国文化重道不重真还有其"道"（说）层面的理由。章秋农先生在其《周易占筮学——读筮占技术研究》一书中概括《周易》"所以难解又如

①　冯友兰：《中国哲学史》（上册），华东师范大学出版社 2000 年版，第 147 页。
②　［比利时］戴卡琳：《解读〈鹖冠子〉：从论辩学的角度》，杨民译，辽宁教育出版社 2000 年版，第 111 页。
③　Chad Hansen, "Chinese Language, Chinese Philosophy, and 'Truth'," in *Journal of Asian Studies*, Vol. 44, No. 3, p. 491.
④　李泽厚：《中国古代思想史论》，人民出版社 1985 年版，第 304 页。
⑤　中国哲学区分"道""器"，却未见严别"学""术"，倒是"道""术"并用。《庄子·天下篇》称诸子为"天下治方术者"，谓"百家争鸣"为"道术将为天下裂"。
⑥　参见侯外庐《中国思想通史》（第一卷），人民出版社 1956 年版。
⑦　参见［美］郝大维、［美］安乐哲《汉哲学思维的文化探源》，施忠连译，江苏人民出版社 1999 年版，第 107 页。
⑧　［美］孟旦：《早期中国"人"的观念》，丁栋、张兴东译，北京大学出版社 2009 年版，第 58 页。

此吸引人的原因"曰"神秘、古奥、简易",总之语言含混、莫衷一是、确解难求。可谓"君看易部三千种,可有一种不牵强"。书中提到他所敬佩的易学家李镜池先生欲拨云见日求其真,但作者以其断续研究《周易》三十年的经验,发现欲求其真,难于登天,即便是"李先生自己的著述中,也往往真假莫辨"。① 《易经》的问题不同程度地存在于各种中文典籍中,表现在"名学"即逻辑学意识薄弱的语言概念不明晰事实上令研究者即便有心亦难以求理论之真。中国哲学总体上语言概念的含混与求真意识的薄弱,实质上一体两面、互为表里。

与"真"基于二值性逻辑品格的斗争性不同,"道""不谴是非",所谓阴阳互补、周到圆融。"道"当然也有正邪,"南辕北辙"也是不行的。同时,更被强调的则是"道可道,非常道",②"条条是道"。故道不同固"不相为谋",但仍然可以"并行而不悖"(《礼记·中庸》),各行其道。此中关键是"行"(不行)或者说"中"不中"用",即所谓"中庸"。"《易》六十四卦三百八十爻,一言以蔽之曰:'中'而已矣③。在此,"中"既有"切中"之意,亦表于两端之间"不执于一"的非二值性,这与"真假"之是非分明、势不两立的品格形成鲜明对照。因此,如果说在认识的一般意义上"道"还可以被泛泛称之为(某种)"真",那么,质之以各自的逻辑品格,"真"与"道"泾渭分明。

有人也许会问,"道"与"真"固然有内在差异,但求道是否必然排斥求真,"崇真"与"务实"完全可以相得益彰呀? 这有一个**价值排序**的问题。求真与务实毕竟代表不同的价值取向,从任何一方出发都意味着其他方的非本然附属地位,从而导致"淹没效应"。另外,真未必实(用),实

---

① 参见章秋农《周易占筮学:读筮占技术研究》,浙江古籍出版社 1990 年版,第 5—6、11—12 页。

② 此处对"常道"的解读异于通常理解,强调道无定形,正如"水无常形"。

③ 钱基博:《四书解题及其读法》,载"经典与解释"丛书(31)之《柏拉图与天人政治》,刘小枫、陈少明主编,华夏出版社 2009 年版,第 235 页。

亦不必言真。有学者论证,"真"在认识和实践中都不必然"好"。① 真之为理与实之为事是有区别的两件事:以实为务,则于真不必求其所以然,这一分别在科学和技术这对范畴上体现得十分清楚:知道怎样做成一件事(know how to do or make something happen)不必然等于关心或知道其所"是"之"真"(know that or know why),于此,科学之"究虚理"和技术的"求实用"旨趣迥异。

综上所述,中西哲学"道"与"真"异趣的实质意义,反映出双方在致思取向与理论品格上的全面歧异,一言以蔽之,中西思想于"求真"与"务实"间各执一端、各擅胜场。

三、中西思想"道""真"殊途的文化解读

以上我们侧重在学理层面上阐释希腊"真理型哲学"与中国古代"道的哲学"的本质区别。黑格尔论哲学与时代的关系说,"哲学思想或观点所具有的特性,亦即那贯穿在民族精神一切其他历史方面的同一特性"②。陈寅恪则认为,"凡解释一字,即是作一部文化史"③。以下我们将循此哲学人类学的视角探究中西思想"道""真"歧途的历史文化根源和含义。

前文中我们看到,"真理"概念在西方哲学中是抽象理论思维(即"纯粹求真"与"求纯粹的真")的产物,这种思想态度与旨趣的形成,与思想最初形成的社会历史条件有一定的关系,总体且比较言之,正是在"闲暇"(亚里士多德)与超然的"旁观"(毕达哥拉斯)态度中,西方哲学走上了一条以理论思辨为尚的"究虚理"之路,反之,中国古代思想家则在浓厚的"忧患意识"(《周易》)中以"知其不可为而为之"(孔子)的态度孜孜

---

① Daniel Whiting,"The Good and the True (or the Bad and the False)," in *Philosophy*, Vol. 88, No. 344, 2013, pp. 219 - 242.
② 〔德〕黑格尔:《哲学讲演录》(第一卷),第 55 页。
③ 陈寅恪:《致沈兼士》,载《沈兼士学术论文集》,中华书局 1986 年版,第 202 页。

寻求治国安邦（包括收拾人心之道）。概而言之，中西思想于"求真"与"务实"间各执一端，呈现出"究虚理"与"重实用"的总体思想理论特征。

中西"究虚理"与"重实用"的精神深深渗透于各自的文化心理中，这可以由"阿基米德之死"与"杞人忧天"这两则虚拟"名人轶事"一窥究竟：据说阿基米德于罗马士兵破城之际犹在沙盘上推演圆与方的面积换算的几何证明，他在死于士兵剑下前留下的最后一句话是"不许动我的圆"。这则科学佳话其实并无史料支持，但恰恰因其为**虚构反倒真实**①彰显西人崇尚（纯粹）科学（英雄）的文化心理。反观寓言"杞人忧天"，其关于"天何不坠"的疑惑其实是人类早期标准的科学之问，作为对这一现象的解释，早期西方人假设天地各自遵循不同的运动规律，亚里士多德为此生造出关于天体物质的"以太"概念，直到牛顿推出"三大定律"才第一次证明了通行于宇宙万物（包括天体运行）的物理学法则。但在我们这里，因为"天塌下来"并非实际可虑之事，这一潜在的科学人物在古人实用至上的潜意识的哈哈镜中被扭曲为不切实际且胆小如鼠（树叶掉下来怕砸破头）的负面形象，中华文明从此只有屈原式道义性的"天问"或夜观"天象"以察人事休咎的诸"诸葛"，罕有物理地"问天"的"杞人"。

"求真"与"务实"在社会文化层面最突出的表现是，中西社会最终在"科学"与"技术"之间不同的发展路径。西方哲学自古希腊起的真理诉求虽然最终并未得出所期待的形上真理，"自然哲学"最终却以"无意插柳"的形式（unintended consequence）在自然科学中修成正果（牛顿名著名为《自然哲学的数学原理》），最终在自然科学中产生了意义深远、作用巨大的革命性突破，中华文化如李泽厚所说"兵、农、医、艺"四大技艺至为发达，李约瑟所列举的"四大发明"亦皆技术成果而非科学理论上的贡献。在"究虚理"方面，西人对几何学证明的推理兴趣与中国算学形成鲜

---

① 事实如果真如此，那阿基米德无非迂人一个，恰恰是在不合常情的情节中，对如此文化英雄的尊崇跃然纸上。

明对照,中国算学①虽发达甚早,但"重实用"(算术)而轻数理研究(数学),"有应用性的代数而无逻辑演绎的几何学"②,成书于公元前300年左右的欧几里得《几何原本》公理演绎系统直到1607年才由徐光启在携此书入华的利玛窦口授下译出全书15卷中的前6卷。曾纪泽在为曾国藩支持下的李善兰译出的《几何原本》后9卷所作的序中慨叹:"盖我中国算书以《九章》分目,皆因事立名,各为一法……知其然不知其所以然……《几何原本》不言法而言理……彻乎《九章》立法之源,而凡《九章》所未及者无不赅也。"③

今日科学的发展使得技术的发展(所谓"高科技")已经不可脱离科学理论独自发展,但在历史上,二者却是由学者与匠人分别在理论思考与生产实践中独立发展的。科学与技术从概念上说分别属于动脑(thinking)与动手(doing)两件事,("实验"将动脑与动手,进而研究与应用结合起来),西方人本理论兴趣长期从事科学思考(thinking hard),国人在生产生活中"敏于行"(doing well),但最终却是在实用技术(以四大发明为代表)方面曾遥遥领先于世界的中华文明成了落后一方。道理很简单:技术的致用思维往往遮蔽"物用"背后其所以然的"物理",而四大发明中火药制造"一硝二磺三木炭"的经验配方对爆炸这一基于化学反应的研究无所贡献,循此永远造不出基于化学原理的三硝基甲苯炸药(Trinitrotoluene,TNT)。④ 因此,由科学之为"学"(thinking)与"技术"之为"用"(doing)的概念分梳可见,"李约瑟问题"混称"科学技术",⑤其

---

① 笔者偶然在杨振宁《曙光集》(新加坡:八方文化2008年版,第452页)中读到,清华大学直到20世纪30年代数学系仍名"算学系"。

② "我国的发明,多系技术性、观察性、记录性、个别性,而弱于……抽象的、逻辑的、分析的、演绎的科学系统。"(吴大猷:《吴大猷科学哲学文集》,社会科学文献出版社1996年版,第282—283页。)

③ 《曾纪泽集》,喻岳衡点校,岳麓书社2005年版,第126—127页。

④ 参见周建漳《技术的哲学理解与哲学意义》,《自然辩证法研究》2002年第6期。

⑤ 对这一问题有兴趣的读者可以参考陈方正先生的大作《继承与叛逆:现代科学为何出现于西方》(生活·读书·新知三联书店2009年版)。

发问方式从根本上就偏离了方向。严格说来,中国文化历来缺乏科学传统,这一偏向只是在近代科学革命之后,尤其是在军事、工业生产方面"技不如人"的刺激下被放大和凸显。

中国文化具有全局性的特征,中国文化重经验、重实用、轻理论的倾向在史学这一传统显学中同样有突出的表现。西方史学理论从古希腊开始即注重史学的认识论反思:在变动不居、不可再现的历史事件中如何达成具有普遍必然性的真理? 直到近代,斯宾诺莎仍然称"历史的真理"是形容词和名词的矛盾。理由是,真理不可能是"历史的",而变动不羁的历史中不可能有真理。① 反观中国,孔子述其"春秋"之志曰"我欲托之空言,不如载之行事之深切著明也","令乱臣贼子惧"的道德功能与"资治通鉴"的政治功能成为史学安立之本。台湾小说家张大春于史迁"究天人,通古今"的宏大抱负背后读出其中"岂有只字及于存旦夕之真"②,中肯之至。

参照西方真理概念的情况,不难发现,除了上述理论思维上的原因外,中国传统文化中"真理"概念的缺失,还与汉语世界中恰好长期没有"用真理来说事"的"叫真"语用"这回事"有关。

如前所述,"真理"在西方哲学中一出场就是"logos"与"mythos"间话语权威争夺的产物,这是理解西方哲学"真理"概念文化根源的关键。哲学内外,古希腊城邦盛行可以用"叫真"来概括的语用实践,具体来说,就是诉诸真理,用真理来说事(斗争)的语言博弈:"哲学家将在言论中诉诸真理视同致命武器,它通过自己信念的绝对权威化中止讨论,使自己立于不败之地。"③哲学之外,真理语用游戏在雅典城邦民主制下活跃的修辞学话语实践中有其更广泛、更直接的表现:在广场、公民大会和法庭

---

① 参见[德]恩斯特·卡西勒《启蒙哲学》,顾伟铭等译,山东人民出版社 1988 年版,第 180 页。
② 张大春:《战夏阳》,九州出版社 2018 年版,第 16 页。
③ Michael P. Lynch(ed.), *The Nature of Truth : Classical and Contemporary Perspectives*, Cambridge, MA:The MIT Press, 2001, p. 159.

上，人们就公私事务诉之公论，展开论辩，①一决是非，"语法""辩证法""修辞学"西方"三艺"(trivium)最初都是在这一语言铁砧上锤炼成型的，而此三者在中国文化中一律空白。顺便指出，一般都注意中国缺乏逻辑学的传统与"不讲理"的内在关系，却忽视修辞学缺位所指向的"不许讲"，而语法、逻辑的发展最初乃处于修辞学统摄之下。

公共言说萎缩的影响及于中国文化与"言"有关的各种理解与现象。儒家思想中存在着引人注目的"仁"与"言""辩"之间的紧张关系，②《论语》中君子的形象总是"讷于言"，孟子善辩，却需要为此辩解"予岂好辩哉"。荀子曰："人多辩讼，则谓之大奸。"因此，中国传统上除了没有几何学家，也没有如马丁·路德·金和林肯这样的演说家（包括辩论家）。

中土非无能言善辩之士，但"公共说理"（演说与辩论）与先秦时期张仪、苏秦等"说客"的"游说"③在场合（广场或私室）、对象（公众或当权者）和功能（辨是非或决狐疑、陈利害的献策）等方面皆貌合神离。④公共论辩以"真理"为说，利害之争系于是非之辩，论辩争胜的零和博弈性质塑造了真理二值排他性的逻辑品格。反之，"游说"则"晓以利害"，其计策、建议多"不足与外人道"⑤，在此只有成败利钝，是非曲直（真）非首要考虑乃至不予考虑，折冲樽俎、利害权衡的灵活策略天然排斥是非分明的真理逻辑。诚如吴世昌所言，中国传统中"真理观念之薄弱，甚至影响到是非观念"⑥。

公论或私议乃至真理语用之有无的深层原因，在中西传统社会的结构差异中。自由民城邦以能言善辩为能，以真理为权威，而在宗族等级

---

① 杨克勤：《古修辞学：希罗文化与圣经诠释》，香港：道风书社 2002 年版，第 19 页。
② 参见周建漳《修辞学的文化蕴含与认知意义》，《厦门大学学报》2013 年第 4 期。
③ 先秦哲学的"百家争鸣"总体上说所争为"道"而非"真"。
④ 参见周建漳《修辞学的文化蕴含与认知意义》，《厦门大学学报》2013 年第 4 期。
⑤ 当然，名家与墨辩倒是与智者意趣有相近之处，但它们在中国文化中的"短命"恰恰说明其"异端"性。
⑥ 《吴世昌全集》第 12 册，河北教育出版社 2003 年版，第 49 页。

制社会中,权威系于地位,辅以道理,"叫真"对家长式权威构成威胁,①与儒家伦理的"秩序情结"②格格不入,"防民之口"与"指鹿为马"都与对公共言论的钳制有关。郑国子产"铸刑鼎",晋国执政叔向致书子产反对,其理由是"民知有辟,则不忌于上,并有争",而争心与忠心相悖。③ 法律不彰与其为公共文本的性质的关系昭然纸上。萧功秦认为,"中国文明的核心思想,用王国维的四个字,我觉得概括得最清楚:'求定息争'",还可以加上严复的话,"防争泯乱"。④ 准此,"中国智慧从来就不喜欢严格的逻辑理性的真假分辨,为亲者、尊者讳成了中国文化深层中最流行的不成文习惯法"⑤。程抱一说:"中国思想几乎从开始就避免对立与冲突,很快就走向'执中'理想,走向三元式的交互沟通。这在《易经》《尚书》中已发萌。到了道家……无可否认是三元的。天地人三才,以及结晶于'中庸'里的推理亦是三元的……'执其两端'而执其中。……具有极大缺陷。别忘记,真'三'乃滋生于真'二'。……一个不以真'二'为基的社会所能唱出的主调总不过是妥协。"⑥现在我们看得很清楚,真理语用乃西方哲学真理情结的文化基因,中国哲学中没有"真理"这个词,归根结底是因为汉语世界中少有"用真理来斗争"这回事!

在中西格义中,"比较"与"判教"⑦往往成为纠缠不清的话题。基于对真理崇高性的体认,中国思想中特定真理概念之有无这一原本纯粹学

---

① 参见[美]郝大维、[美]安乐哲《汉哲学思维的文化探源》,施忠连译,江苏人民出版社 1999 年版,第 134、135 页。
② 张德胜:《儒家伦理与社会秩序》,上海人民出版社 2008 年版。
③ 参见丁原植《中国古典哲学观念的思辨性质》,载郑吉雄主编《观念字解读与思想史探索》,台北:台湾学生书局 2009 年版,第 355、357 页。
④ 参见萧功秦《家书中的百年史》,华夏出版社 2014 年版,第 137 页。
⑤ 杨适:《古希腊哲学探本》,商务印书馆 2003 年版,第 6 页。
⑥ 程抱一:《结构主义思潮与诗画语言研究》,载《艺术与跨界》(中国学术十年精选),刘东主编,商务印书馆 2014 年版,第 8—9 页。
⑦ 吴根友:《判教与比较:比较哲学探论》,东方出版中心 2019 年版。

术研究的话题不可避免地牵扯文化认同与评价,因此,人们有理由宣称,"没有哪一种文明可以垄断真理和与真理相关的问题"①。其实,正如本书再三辨析的那样,陈汉生所说的中国思想中真理之阙其实只是就特定意义真理而言的,并且,正如朱利安所说,此一真理概念的有无对中国文化来说其实是利弊互见的。② 因此,我们既用不着妄自菲薄,也不必讳疾忌医,这才是对待真理应有的态度。

在中西比较、格义中,具足真假二值性逻辑特征的"真"在中国思想中的缺位不但更加表明本书关于二元真理概念分野的必要性,同时彰显真理与生活世界的血肉联系,是一系列语言、哲学及政治文化条件下的产物,在这一意义上,本节为本书关于真理与生活世界关联的主张提供了理论支持。

---

① 张隆溪:《同工异曲:跨文化阅读的启示》,江苏教育出版社 2006 年版,第 17 页。张隆溪在此并非针对陈汉生的理论观点,而是在一般意义上说的。由于其中文化立场昭然,或引以为典。

② 西方哲学家"为了真理与别人一争高下,而圣人则是不争的",中国智慧高于西方哲学之处正在于不争,"哲学是排他性的……而智慧则是包容性的"即不偏颇。参见［法］弗朗索瓦·于连《圣人无意:或哲学的他者》,商务印书馆 2019 年版,第 100 页。

第四章　真理何为

　　"何为真理"呈显"事情自身"的本位视角,"真理何为"显明的则是某种他者视角,其中包括以人为本位的主体视角。视角转换下不变的是作为透视焦点的真理,在此,前此关于真理的语义与概念分析结果直接影响关于真理何为的实际理解。本章关于"真理何为"的讨论涉及真理"有什么用"及"被用作什么"两个方面,其回答分别为**物用**、**语用**与**规范**作用。物用指的是科学真理作用于物质世界的实践效用,这正是实用主义所重视和强调的,真理在此所指涉的乃是包含实际认知内容的真,即**真知**;语用所指的则是社会生活中诉诸真理以决出是非胜败的"叫真"语言博弈,在此涉及的乃是"理由空间"中纯粹与抽象的**真**,尼采尤其是福柯关于真理话语在社会生活中的权力效用(权用)与此焦点不同,但类型相似。真理的"规范"作用彰显人为自己立法的维度:具体涉及认识与交往两个层面。在此,认知上真确之"理"的实践功用与以"真"为理的语用以及以"真"为准的真之规范之间有一个由具体之善到抽象之用乃至抽象之好的递进,其间的起承转合及可能的思想误区是理论上需要细加辨析的问题。

第一节　真知与物用

在概念层面上，truth 作为真（性）乃知识三要素即有理由的真信念之一，而就整全认识论，truth 作为真知即具有经验内容的理（知），其现实形态即常识与科学。就控制与改造自然论，科学之为理论离开技术其实是无能为力的，求知作为思（thinking）未必直接指向行（doing），也就是说，真知诚然可有实践之用，但本身却未必以用为善。按照古希腊人的理念，纯粹的理论探索较之实践效用为高，培根所谓"知识就是力量"的口号与实用主义关于认知之真与实用关系的理解均出现在近代不是偶然的，其深刻背景是近代科学的实验特征从而科学与技术的现代结合，这里存在一个由纯粹理论到实践导向的转向。

在人与外部世界的关系上，真知作为合乎实际的正确信息，其对我们的意义类似于光在我们日常起居中所起的"照明"作用，是人类行为正确的必要条件，其反面证据，是个体与集体（如军事行动）中的欺骗、用计，其用假信息导致他人形成假信念的方式以获取自身利益恰恰从表面说明真之重要。不仅如此，科学作为人类理性成就超越感觉经验进入世界更深刻的层次，在这个意义上，真知不止于真信念，更重要的是关于事物之深层事理（如因果必然性）的揭示和把握，从而真知即真理。在这一层面上，科学革命释放出巨大的物质力量，以前所未有的规模与深度深刻改变了我们所在的这个星球世界的物质生态，其对人类存在的深刻影响怎么估计都不过分，而这其实是当初叩问世界本原等哲学/科学问题的思想者未作此想从而始料未及的（uncontended consequence）。无论如何，在实践维度上，真理之为用意味着我们相信并且知道**在真知与成功之间**存在着内在的关联性，以真知为样式的人类理性用康德的话说可"为自然立法"，历史地成为我们与自然打交道的成效卓著的成功模式，这是毋庸置疑的。

应该注意的是,如果说在处理自然问题时真知总是有利于行为成功,那么,在人类事务方面似乎存在反例。某人关于自己缺乏社交能力的真信念往往加剧而非减轻他/她的社交不适,重症病人对自身病情的真实了解却可能对本人产生负面影响从而不利康复。反之,"错误假设之上的行为并不总是带来坏处,我之所以遇见自己的一生所爱,是因为我误以为她是售货员而向她问了问题"①。不过,真信念未必总是对我们有好处的特例不足以在总体上推翻真对我们来说普遍为好的判断,这里需要区分个体与人类的不同视角,而真在认知上是否可遇是就人类而非任一个体立论的。对某一个体而言,偶尔的"难得糊涂"未尝不是一种生存智慧,"歪打正着"的结果虽为可能之事,但并无实质认知意义,对个体偶然可能之事对人类来说完全不然,例如,即便是在自己病情上回避真相的患者肯定不希望医生也不了解实际情况,他们不想知道残酷真相的考虑本身是建立在相信其为真前提下的自我保护。站在人类的普遍性立场上,真知与实践成功之间具有"不以人(个体)的意志为转移"的正面价值。

从实践后果的角度考虑问题,真知属于外在工具性的手段之善,这可以解释人为何有时为了其他目的而回避真。外科手术对于健康之善内含手段之恶;即便对拥有视觉的动物来说,光明诚然为人之所欲,但对睡眠来说则是例外;食物对维生来说不可或缺,但有时也会"撑死人""噎死人",包括吃出各种毛病;空气对人来说似乎是毫无副作用的纯善,但这只是因为,除了污染它,人在生理上无法超量摄入它。就此而言,经验表明,"认识上的正确并不一定是好的"②,但这不足以推翻真知与人类行为成功之间的因果正相关性。换言之,信念之真对实践成功至少不是不

① [美]蒂莫西·威廉森:《对与错的真相:四人对话录》,徐召清译,上海人民出版社 2017 年版,第 71—72 页。
② Daniel Whiting,"The Good and the True(or the Bad and the False)," in *Philosophy*, Vol. 88,No. 344,2013,pp. 219 - 242.

好的,并且恰恰常常或者本质上说必然对人是好的。同理,"相信假的总是不好的"①,正如惠廷(Daniel Whiting)所论证的那样,认知之真乃非绝对却基本的善(the prima facie goodness)。②

真知与实践利好之间存在以何者为本位的问题,在此,正如尼采所说的那样,"在促进真理和人类福利之间并不存在前定和谐"③。实用主义翻转此一实在论的思路,径直以行为之善(成功)定义认知之真,希图以此消弭真与好之间的本体论间隙,这一思路无论在实情上还是理论上均有其优点,但无可回避的是,在此发生了认识本位向实践本位的转换,客观上是对真本身的贬低。在认识的立场上,由实践效用看认识是外在论的视角,就此而论,真知之用说到底是**被用**——用人即佣人——缺乏自主、独立价值:在法庭上,我们要求证人发誓说真话(tell the truth, all truth, nothing but truth),但我们真正关心的并不是真,而是法律正义;我们投入重金研究疾病,而我们关注的其实是健康;我们教育孩子说真话,因为这对他/她立足社会是有利的。因此,真知的意义止于用,即玉成其事的工具价值。并且,凡有用者皆有价,在可以被交换甚至被牺牲的意义上始终是第二位的。总之,仅仅功用的考虑"不可能为真理维持一种无条件的价值"④。"在功利意义上,也许真知比真理更有用,但就何者具备自足价值而论,至上的是真理而非真知识。"⑤

效用本身并不足为真理病,应该警惕的是从效用出发且止于效用的庸俗真理观。正如以下这段虽苛刻但堪称世事洞明之见:"没有一个人,

---

① Daniel Whiting, "The Good and the True (or the Bad and the False)," in *Philosophy*, Vol. 88, No. 344, 2013, pp. 219–242.
② 参见 Daniel Whiting, "The Good and the True (or the Bad and the False)," in *Philosophy*, Vol. 88, No. 344, 2013, pp. 219–242, p. 225。
③ 参见[英]伯纳德·威廉斯《真理与真诚》,徐向东译,上海译文出版社 2013 年版,第 19 页。
④ [英]伯纳德·威廉斯:《真理与真诚》,徐向东译,上海译文出版社 2013 年版,第 18 页。
⑤ Michael Gelven, *Truth and Existence: A Philosophical Inquiry*, University Park, PA: Pennsylvania State University Press, 1990, p. 29.

在我们面前说的话,会和在我们背后说我们的话相同的;人与人之间的爱,只建筑在相互的欺骗上面。假使每个人知道了朋友在他背后所说的话,便不会有多少友谊能够保持不破裂的了"①。据此,"善意谎言"成为人际关系的润滑剂。总之,以真为用,当假能让我们达成目的,则真就可能被抛诸脑后。

那么,真知在实践效用之外是否有其独立自足的价值? 换言之,为真理而真理在认知语境中是否成立? 当亚里士多德在《形而上学》开头说"求知是人的天性"时,他对此显然是持肯定意见的。他之所以将哲学以及几何学等作为理论学科与政治、伦理乃至制作区分开来,强调的也是前者不计功效、纯粹求真的认知本性,几何学祖师欧几里得面斥"询价"几何者的轶事是对亚里士多德之说的现实背书。事实上,今天科学家所研究的诸如"哥德巴赫猜想"或"费马大定理"这样的数学证明,其实用前景不但不是相关学者所关心的,而且从来都是不确定的。关于理论与实践的关系,正确的态度是洞察二者的差异而不是割裂二者的关系。对于强调实践优先者须注意理论的自足性,从中西文化的历史轨迹看,用之当"道"的技术优先型路径最终不敌以"真"为先的认识优先型取向,缺乏理论的技术发明行之不远,反之,真字当头,让自然蕴含其中,最终达到无为而无所不为之效。离开实践空谈理论亦不足取,在此,知识之善与纯粹的智力成就应加以适当区分,后者的典型例子是各种棋类游戏,它在智力上有价值从而有水平高低,但缺乏重要性。② 纯粹智力活动与认识活动的区别在于是否存在与外部现实的关系,就这一点而言,价值是自成一体的,而重要性则取决于与外部的联系,认识的实践效用恰恰是这种联系的实例。具体而言,为真理而真理驱动下的认识诚然是有益于科学理论的文化基因,但其本身并不足以导致科学革命,生活实践

---

① 曹聚仁:《我与我的世界》,三育图书文具公司1973年版,第316页。

② Robert Nozick, *The Examined Life：Philosophical Meditations*, New York：Simon & Schuster,1989,p. 171.

的要求对科学发展的推动力的确有甚于无数大学者,科学革命发生的理论之外的产业发展从而工业革命的历史背景不容忽视。总之,理论与实践各有其本位性,在两者关系上二者之间的平衡进而相互促进应是事物发展的辩证"合题"。

认知的自足性与实用性的根源是人作为生物体与精神实体的"文、质"二重性。[①] 对于人类来说,生命及其延续具有内在价值,而维生的根本是物质实践活动,因而,一切认知的意义终究落脚于其有益于生存活动的功能性价值。但是,人区别于任何匍匐于地的生物的特异性在于其由身体姿态的向上所象征的纵向超越性,关于真理正确的提问方式不是"有什么用",而是内在的"有什么好"。在这一维度上发生生命活动的意义升华,其表现形式之一是手段目的化、"事功道义化"[②],认识因而从原本单纯的维生手段成为自成目的,尽显人的精神追求与理性尊严,这是认知自足价值的根据。

第二节 真之语用

真之"语用"与真知通过技术在改造世界中所具有的物质力量即"物用"是相对应的概念。在此,真理具足作为思想权威之"语力"。就前者而言,真正起作用的乃是知识,所谓"知识就是力量",而当科学/知识一方面因其物用为人所赞叹,另一方面,因在与宗教的对峙中最终胜出而具足正义性权威,"真"作为规范性符号价值为我们所推崇。尼采、福柯和阿伦特深刻揭示了由上到下的纵向政治层面通过垄断真理而实施权力控制的"真理政治学",而真理语用涉及横向社会公共生活层面上人们之间诉诸真理以说事论理的"叫真"语言游戏,其实质是通过特定语言游

---

① 古埃及著名的"狮身人面像"就是关于人这种内在二重性的直观隐喻。

② 周作人提出"伦理自然化、道义事功化"(周作人:《过去的工作》,载《知堂小品》,刘应争编选,陕西人民出版社1991年版,第522页),反过来也是成立的。

戏规则下真理话语权的博弈来捍卫与争取自身合理权益,因此,其所真正追求的未必是真理,而是认同。应该指出的是,"叫真"语用有时未必直接诉诸"真理",也可能是诉诸"客观规律"等名目,其实质都是诉诸认识的正确性从而信念的权威性。

一、真理与权力

真理与权力在我们心目中通常代表正义与压迫,这是正反相对的形象,"没有人怀疑过真理和政治关系不睦"①。彼拉多面对"真理之子"耶稣的"真理是什么(东西)"之问尽显文明之初权力赤裸裸的傲慢,童话《皇帝的新装》则体现了大众以真理对抗权力的普遍诉求。然而,尼采尤其是福柯指出,事情的另一面是物质性权力往往需要借助真理所具有的精神性权威来实施,具体包括借助科技话语与知识实施社会管理与控制,以及通过垄断真理话语权实施意识形态管控两个方面。福柯认为,"社会生产和流通以真理为功能的话语,以此来维持自身的运转,并获得特定的权力"②。具体而言,社会实践中"科学的"或"科学地"成为公共政策与管理合理化的尚方宝剑或护身符,尤其是科学作为真理话语在社会管理与控制方面的隐性功能。在福柯笔下,无论是"癫狂""麻风"还是"性",都是基于相关场域医学、伦理乃至身体的现代科学真理话语的确立而成为禁制和管束对象的,"经济学虽然无力解决危机,却不断地让政治决策以其名义来制定……精神病科学,也许不能更好地治疗疯癫,但是,它导致司法、行政和医学决策的产生,迫使每个人从这些表述的存在出发来构建自己的身份。"③真理作为话语在此发挥的是与"承诺""宣判"等非描述语句类似的用语言做事的施行功能,属于奥斯汀话语行为理论

① Hannah Arendt, "Truth and Politics," in *Between Past and Future*, London, UK: Penguin Books Ltd, 1993, p. 227.
② [法]米歇尔·福柯:《权力的眼睛》,严锋译,上海译文出版社1997年版,第37页。
③ [法]米歇尔·福柯:《主体性与真相》,张亘译,上海人民出版社2018年版,第382—383页。

中"以言取效"（perlocutionary act）的范畴。同时，声称掌握真理是政治体系加持自身合法性，寻求人的信服的常规现象。

在权力试图通过真理话语强化控制的同时，诉诸真理是人民抗击压迫的"批判的武器"。权力与真理都既具有"强制性"又要求"垄断性"，从而彼此具有"不相容性"。权力排斥真理，是因为当权者"害怕同一种他们不能垄断的强制性力量竞争"①，因此，除运用强力手段以打击与之冲突的声音外（武器的批判），谎言（不得不）上场的目的则是直接抵消和骗取话语权力。在近代宗教与科学的对峙中，布鲁诺、伽利略和哥白尼前赴后继地推进的日心说与宗教所主张的地心说的斗争就是广为流传的追求真理的著名故事。阿伦特敏锐地注意到，"事实性真理"（factual truth，即"真相"）与"理性真理"对于统治者的不同意义。例如，"甚至在希特勒德国和斯大林的苏联，谈论集中营和劳改营也要比持有或说出关于反犹主义、反种族主义和反公有主义的'异端邪说'危险得多，虽然集中营的存在并不是秘密"②。原因是前者的抽象性和可争议性对民众的接受构成障碍，而真相不容争辩的确定性和直白性对谎言有更直接和更大的杀伤力，从而可以成为民众抗衡权力的武器。在真理与权力的斗争中，权力一时强大，但终究是可以且必定被替代的，"暴力能够摧毁真理，但不能替代它"③。在此，"权倾一世"终究只能"权倾一时"。

"真理与政治之间的冲突是一个古老而又复杂的故事，把它简单化或予以道德谴责将使我们一无所获。"④回归理性分析，权力排斥真理是当真理与权力话语和权力目标不一致时才发生的事情，所以，民意基础

---

① Hannah Arendt，"Truth and Politics，" in *Between Past and Future*，London，UK：Penguin Books Ltd，1993，p. 224.

② Hannah Arendt，"Truth and Politics，" in *Between Past and Future*，London，UK：Penguin Books Ltd，1993，p. 236.

③ Hannah Arendt，"Truth and Politics，" in *Between Past and Future*，London，UK：Penguin Books Ltd，1993，p. 259.

④ Hannah Arendt，"Truth and Politics，"in *Between Past and Future*，London，UK：Penguin Books Ltd，1993，p. 229.

不足的专制制度下权力与真理更为对立,相应地,谎言也更为盛行。在权力与真理的关系上,福柯的深刻之处在于指出关于二者简单对立的想象的不真实性,"问题不是将真理从种种权力系统那解放出来(这只是痴人说梦,因为真理已然是权力)"①,而是清醒认识真理与权力彼此缠绕的复杂性,以及真理内蕴的权力效应。有必要指出的是,基于语言力量的真理权力效应与基于强力的权力之间尚有不容忽略的区别,毕竟仍然是以真理之名,从而留有以理而不以力的理性空间,可以在真理本身与对真理的滥用之间加以辨析和展开博弈。

二、真理语用的社会认知分析

真理与权力的关系已然显示,真理不只是单纯的认知概念,在社会生活场域中,其认知权威内蕴权力效应,其实施属于以言行事的语用范畴。如果说政治上以真理的名义行事是纵向权力机制下从上到下的语言操作,那么,这里涉及的则是在平权关系下人们之间诉诸真理以说事论理,判定是非曲直的语言博弈行为。例如,在法庭与议会等场域中人们之间围绕个人权益与社会公共选择展开的"叫真"修辞学实践与 20 世纪 70 年代末那场"实践标准大讨论"就是此一真理语用的典型案例。如果说福柯所关注的真理生产的权力机制好比"立法",而真理语用游戏则类似于"司法",我们在关于真理标准的宣传文章中恰恰看到"实践法庭"这样的隐喻。与由政治角度切入真理话语不同,前此人们关注不够却在理论上更有意义的是真理语用的认识论维度,从这一角度出发,以科学真理为参照的叫真语言游戏存在认知误区从而功能错位,要求我们对真理概念的理解和使用有一个不囿于科学样式的非科学主义观点。

诉诸真理即诉诸认识的正确性,但科学上真理的证成有其内在的方法论程序与规范,在此,真不是说出来而是做(算)出来的,真理不

---

① Michael Foucault,"Truth and Power," in *Power/Knowledge:Selected Interviews & Other Writings 1972 - 1977*, Colin Gordon (ed.), New York:Harvester Press, 1980, p. 133.

语,并且让人无话可说。"事实胜于雄辩",一旦某一观点在数学运算尤其是实验结果中得到肯定,则胜负立判,无可争议。因此,在实证的可"较真"之地,语言上的"叫真"原则上是多余的,这其实已然暗示,当诉诸言辞辩论叫真,此际至少不存在明快无争议的真理决出机制。有趣的是,真理语用恰恰是以科学真知为样板的,希望在社会公共议题中得出具有一锤定音效果的科学性解决方案,在思想动机上,这与科学作为相关问题单义唯一的标准答案从而真假分明的排他性思想权威有直接关系,此中存在由可"较真"(实证与检验)到言语"叫真"的转换。在社会心理方面,近代地心说与日心说之争以及最终真理战胜强权的"布鲁诺故事"则为叫真语用提供了强劲的心理与话语支持。在此,人们疏于反思的是,日心说与地心说之争虽然在表象上是科学与宗教之争,但本质上是关于天文学问题的科学之争,而真理语用则是发生在社会生活场域之事,在此发生的是不同价值与利益取向之间的内在分歧,而此际由于前此(本书第三章第二节)我们所指出的科学认识之单义参照逻辑前提的不存在(不可欲),"白猫、黑猫"与"男贼、女贼"在表层相似的逻辑背后是自然与社会认知的深刻分野,所以,将科学中有效的实验检验理论平移到社会认知领域实际上是不成立的,换言之,人文及社会问题不存在严格科学解,其表现就是我们在人文与社会的非科学问题上总是见仁见智、"一是难求"。总之,(科学)实验与(社会)实践一词之差,在社会生活领域侈谈可较真的真理实属**"文争"(论理)**以求**"武断"(是非胜败)**的错位诉求。

进一步分析,科学真理在具足排他唯一真值的同时是价值中立的,在这个意义上,实证手段(实验、实践)可以判定真假,但不能证成真理,因为,真知之外,**真理蕴含正义**(right),实质上,社会场域中人们在真理的名义下所要求的并非真假,而是正义。在此,作为"文革"后拨乱反正的思想解放运动,"实践是检验真理的唯一标准"的精神实质乃正义诉求,舍此无以为之提供真正有力的辩护,离开目的合理性,手段有效性言不及义,实践检验从何说起。

　　狭义的真与广义真理的区别是我们一再强调的概念分野,手段有效性所证成的真固然无以担保应包含目的合理性的真理,而此际真之不在场亦不等于真理的不在场,非严格科学真的场域并非无道理(可讲)的世界,在生活世界领域,说事论理是普遍的社会实践,是非自有公论,"真理越辩越明",只不过,胜于雄辩的真(相)与需付诸雄辩的真理不是同一种真,后者要求的是遵循可能性逻辑的修辞学,[①]而非单义从而必然可推出的逻辑。科学真理是科学家的专利,而广义上人文社会领域的真理则是人类文明的历史性产物,集中蕴涵和凝结在自然语言中,其在人类精神中的显性存在形态是公理或天理,天理、公理作为常识在人类精神中的根源与呈现则是"共通感"(consensus),哲学家则是在历史、语言脉络中形成和隐含的思想真谛的辨析者、提炼者和论证者,伽达默尔在《真理与方法》中关于"人文主义的几个主导概念"之一的"共通感"的论述为此提供了一个绝佳的范例。他由维柯(Vico)对以笛卡尔为代表的唯一科学真理观"以古老的真理为基础"对"共同感"的"援引"到柏格森关于"健全感觉"、虔信派教徒厄廷格尔(Oetinger)对"感性的真理"与"理性的真理"的区分,将"共通感"确认为"精神科学认识的真理要求"。[②]　不过,在"实践标准"的通常理解中,人们"穿越"自然与社会、事实与道义而不觉,将真与真理混为一谈,导致实践证明可能性的不堪承担之重!

　　在此有必要提醒的是,社会公共问题单义科学解的不可能(欲)是基于因价值与利益多元化导致的单义参照前提失效作出的判断,在目标无分歧的前提下,社会实践如自然科学中的实验一样是确定理论之真的**必**

---

①　参见[美]高辛勇《修辞学与文学阅读》,"附录一　西方古典修辞学",北京大学出版社 1997年版。

②　参见[德]汉斯-格奥尔格·伽达默尔:《诠释学Ⅰ真理与方法》,洪汉鼎译,商务印书馆 2007年版,第 23、33、37、30 页。

要条件和有效手段，在这方面，给定繁荣经济这一目标取向上的一致性，①市场经济与计划经济两种竞争性经济发展模式的确可以依其达成各自的经济发展既定目标成败优劣的有效性评判。在这一意义上，虽然计划经济是有鉴于资本主义经济弊端提出的不乏合理性与自我融贯性的理论药方，但其在各国实践中的结果却无一例外的不尽人意，在这一意义上，可以说实践已然证明了市场经济相对于计划经济的制度优越性。当然，市场经济的真理性从而其对计划经济的优越性仍然需要理论解释，从亚当·斯密的人性制度假设（经济人）到哈耶克的人类经济行为的合理激励机制，以及面对海量动态经济信息时人类理性不可避免的无知，导致在统一计划管理的无效等方面均有理论上深刻的阐发和强有力的论证。②

同时，由于"叫真"博弈内含"用真理来斗争"的求胜动机与逻辑，其与"为真理而斗争"的"认真"之间存在微妙然而潜在的裂隙，在此，前文我们关于真理概念不同维度的辨析显示出其思想意义。"叫真"语用所诉诸的其实是"真性"及其逻辑品格，因为，唯有在真假二值性前提下，确定的真才是可决出从而有胜负的，在单义参照前提下，特定信念之实用有效性从而手段之真亦是可以证成的。不难看出，尼采、福柯关于"求真意志"背后的"权力意志"的洞察亦是以此一单薄的真为基础的。但是，在真理更深刻与更丰富的内涵上，它不可能是无关目的合理性的单纯实用、手段之真，必须将目的合理性包含在内，甚至首先是关于目的合理性的真谛。在真与真理概念明晰的前提下，我们既应该对单纯"叫真"可能蕴含的专断权力效应保持警惕，同时毫不迟疑和理直气壮地坚持真理。因为，"一个没有真正论战的世界，将是一个没有思想的世界，也同样是一个没有信念、没有创造、没有选择的世界"，而这又意味着"一个没有真

---

① 这里暂时不考虑宏观社会理论乃至政策的目标取向的实际复杂性。
② 对此笔者在《"道德人"：计划经济行为主体的制度假设分析》［中国社会科学季刊（香港），1996 年夏季卷］一文中有具体阐述与分析。

理的世界"。①

后现代思潮质疑真理的本意是忌惮权力，吊诡的是，他们对真理不分青红皂白小题大做的攻击在打击人们对真理的信任方面足以让他们成为权力的帮凶。他们也许如格里耶所说的那样，看到"过多的希望、过多的惨痛挫折、过多的血腥天堂"，但由此怎么能得出"真理是不可信的""真理从来只是用于压迫"②这样片面与绝对的结论？ 试问，如果没有关于真理的概念，那是非善恶何以可能，以力不以理的权力将予取予求！正如林奇对奥维尔《1984》的解读，"真理部""最可怕的还不是它能让你相信谎言，而是成功地让你完全抛弃真理概念"。③ 因此，"如果我们在意自由，我们就得在意真理"④。在此，真正在意真理恰恰不在于真理是否刚好在自己手里，而是敢于在真理面前低头，从而乐于学习与善意对话，以便超越一己局限，拓展对真理的理解和认识。⑤

第三节　民主与真理

和"实践标准"论题一样，民主与真理关系的命题同样属于下延至生活世界层面的涉真理论思考，并且二者在理论上有一个内在递进的关系。在上一节中，我们论证了实践作为理论的实践有效性的检验手段无法处理实践目标选择合理性的问题，民主作为社会公共决策机制恰恰是社会公共事务中目标选择正当性与合理性的解决方案，公共决策的**目标**

---

① 参见［美］亚历克斯·林《解读艺术：巴迪欧》，安丽哲译，重庆大学出版社 2021 年版，第181 页。

② ［法］阿兰·罗伯-格里耶：《重现的镜子》，杜莉、杨令飞译，北岳文艺出版社 1993 年版，第59 页。

③ Michael P. Lynch, *True to Life：Why Truth Matters*, Cambridge, MA：The MIT Press, 2004，p. 162.

④ Michael P. Lynch, *True to Life：Why Truth Matters*, Cambridge, MA：The MIT Press, 2004，p. 167.

⑤ 参见陈治国《现象学视域下的友爱、真理与语言》，《哲学动态》2022 年第 7 期。

合理性主要不来自科学,而来自公意。① 或者说不来自工具理性,而在于公共理性选择。

一、民主的两个维度及其"兑现价值"

依照本节主题,这里关于民主的探讨不是本义上政治哲学的论述,但关于民主的社会认知解读仍然须对民主的基本概念有所澄清。据说如今民主已"没有敌人",其在理论上最大的敌人也许就是概念上的混淆导致的思想混乱。

和一切"大字眼"一样,民主是又一个字面上碰巧明明白白,但即便足够正心诚意、理性清明在理论上仍为"一是难求"的概念。democracy字面上的直接意思是"民治",说到"民治",马上想到林肯"葛底斯堡演说"中著名的"民有""民治""民享"的三联句。"民"在词义上对应的是"君"或者"官",准此,democracy 的反义词是 autocracy(君主专制),同时,"民治"在语义上亦可对应于"官僚统治"。因此,民主首先是针对君主的自主平等诉求,同时,民主与君主(官)在人数上正好是多数与少数的区别,于是,民主在道义上表现为"主权在民"(自主、自治)的价值诉求:"民主政治是反抗、抗议和解放的象征",②这是其相对于君主(官)专制的正义性;在实践操作层面上,人民主权落实为决策机制上"多数票决"的公共性。民主的道义性和工具性两个层面重合于多数票决,因此,投票乃民主的实质"兑现价值",多数票决是民主实现的必要条件:民主不(是)投票(投出来的),但民主(的基本操作是)要投票。

民主中的多数与少数一方面对应于"民"与"君",另一方面,则对应

---

① 这当然不是说社会问题的解决与科学无关,但仅凭科学并不足以保证决策的合理性。以修建水利大坝为例,具体建设方案当然涉及大量科学根据与计算,但该不该建则涉及复杂的价值考虑及利益博弈。因此,决策科学化乃副词意义,即"科学地",而非定语意义"科学的"决策,决策合理性的实质是民主化,即"民主的"决策。

② 参见 [美]赖斯黎·里普逊《民主新诠》,登云译,香港:新知出版社1972年版,第2页。

民众相互之间,前者是"我们"(人民)与"他们"(统治者)之间的纵向的关系,后者涉及"我们"(人民内部)之间的横向关系,民主的纵横两个维度交集于"数人头"。在前民主社会中,人民虽说是多数,却往往被排斥在政治决策过程之外。因此,在政治现实中,这一"多数"因缺乏正常的整合与表达机制而在多数情况下成为潜在而非现实的政治存在。

民主的纵向与横向维度区分了"民主前"与"民主后"。在民主尚未到位的"前民主"状态,民主作为人们为争取平等与尊严的理想对一切不民主的制度具有强道义优越性;在民主体制已然确立的"民主后"情况下,当革命光环退去,其作为一种日常公共决策机制的凡俗与局限性显露出来。民主在现实实践中的确显露出与原本理想承诺脱节的病象,新兴民主政体出现被称之"民主崩溃"①的社会乱象表明,民主并不只是投票,它至少还包括投票前的协商、公共辩论乃至民意测验等操作,其良性运转需要各种社会政治、经济和文化条件的支持。

民主兼有"主义"正义性与"程序"正当性双重维度,在由下到上的纵向层面上,民主具有权力制衡的消极功能,在民众之间,民主在横向上发挥社会公共问题解决程序及决策机制的积极功能,二者都聚焦于"多数票决",是为民主的兑现价值与不可或缺的要件。这里我们的探讨主要落在横向公共决策维度上,从社会认知的视角透视民主作为决策机制与严格意义上的真(理)的内在的张力关系,由此引申出民主原则的内在逻辑、民主在程序上的内在必然性与合理性等相关结论。

二、"多数票决"与真(真理)②之不在场

从社会认知的角度来考察,民主的意思③即真(理)的不在场,准确地

---

① 参见包刚升《民主崩溃的政治学》,商务印书馆 2014 年版。
② 依照本书真理双核论的观点,这时所说的真理是指单义标准答案单义上的科学真知,它在某种意义上可以归结为"真",为简明起见,我们将之标示为"真(理)"。为免烦琐,行文中并不一一标示。
③ 笔者曾经写过一篇以此为题的文章:《民主的意思:从社会认知的角度看》(载《山东大学学报》2006 年第 3 期),本节主要内容出于该文。

说,当多数票决作为社会公共事务决策的决策机制,它意味着在相关问题上不存在作为单一标准答案的科学式事实真(理),依照本书关于真理的双核理解,这里所谓的真(理)是在特定科学式真知意义上说的,因此不应曲解为对真理本身不分青红皂白的全盘否定,科学真知之外人文真谛的寻求在人文理论与生活实践中仍然是其目标。要言之,实践是判别真假的手段,不是确认真理的标准。

此外,民主不是得出严格真(理)的认知机制,[①]这与民主本身是不是真理也是意义不同的两回事。在程序正当性(客观性)与民意真实性(主体间性)的意义上,民主之为"主义真"当然是真理。

民主中真(理)的缺位换一种表达,即社会公共问题不存在严格的科学解,这可以由假设真理在场反推而得:假定真理在场,则民主作为决策方式意味着毫无原则甚至是不讲理,就像明明有进球数作为判定球队胜负的依据却偏偏让球迷投票表决。如果在相关问题上存在所谓真理性的单义标准答案,则不但多数意志,即便是全体意志也是无效的,真理与人数多寡并无关系,所谓真理(最初)往往在少数人手里的说法的真正要点其实在这里。历史地看,雅典民主制因其功能而取决于一种在社会中和政治上建构起来的"真理体制",在此,民主讨论是开放的,演说者和决策者都不必是公认的专家。雅典人朴素地认为政治真理是论辩式的。雅典政治文化建立在集体意见之上,而不是建立在确定的知识之上。[②]

阿伦特说,凡真理"在场"之域,"它们全都超越了协议,争论,意见,或同意。……它们并不会因为坚持同一命题的人数的多或少而改变",

---

① 但民主有捍卫客观真理的作用,如对抗"长官意志",要求在诸如种植、水库建设中"按客观规律办事"。

② J. Ober, "Thucydides Criticism of Democratic Knowledge," in R. M. Rosen and J. Farrell (eds.), *Nomodeiktes*: *Greek Studies in Honor of Martim Ostward*, Ann Arbor: MI, University of Michigan Press, 1993, pp. 82 – 83. (转引自乌戈·齐柳利《柏拉图最精巧的敌人:普罗塔哥拉与相对语义的挑战》,文学平译,中国人民大学出版社 2012 年版,第208 页。)

因为,真理的内容"不是说服性的而是强制性的"。[①] 严格意义上决策的科学化意味着将决策权完全托付给有关专家,决策的得出依赖于一锤定音或"一票否决"的理性权威。反之,由在社会公共事务中采行与在科学认知中截然不同的多数裁定的民主方式出发,此际唯一合乎逻辑的推论是狭义严格真(理)的缺位。不过,就公共理性之见解真谛论,民主恰恰意味着人文存在真理必定且必须在多数人手里,甚至可以说就是按(本质上真实的)多数人即人民意志定义的,这是民主正义性的内在认知理由。

进一步分析,多数意志与科学真理在逻辑上本就是不相容的。真(理)的权威性内在地蕴涵着认知上或者说专业上的不平等性,东方的"师道尊严"和西方的"我爱我师,我更爱真理"从不同方向共同表明了这一点。在真理与意见、拥有真理的人与不掌握它的人之间在理智上不可能是平等的。相反,民主中蕴涵的则是平等的逻辑,这里所说的平等不仅指政治上的权利和利益平等(人生而平等,所有公民在相关公共事务中拥有同等的政治权利,如"一人一票"),同时还包含理智上的平等。对此,我们可以这样来看:计量蕴涵齐质,多数作为量的规定性,其有效性是以事物在质的方面的等价、齐一性为前提的。在柏拉图《普罗泰戈拉》篇中有一个关于"火"与"正义"的寓言,说的是普罗米修斯的弟弟厄庇米修斯奉诸神之命为每个生物分配适当的能力,如将强健和敏捷、伶牙俐齿以及游泳、飞行等技能分发给不同的动物,可是,头脑简单的厄庇米修斯将手中所有能力一一分配完毕之后才发现,"世人却赤条条没鞋、没被褥,连武器都没有",于是就有了普罗米修斯为人类盗火以弥补人类在能力上先天不足的故事。故事至此并没有结束,因为,有了火所隐喻的"工具",人类得以在自然界立足,但是,如果人们之间没有处理自身关系的

---

① 〔美〕汉娜·阿伦特:《真理与政治》,《西方现代性的曲折与展开》,贺照田主编,吉林人民出版社 2002 年版,第 313 页。

法则,人类仍将面临毁灭的命运。于是,宙斯吩咐赫尔墨斯将羞耻和正义观念带给世人。重点是,当赫尔墨斯问宙斯,羞耻心与正义观念是否像其他技艺如医术那样只需分给某些人,后者认为得分给所有人。这个故事涉及分别与"科学技术"和"社会德性"相应的专家知识与公众认知,后者之所以须让众人拥有的直接理由是社会合作之需,而其更深的寓意则是社会认知不属于专家知识(真理),而属于大众意见。联系柏拉图著名的"意见"与"真理"之说,自然解释方面是有真理且真理可以由少数人掌握,而人文社会领域中道理人人有份,不存在一言九鼎式的单义硬道理(即真理),由于人类价值与偏好内在的合理多元性,在此之上亦不存在统一各种道理的"加总"真理。从根本上说,妨碍我们理解和接受社会场域中民主与真理张力关系的思想障碍是自然与社会问题一勺烩式的"错位谬误"。

关于民主逻辑地蕴涵真(理)的不在场,前此已有一些学者在不同层次上有所触及。在《论民主》一书中,达尔指出把公共事务的决策权交给专家"这种主张一直是民主理念最主要的敌人"[①]。他认识到,决策并非严格意义上的"'科学'判断";在公共决策方面"不可能有哪个团体会拥有这方面的'科学'知识或者是'专家'知识"[②]。这在古希腊时业已成为事实与共识,在雅典民主制下,"民主讨论是开放的,演说者和决策者都不必是公认的专家。雅典人朴素地认为政治真理是论辩式的。雅典政治文化建立在集体意见之上,而不是建立在确定的知识之上。"[③]在这一问题上,在《真理与政治》一文中,阿伦特不是站在诉诸贬低真理和压制意见的柏拉图一边,而是站在智者一边,并且在詹姆斯·麦迪逊(James

---

① [美]科恩:《论民主》,商务印书馆1988年版,第77页。

② 参见[美]科恩《论民主》,商务印书馆1988年版,第79—80页。

③ J. Ober, "Thucydides Criticism of Democratic Knowledge,"in R. M. Rosen and J. Farrell (eds.), *Nomodeiktes: Greek Studies in Honour of Martim Ostward*, Ann Arbor: MI, University of Michigan Press, 1993, pp. 82 - 83(转引自[意]乌戈·齐柳利《柏拉图最精巧的敌人:普罗塔哥拉与相对语义的挑战》,文学平译,人民大学出版社2012年版,第208页。)当今法律实践中由非法律专业人士组成的陪审团作出罪与无罪的判决也是这个道理。

Madison)、莱辛和康德那寻求"抵御自柏拉图以降哲人们对意见的中伤"的理论支持。① "公共选择理论"大师布坎南在其第一部杰作中"质疑"将政治抉择过程视为"达成某些'真理判断'的手段"的观点。② 罗尔斯早先在其《正义论》中还主张某种整全真理的学说,但在其后来的著作《政治自由主义》中,他修正了自己先前的观点,以较弱条件的"公共理性"概念置换有关真理或公义的整全论说。③ 美国学者谢茨施耐德(E. E. Schattschneider)从政治哲学的高度明确指出,"没有人能够认识真理的全部……民主是一种专为那些不能确信自己正确的人们设计的政治体制"④。在真理与民主的关系上,国内亦有代表性研究。靳希平认为"在真正民主制的运行中,不应该把真理作为最高原则"⑤,虽未及民主场域中真理是否可能在场这一根本点,然实有所见。赵汀阳进一步指出,"在不存在真理的地方,或者在真理失去力量的地方,政治就必定成为基本问题。如果存在真理并且真理有力量能够说了算,就不需要政治"⑥。

三、关于民主与真理关系的实例分析

为了在高等教育中消除对黑人的种族歧视,美国约翰逊政府在20世纪70年代通过相关法律要求高等院校在招生方面努力提高少数族裔(主要是黑人)的入学比例。⑦ 在此背景下,美国加州大学戴维斯分校医学院董事会曾决定实施一项特殊的新生入学计划,给包括黑人在

① 参见[美]汉娜·阿伦特《康德政治哲学讲稿》,罗纳德·贝纳尔编,曹明、苏婉儿译,上海人民出版社2013年版,第157页。
② [美]詹姆斯·M.布坎南、戈登·塔洛克:《同意的计算:立宪民主的逻辑基础》,陈光金译,中国社会科学出版社2000年版,第3、4页。
③ 参见罗尔斯《公共理性与现代学术》,生活·读书·新知三联书店2000年版,第1页,"公共理性观念再探"。
④ [美]E. E.谢茨施耐德:《半主权的人民》,任军锋译,天津人民出版社2000年版,第6页。
⑤ 参见赵汀阳主编《论证》,辽海出版社1999年版,第122页。
⑥ 赵汀阳:《每个人的政治》,社会科学文献出版社2014年版,第8页。
⑦ 这一类举措在美国有一个专门的概念,叫作"积极行动"(Affirmative Action),如1964年《民权法案》中对少数民族平等工作机会的保护就属于这一范畴。

内的少数族裔及残疾学生留出一定比例的份额（16/100）。于是，在入学考试中分数明显高于绝大多数黑人学生的白人学生如阿兰·贝克（Alan Bakke）却因名额限制无法进入同一所大学（这也是预料之中的），于是，贝克以反向种族歧视（reverse discrimination）为由将董事会告上法庭。最高法院在 1978 年判决加大医学院的特殊招生计划侵害了贝克作为美国公民受 1964 年民权法案第 6 条保护的基本权利，贝克胜诉。① 从法律上讲，事情已经了结，但从理论研究的角度来看，事情并不那么简单。②

在这一案件及随后引发的持续讨论中，反对该招生计划的人所持的正好是与校方决定同样的理由——反对因肤色而来的不平等对待即种族歧视，不同的是他们要求基于分数标准的同等入学权利。黑人们对此的反应则是，考虑到长期存在的对黑人的种族歧视，以及上述计划留给黑人学生的份额仍然低于黑人在美国人口中所占的比例，他们认为，平权法案的本质是对黑人因歧视遭受的不公平对待的弥补，因此，他们不但反对白人要求取消该法令的诉求，而且认为有关方面为此所做的还不够。在此，尽管对立双方的确呈现族群对立，但双方的争执却并非真理与偏见间的黑白分明之争。白人要求依分数确定入学资格的主张尽管客观上显然是对黑人不利的，但不能说是种族歧视，而的的确确是合理的诉求。反过来看，黑人的诉求同样不乏理据，言之成理。值得注意的是，双方具体诉求相反，但在理念层面则都诉诸平等和反对歧视，这让我们看到伽达默尔解释学关于精神科学中"与现代科学的自我理解所完全陌生的东西"，就是"应用是一切理解的一个不可或缺的组成要素"。③ 在

---

① 参见 D. M. Wilcox, W. H. Wilcox and R. C. Solomon, *Applied Ethics in American Society*, New York: Harcourt Brace College Publishers, 1997, Chapter 6。

② 首先，法院判决对校方在招生中将种族因素考虑在内的做法本身并无异议，其所做出的实际上是一个"分裂的判决"（split decision）；其次，这一判决本身以 5∶4 的微弱优势通过，这一事实也是耐人寻味的。

③ 参见［德］汉斯-格奥尔格·伽达默尔《诠释学Ⅰ真理与方法》，洪汉鼎译，商务印书馆 2007 年版，第 396、397 页。

这里,只有当抽象观念结合实际处境以不同的方式被阐释,观念的实际意义才可以说被真正理解与把握。

很容易看出,社会问题观点分歧的背后往往存在利益冲突,利之所在有时导致当事者不讲理。但是,在这种情况下所发生的并非合理的认知歧异,对于某些明显的种族歧视,如在各种公众场合针对黑人的种族隔离措施以及在白人与黑人是否应该享有平等投票权问题上,至少对于无利害纠葛的旁观者来说,它并不导致是非判断上的**困惑**。然而,在上述场景中,任何人都难以对个中是非骤下判断,即便是对超脱利益之外的我们(黄种人)来说问题仍然难有确解。在此,正如罗尔斯所说,尽管"我们之间以礼相待、正直努力,却没有导向理性的一致",类似的事例在社会公共决策方面所在多有。① 例如,发展与环境保护孰轻孰重(前者固然是"硬道理",但后者难道就是"软柿子"吗?);"国家的苹果"与"地方的西瓜"②间的矛盾如何解决;围绕水资源分配及水害防范,上下游之间不同利益、责任如何协调;垃圾掩埋场地址的选择;等等。在这类具有"家务事"(难断)特征的典型问题中通常不存在我们赖以做出明快决断、具有无可违逆约束力的单义真理性解决方案,在关于特定问题两种单独看来各有其理的主张之间无以得出统一的解,最终只能依人数多寡得出至少让大部分人满意的决策,这就是民主场域的典型特征。

多元目标与参照同一性的失效直接导致通过实践以确立真理的进路实际上无以达成。在上述例子中,假定以某一特定方面——如关于每一美元教育经费投在入学成绩高的学生还是低的学生身上效益更高,或者是采取何种入学政策更有助于弱势群体(黑人)平等感的形成或地位的改善——为参照,则关于特定问题其实是存在着无可争辩的答案的。无须付诸实践即可推知,以教育投资效益为前提,白人的立场大致上应

---

① 参见[美]约翰·罗尔斯《政治自由主义》,万俊人译,译林出版社 2000 年版,第 57、58—61 页。

② 参见[美]科恩《论民主》,商务印书馆 1988 年版,第 96—100 页。

该属于正解；而基于后一种考虑，则黑人的诉求显然合理。问题是，效益与平等孰为轻重，这是超越事实且非实践结果所能判定的。因为，现在的问题不是猫"能不能"抓老鼠而是究竟养来"抓老鼠"还是"当宠物"？归根到底，人类生活中普遍存在的合理价值与偏好的多元性及其排序问题以及人们在既往形成的"总体经验"影响导致罗尔斯所谓"**合理的分歧**"，①即排除了利益动机、逻辑错误、信息缺乏和合作意愿缺乏等一系列不合理因素之后，社会认知与行动方面彼此冲突的双方"尽管思考和行动足够合理也会产生并持续下去的分歧"②。合理分歧导致社会认知上"**判断的负担**"，此时出现的就是公共选择上所谓的"阿罗悖论"（Arrow's Paradox），即我们在多元偏好间无法通过某种价值排序或整合算出令所有偏好皆得以实现的彼此之间无争议的解。正如托马斯·内格尔（Tomas Nagel）所说，这实质上是"由价值的不完整性与决定的单一性之间的不一致所造成的问题"③。

　　根据上述分析，真理不在场更准确的含义是，在社会公共决策中因价值多元性引发的单一参照缺失直接导致在相关问题上无法得出整全性一揽子真理性思想方案。借助"全象"和"万花筒"两个隐喻，我们可以从认识论和本体论两个方面对此加以进一步解释。

　　在认识论的角度上，合理分歧与判断负担归因于我们在整全真理上的盲目性。根据"盲人摸象"的隐喻，上述案例中黑白双方好比是摸象的盲人，他们关于大象各执一词的"象说"虽说因对象的不同在局部确有所执，但由于缺乏一双对"全象""一目了然"的"明眼"，在全象缺失的背景下，不可避免地陷入"一是难求"的认知困境。值得注意的是，在这一寓言中，众盲人背后那洞悉全象的"法眼"实乃上帝式的整全、全知视野

① 参见［美］约翰·罗尔斯《政治自由主义》，万俊人译，译林出版社2000年版，第58—60页。
② ［挪威］哈罗德·格里门：《合理的分歧和认知的退让》，载《跨越边界的哲学：挪威哲学文集》，G.希尔贝克、童世骏编，浙江人民出版社1999年版，第363页。
③ ［美］托马斯·内格尔：《人的问题》，万以译，上海译文出版社2000年版，第138页。

(God's Eye)的深刻隐喻,而整全终极层面上的"盲目"则是对整个人类认识处境的某种深刻写照。整全视野在宏观上涉及哲学层面关于宇宙人生的思考,社会公共决策涉及的则是微观层面整全真理的缺失。

在此我们触及人类在不同领域中认知处境的差异问题。大致说来,在自然科学的问题上,我们似乎可以搁置"全象",摸到什么就是什么(现象学)或依摸到的部分有什么"用"就"是"什么(实用主义)达成单义真值命题,准此,摸到大象躯干者可以径直以之为"挡风墙"甚或"绘画板",如果你有一匹马正要拴,则象腿就是拴马桩,等等,而在非实践导向的人文哲学领域,所追求的恰恰是世界观层次上的"全象"视角,在社会政治层面,亦遭遇价值多元的整全真理难题,即罗尔斯所谓"完备性学说"①的问题。韦伯说过"最优异的官员是最差劲的政治人物",因为政治人物面对的是没有(标准)答案即"无解"的问题,而官员则以为一切皆有解,②这正好为民主与真(理)不在场提供了一个很好的注脚。正如后文将展开论证的那样,人们之间天然存在的合理价值歧异是人文社会研究中面临的基本实情,如果社会公共决策中单义道义目标及其优先性难以确立,不同目标的分歧如"发展、环保""自由、平等"等就难以加总或换算成单一价值单位,事实上,人文社会领域实践检验真理的复杂性也就在这里。

按照民主场域真理缺失的本体论解读,则问题不仅仅是我们关于整全真理的认知盲目性,而是它也许本来就不存在。结合我们所分析的案例,黑白双方各自看到了"万花筒"中的某一个图案,问题是,关于万花筒所可能组合出来的各种图像是不能整合出一种所谓总图案的。这一隐喻的意义是,世界在整体上就是黑格尔所理解的矛盾统一体,进而,根据黑格尔本体论与认识论统一的学说,世界作为非直观的"想象共同体",本身就镶嵌在作为有限此在的我们的视野中。总之,不论从整全真理超出我们的认识的角度还是从整全真理在本体上不存在的观点上看,民主

---

① ［美］约翰·罗尔斯:《政治自由主义》,万俊人译,译林出版社 2000 年版,第 63 页。
② 参见小室直树《给讨厌数学的人》,李毓昭译,哈尔滨出版社 2003 年版,第 38 页。

场域真理的不在场都是毋庸置疑的。

只在特定科学语言游戏中存在的真假分明的真在人文社会场域之不存在是一个健全的真理观不可或缺的见地,此一线索其实早在古希腊哲学关于"真理"与"意见"的争执中即现端倪,其哲学史线索即柏拉图企图以"辩证法"求得真理的界定与智者派公共论辩中的"修辞学"实践的分野,当代"后真理"观念只是这一纷争在信息时代被技术性地放大了的新版。问题仍然出现在人文社会场域,自然科学中实际上是没有后真理忧虑的,即便论者有时亦在诸如"量子力学"之类的科学思想中汲取某些理论材料。质言之,非科学场域本来就是难以决出真假的,但这并不实质性地危及此一领域中理性的权威。

四、真理、道理及其他

以上论证表明,从社会认知的维度透视社会公共选择采用多数票决的决策机制可知,此际作为严格单义认知答案的真理是不在场的。在此,我们遇到真理语用的悖论:能"较真"的真理恰恰是不需要在言语上"叫真"的,而以真理之名展开语言博弈的社会议题恰恰是难以有单一明快的结论从而无以"较真"的。这一判断是建立在一系列论域划界和概念界定基础上的,尤其是关于真理成立的单义参照逻辑前提分析的基础上的,在此,任何望文生义的解读和信马由缰的联想都可能是言不及义的。例如,"民主意味着真理的不在场"不等于说"民主不是真理",这里首先有言说层次上"由民主决策得出"的是不是真理性方案与"民主作为公共决策机制"是否合理或合乎道义的区别,又有民主和真理概念含义广狭的区别。作为"平等"价值的政治体现,民主是"不证自明的真理"。民主从社会认知的角度看不是求真的,当然不等于民主与真理绝缘,相反,民主的良性运转至少需要有一个信息真实、全面和透明的制度环境。

学理上值得进一步阐明的是,如果依民主程序得出的公共决策在认知上不属于严格真(理)性答案,这是否意味着决策的任意性即非理性,从而在政治上是否意味着"多数暴政"?

由于在这里我们是在严格真命题意义上言说真(理)的,①其不在场不应被粗糙地解读为人们心目中通常广义的真理(公理或道义)的缺位。"民主而没有对真理的追求是没有实质的民主……只是利益的游戏"②。与市场这一利益博弈的私人领域相对应,民主场域乃利益博弈的公共领域。虽然"没有一个参与争论者可以宣称其意见为最后有效的真理。尽管如此,仍然可以设想,人们对情势的判断是恰当的或者较不恰当的"③。伽达默尔在《诠释学Ⅰ真理与方法》中援引维柯提出的"共同感"概念在此富于启发。"共同感是在所有人中存在的一种对于合理事物和公共福利的感觉",它涉及对"正当和不正当的判断"。④ 共同感既是一种重要的社会资本,也是特殊利益之上普遍道理的存在,合理的利益在于服从道理。因此,在人们利益发生冲突的情况下,关于利益的大小、轻重及分配是存在合理讨论与辩护的。比如罗尔斯提出的在自由优先前提下对弱势群体利益差别对待即赋予二阶优先性的公平正义原则就代表某种利益分配合理性的方案,当然,任何合理性方案之外仍然存在其他不同的合理性,此际不存在排他性一元真理。为了填补自然科学式真理的真空,罗尔斯新著提出作为"重叠共识"的"公共理性"概念,这在理论上意味着一种"认知的退让"。⑤ 公共理性是由人们多元思想信念之间相互重合与兼容的部分构成的。尽管它并不具有(真理式的)确立一致性的思想强制力,但作为"重叠共识",仍然能为公平正义"提供一种公共的证明

---

① 狭义是为了获得概念的单义规定,此一义又是概念的原始核心义。只有在这样的分析意义上,命题方有确定性,才可能在此基础上展开有效的论证与反驳。困难的是,任何概念在其历史流传中总是不断产生衍义,从而使得读者以及作者在思考中很容易发生混淆。

② 〔德〕尤里安·尼达-诺姆霖:《民主与真理》,刘敬慈译,台北:时英出版社 2009 年版,第 5 页。

③ 〔德〕克劳斯·黑尔德:《真理之争:现象学还原的前史》,载《世界现象学》,孙周兴编,倪梁康等译,生活·读书·新知三联书店 2003 年版,第 229 页。

④ 〔德〕汉斯-格奥尔格·伽达默尔:《诠释学Ⅰ真理与方法》,洪汉鼎译,商务印书馆 2007 年版,第 36、51 页。

⑤ "合理的分歧和认知的退让",参见〔挪威〕G. 希尔贝克《跨越边界的哲学》,童世骏编,童世骏、郁振华等译,第 377—380 页。

基础"。① 因此,"在解释学中包含着远离关于证实的认识论教规及在推进研究的名目上得以合法化的真理条件的姿态,但仍然保留着将融贯性作为准真理理论的姿态"②。

严格意义上的真理往往是只发生在特定场域如自然科学中的事情,在此,真理原则上是由专家学者独自得出、独立裁断的,但是,真理并非这个世界上唯一的"道"或者"理",**无真理的场域并非没道理(可讲)的世界**。在社会生活"公说公有理,婆说婆有理""见仁见智"的背景下,"遵从民众中大多数人的意见办事"的民主决策机制并不是说"不问真理是否掌握在少数人手里。……一旦民众的多数选择了他认为是谬误的意见,他也必须平和地放弃自己手里的真理"③。在此,公理或道理是在公共演说和论辩中讲出来的,票决只是民主的必要要件和终极步骤,却非民主的全部含义,真正的民主至少还包括投票前的协商、公共辩论乃至民意测验等操作。给定真理的不在场,是非曲直虽不可以一语骤断,但所谓公道自在人心,在一个历史的长程视野中,道理总有机会,违背人民根本意志之事终究天理难容。要在"以仁心说,以学心听,以公心辩"(《荀子·正名》)。西方自古希腊开始,公共论理实践催生出语法、逻辑、修辞"三艺"(trivium)。而在柏拉图那里,修辞学是真理的死对头,④他认为,修辞代表的是公众"意见",而哲学追求的是超越意见的"真理",为此,他推出"辩证法"抗衡"修辞术"。在笔者看来,在社会公共话语语境下,不是柏拉图哲学所强调的普遍必然性,而是智者所主张的建基于可能性逻辑的修辞话语才是处理公共论题的恰当理性工具。顺便指出,理念的必

① 参见[挪威]G. 希尔贝克《跨越边界的哲学》,童世骏编,童世骏、郁振华等译,第377—380页。

② W. Jost and M. J. Hyde (eds.), *Rhetoric and Hermeneutics in Our Time: A Reader*, New Haven, CT: Yale University Press, p. 135.

③ 参见赵汀阳主编《论证》,辽海出版社1999年版,第122—123页。引文中所说的这种情况在事实上可能发生,但并非民主作为理性过程合乎逻辑的本义。

④ 与柏拉图一脉相承,笛卡尔、康德对修辞学均抱抵制态度。(参见周建漳、王建志《修辞学的文化蕴含与认知意义》,《厦门大学学报》2013年第4期。)

然真理性理解与柏拉图对几何学的青睐内在相关,而智者们谈论的恰恰是社会议题,依照本书以上相关分析,柏拉图派"所谓'求真'的传统"对"'修辞'的多方打击"①显然也犯了自然与社会不分的"错位谬误"。总之,更适合社会公共事务决策的认知模型是**修辞学**(公共论理)基于可能性逻辑的合理(重叠)共识,而非严格必然性真理实践**证成**的科学模式。

民主与真理张力关系的学理中蕴涵某些在理论和实践上的进一步的理解。首先,"我们所以是民主主义者,并不是因为大多数人总是正确的"②,这正是民主体制尊重多数的同时也保护少数这一看起来相悖的行为的内在理据所在。较之通常由民主之外另行引进自由或人权原则解释民主尊重少数原则,由民主与真理关系引申出的内在解释在理论上更简洁融贯、更有说服力。

其次,民主最深刻动人的是众生平等的逻辑。柏拉图及亚里士多德往往因认知精英主义的理由诟病民主,所举的例子往往是专家(船长、医生等)对于民众在认知或操作水平上的优越性。流风所及,传统政治体制每每对其行为主体提出复杂的制度要求。它在理论上假定人的高级认识水平和崇高德性,又以"上智下愚"之类的理由将社会中占多数的"劳力者"排斥在政治过程之外——因为你当然不能满足这样的"准入条件"!在这样的政治话语中,芸芸众生成了"素质"不够的孩童或刁民,这真像悉尼·胡克所说的一样,"专制制度在压迫我们的同时还要侮辱我们。"③然而,"民主是为民众而存在的"④。民主关于社会公共领域中行为主体的制度假定或预期是十分质朴的,它不相信正常的人会愚蠢到无法认清自己的切身利益,退一万步说,即便事情真糟到这样的地步,"但

---

① 高辛勇:《修辞学与文学阅读》,北京大学出版社 1997 年版,第 120 页。
② [英]卡尔·波普尔:《猜想与反驳:科学知识的增长》,傅季重等译,上海译文出版社 1986 年版,第 500 页。
③ [美]悉尼·胡克:《理性、社会神话和民主》,金克、徐崇温译,上海人民出版社 2006 年版,第 292 页。
④ [美]E. E. 谢茨施耐德:《半主权的人民》,任军锋译,天津人民出版社 2000 年版,第 120 页。

是别的人们要声称知道他们'真正的'利益是什么,或应有什么利益,那就太放肆了"①。在民主问题上假定关于人的种种"素质"要求本身显示出前民主政治思维的可疑痕迹,而其认知基础,正是错将民主这一关于人的偏好的制度安排的**大众物事**认作**科学式**的专家物事。

再次,在狭义科学真理不在场的情况下做出真理在手的姿态包含着"出现暴政的潜在可能性":当一种原本是政治的过程被"解释为发现真理的过程时",那些自称对问题有杰出见解的人就会把高压政治看作在道德上是合理的",于是,"一旦发现真理,对那些看不到这点的人,必须'晓以道理',最好用劝导的办法,但是若有必要,也可加以强制"。② 如果知识是确切的,那么,专断就既是可能的也是必要的。在此,民主之为用本身就是对挟真理自重的各种一元独白话语权威和实际威权的解构。当然,这里所说的真理不是命题性的真理而是广义上的真理即公理或道理。真理与一元话语之间并非天然一体,"并不因为没有一套标准答案,这里就完全没有真理性"③。质疑一元权威话语与坚持真理即公理和正义毫无矛盾。于拒斥一元的同时之所以仍然坚持真理,是因为如果"我们丧失了对真理价值的感知,我们也必然会在这一意义上丧失某些东西,甚至丧失一切"④。客观上,"那些否认真理价值(当然不是有意的)的哲学家是把我们交到玩世不恭和不道德政治的掌中"⑤。这里要指出的是,有学者认为坚持真理(叫真)与坚持真理在我的独断论是两回事,恰恰相反,对真理的承认蕴涵作为主体的我们永远可能有错,即真理未必在我们一方,因此,对真理的真诚是真理问题独断论的解毒剂。

---

① [美]悉尼·胡克:《理性、社会神话和民主》,金克、徐崇温译,上海人民出版社 2006 年版,第292 页。
② [美]布坎南:《自由市场和国家》,吴良健、桑伍、曾获译,北京经济学院出版社 1988 年版,第41、56 页。
③ 陈嘉映:《走出唯一真理观》,上海文艺出版社 2020 年版,第 32 页。
④ [英]伯纳德·威廉斯:《真理与真诚》,徐向东译,上海译文出版社 2013 年版,第 9 页。
⑤ Richard Campbell, *The Concept of Truth*, Basingstoke: Palgrave Macmillan, 2011, p. 248.

第四节　真之规范性

由真之物用到真之语用,前者属于包含实质内容的真陈述或者说真命题,真正对世界有所揭示从而有所作用的是命题内容而非真假,而在真之语用中我们直接诉诸真本身,以真为理。真之语用指向的是话语权威的争夺,但当真成为所诉诸的判断标准,此中已然包含真的规范性内涵。

一、规范之两面:规则与理由

“规律”与“规范”一字之差,却涉及物理与人文世界的根本区别。物质世界万物运行悉从规律,唯人的世界存在规范,用康德的话来说,前者是人通过知性范畴为自然立法,后者则是在社会实践层面上人为自身所立之法。规律代表实然因果必然性,规范强调应然性,在否定性层面上,它是针对可能但不可以(欲)之事的应有约束要求,这里的可能包含事实与动机主客观两个层面:我们做不出拽着自己的头发双足离地的动作,在英文中与此对应的是 unable;我们不会(没有动机,will not)做“搬起石头砸自己脚”这样的蠢事;最后,我们不应该(ought not 或 should not have)但并非不能(unable or can not)“违法”或“缺德”。桑德斯有本书《金钱不能买什么》(*What Money Can't Buy?*)严格推敲之下其实不无问题,因为书中所说的诸如“不能花钱免服兵役”或者“买卖器官”之要点恰恰不是“买不了”(unable)而是“不应该买卖”(ought not),假如事实上真的“不能买”即“买不到”,那反而用不着大动干戈提出“不该买”的各种理由,在此,当人们在道义上提出某种事情之不可欲或不能做,实际上已经预设了其事实上的可能性。客观上不能的事用不着规范,规范的都是“不可为”而非“不能为”之事,细心的英文读者在 can't 上读到的应该是 undesirable。在肯定性层面上,规范指向超越实践考虑的纯粹理性之正当性诉求,真之规范性正是如此。

规律与规范的根本区别在于是否可以被违反,凡是规律都是不能被违反的,比如,人不能提着自己的头发离开地面,因为,以离开地面为目标的行为与以地面为支点恰恰是矛盾的,而规范则是应该遵守但可能被违反的。通常所谓长官意志违反自然规律准确地说是指相关目标因得不到相关自然规律的支持而事与愿违或得不偿失,"拔苗助长"是前者的例子,以亩产万斤为目标的深耕与密植则是后者,其失败恰恰从反面证明了自然规律不容违反。规范合理性的基本前提是不与规律相冲突。违反规范的行为属特权行为,个体性违规行为如"不排队"是不当获利的投机行为,在社会公共层面上,违规是权力不受约束的表现。

规范具有规则性含义,它是协调人们行为的公共游戏规则,其目的是保障人类活动的顺畅性与效率,为此它划定可行与不可行的界限并包含惩戒机制。规则是有纯粹技术性与外在功利性的,如体育运动竞赛规则、交通规则,这类规则通常没有道理,车辆右行与左行都可以,只要内部保持一致就行。规则的要义是方便,更多的规则在便利之外有其道义理由,此弗洛伊德所谓"文明的约束"或儒家观念中的"礼"的规范层面。就此而言,法律是模仿自然律强制性的规范,伦理规范则是说服性的,而真则是保证思想秩序及合理性的认知规范。

服从规律是趋利避害的本性所致,确立与尊重规范则是文明所在。动物几乎完全受制于客观因果力,人作为理性的动物不只是比动物有更强的思想能力从而对规律有科学的理性把握,人在自身物事中除因果性的追问(为什么?)之外还要求超越事实因果的理由(凭什么?),并且据此可以对不合理的现实包括规范说"不"。规律是恒常的,规范则是文化与历史性的。规范高于规则的本质是理由。理由在纯粹因果力的世界中的凸显是文明出现的基本标志,最典型的例子是,自然界的生物链中上下游生物之间存在天然食物链关系,而在智人群体中则存在着否定以强凌弱、弱肉强食的反自然主义的逆向规范性要求。虽然只要世界上还存在武器与战争,我们就不能说完全进入依理不依力的理想状态,但这无疑是文明发展的方向与最终目标。因此,规范最深刻的根源是人类在现实世界中坚持要求和给出理由,它构成规范现实的法度。理由一旦如黑格尔所说由合理的成为现实的(客观精神),则显示出其内在的合目的性。

二、认识与求真

真之为规范涉及认知与社会交往两个方面,就前者言,"'认为真'是对断言或信念所采取的一种规范立场"①,后者涉及人际交往中对真诚的要求,具体包括诚实与准确两个方面。② 不论是在认知还是交往层面上,真与真诚是认识与交往"无之则不然"的必要前提,这是其规范性的来源。

规范细分包括"诠释性""命令性""构成性"三种情况,③由于"违法""缺德"是行为主体的可能动机,因而法律和道德属于刚性程度不同的"命令型规范"。与此不同的是,认知主体天然趋向于真——傻瓜才相信假的——在动机上与认识主体有内在的一致性,因此,真之为认知规范是"构成性"和"诠释性"的:构成性在某种意义上也可以说是定义性的,无真则无认知可言,正如无胜负则无竞技体育,无规则则游戏无以进行,真在此内嵌于认知游戏本身中;真之诠释性在于,它是我们用以界定、衡量与解释认知成就的计分理由,由此不同程度的成功是可以理解的。

真在认知中具有天然的规范性,意思是,我们无法按要求随意而信,只能按真不真而信或不信,换言之,我们拥有一个信念即蕴涵我们同时相信其为真,或者说,我们不可能既知道 P 是真的又不相信它或相信明

---

① Robert B. Brandom, *Making It Explicit*: *Reasoning*, *Representing*, *And Discursive Commitment*, Cambridge,MA: Harvard University Press,1994. 转引自郑辉军《匹兹堡学派论证的逻辑起点:理由空间的嬗变》,《自然辩证法研究》2016 年第 12 期。
② [英]伯纳德·威廉斯:《真理与真诚》,徐向东译,上海译文出版社 2013 年版,第 120 页。
③ 参见郑宇健《规范性的三元结构》,《世界哲学》2015 年第 4 期。

知为假之事。① 在此,真之于认知具有构成性规范意义。真之构成性规范意义还体现在主体之间,这可以从游戏规则的角度来理解,一个认识不论多么深刻、多么简要清通、多么富于解释力,只要它不是真的,就在根本上改变了性质、不足以被称为知识,在此,构成性同时是诠释性的。规则具体可以细分为技术性和原则性的:在中国象棋中,"马走田"是违规走法,但试图给棋盘上的"马"喂料则是非法做法,其实就是捣乱。具体规则(如棋类规则)有一定的任意性从而外在性,其变动有时并不影响棋之为棋。例如,高手对低手的让先或让子就是实例,而构成性规则的违反(如以刀砍"帅"的行为)则令特定游戏完全变质即不成其为游戏,前者对象棋的破坏是局部性从而具体技术性的,后者对游戏的危害则是根本颠覆性的。真之于认识显然属于后者。

与伦理之善作为康德所谓定言命令虽然可以证明其合理性但毕竟属于外在强制性要求不同,求真似乎是认知主体固有的动机,因而无加以额外规范之必要。但是,对知识而言,真固然是知识成立的必要条件,在知识之为"有效证立(justified)的真(true)信念(faith)"的意义上毕竟不是知识的充分条件,在认识目标的意义上,认识直接瞄准的是求知而不是或至少不全是求真。② 在更深刻的层次上,认知内容之于真的优先性,最终涉及认知与行动成功之间的关联。在达尔文式生存竞争考虑及其实用主义理论代表视野中,知识并非这个世界上遗世独立之事,而是嵌于人类生存竞争的进化论语境中,在此,知识与实践成功及其实用考虑间存在明显的张力,求真之为认识规范正是在此张力下凸显其规范意义。

聚焦人类实践及其成败,认知上真的意义端在其行为效用,用詹姆斯的话说,叫作真即有用,当然,他同时承认有用乃因为真。将真与用放

---

① 关于这一点,刘小涛在他的文章中有其展开式论证。(参见刘小涛《信念何以瞄准真理》,《现代哲学》2019 年第 6 期。)人可以骗人,但没法骗自己,这和一个人不能自己跟自己打牌或下棋是一样的道理。

② 郑伟平在《信念的认知规范:真理或知识》(载《厦门大学学报》2017 年第 5 期)中指出:真不是信念的目标与认知规范,知识才是。

在一起考虑,我们求真以务实,真是工具性的,而用才是目的性的,这与货币的关键作用是其所代表的交换价值,真只是确保其价值成立的条件是一个道理。因此,当真无益于用或妨碍用,则真是可以被放弃的。尽管在通常情况下,真信念往往有益于实践成功,但却并非必然如此,特定情况下假信息、假信念可能有助于行为目的的实现,而真信念却可能坏事:常识告诉我们,对自身病情盲目的乐观或许反倒有助于治疗与恢复,而知道自己身患不治之症者往往不但最终不治,并且其不治比预期来得更快;几乎所有人对自己(能力、品德乃至容貌)的判断是超于平均水平的,如果这是真的,那么我们中至少有 50% 的人所持有的信念是错的,可是,这大概是人心安理得地活在这个世上的基本信念,即便它并不真,恐怕也犯不着甚至不必被拆穿。由此不难理解实用主义对于真理的缩简主义理解乃至取消主义立场。

规范的权威性在于始终无例外地被遵守,而在人类生存的进化论图景和真与用的裂隙间找不到真理规范的位置,然而,按照莎乐斯(Mariam Thalos)在她的一篇获奖论义中的论证,超越关于认识服务于实践的常识工具性理解和考虑,在科学区别于常识性认知的"重要真理"(significant truth)的维度上,真作为"值得我们相信的"的认知规范的地位得以确立。①

真之规范性蕴含真理本位的立场,也就是说,虽然在附属的意义上真有益于实践成功,但其规范性所要求的"唯真是求"只有独立于用才能获得辩护,科学作为标准认知系统恰好如此。哲学家谈论认知时心目中不假思索的是常识性认识及其作为生存竞争手段瞄准效用的直觉形象,然而,科学之为科学恰恰不是人类生存压力下服务于生产、生活实践的理性应对策略,而是人类探索精神的理智结晶,是因自由且为自由而思考的典范。(参见本书第三章第三节)历史上,科学与哲学系出同源,自

---

① Mariam Thalos, "Truth Deserves to be Believed," in *Philosophy*, 2013, Vol. 88, No. 344. 此处观点主要受益于该文。

然哲学作为一门理论学科与生活世界中作为常识的日常经验结晶和解决问题实际手段的工匠知识之间泾渭分明，因而，与后者的合理性在于实践有效性之证验不同，前者的合理性标准是思想的逻各斯，它最终可以用真加以标识。

正如亚里士多德所指出的，理论出于闲暇，瞄准真而非实用的超脱科学探索在进化的自然选择背景下是一种奢侈，但这并不意味着求真是缺乏现实意义的单纯智力活动。莎乐斯指出，求真之于认识的社会功能是为信息提供可信性标记，而"将某事标示为真的根本也许是唯一理由，是让我们可以放心运用已然被给出的信息以达至特定结论，而这绝对不是出于对人的竞争优势的考虑"①。因此，作为历史常见的非意向性后果（unintended consequence），思想家个体基于对自由的理解和对纯粹求真、求纯粹的真的孤独探索不期然为思想产品创立了合格性检验程序与标准，正是在被证成为真的信息的保存与流通中，这些探索最终汇成理论的巨流，发挥出改造世界的巨大能量。在此，作为认知规范的真实质上为人类认识事业提供了根本的社会合作机制——这与市场经济中分散行为主体的谋利活动汇成资源有效配置的"看不见的手"可谓异曲同工！正是在这一机制下，西方学者为真理而真理的追求最终在近代发展出被视为科学革命的成熟理论范式，并且产生了无可比拟的巨大社会效益。总之，真是令认识秩序成为可能的构成性规范，求真是认识的必要义务。因此，"我们需要创造一种'正确性'的规范，它使我们能够将关于世界的知识与虚构区分开来，并引导我们去尝试获取这些知识。真理就是这样一种规范。这是指导我们追求知识的最重要的规范之一"②。

"真"与"用"其实是科学与技术各自所瞄准的本然目标，由于现代以

---

① Mariam Thalos, "Truth Deserves to be Believed," in *Philosophy*, Vol. 88, No. 344, 2015, p. 181.
② 陈波、吉拉·谢尔：《有关实质真理论的若干问题：陈波与吉拉·谢尔的对话》，《河南社会科学》2018年第7期。

来科学技术化的倾向,求真之为认知的本来追求反而在一定程度上被遮蔽了。关于真之为认知规范的分析告诉我们,真之追求在认识中具体体现为要求理由以及对探索保持开放心态等,以求增加认识为真的机会,"如果不是出于对真信念的重视,我们不会赋予上述做法以价值"①。

　　真对认识的规范作用可以理解为保证认识超越主观偏见达成客观共识的反馈机制。在认知过程中,研究者虽竭力求真却不保证为真,学术共同体中学者之间需要有一个认识上的相互反馈机制,以确保在对话中超越偏见,向认识一致性的方向汇聚,"这个反馈机制正是由真理概念支撑的"②。具体来说,在求真意向这一前提下,学术探讨各方互为信息发送方、接收方和阐释方,需要对彼此所表达的信念给出合乎逻辑、常识及事实的理据,在此,真作为认知合理性的终极参照发挥其规范作用。从语言游戏的角度看,超越具体认知内容的真之为认知规范可以看作是认知游戏的基本游戏规则从而合理玩法。

　　求真中规范预设出现偏离乃至违反现象,表面看来是不言自明之事,但作为有限理性主体,我们在认识上希望但显然无法确保真理总是在自己手中或一边。在此,坚持真理的重点并不在认识的实然之真及其实际利好,苏格拉底被视作为真理献身的烈士与其具体观点或主张的正确性并无必然联系——他总是说自己无知,而其对真理孜孜以求,将真奉为思想的判准与尺度,这意味着,在认知上是存在是非曲直的,对现实或者说面临的事情我们有权加以判断,要求并给出公共可辩护的合理理由,在这一意义上,人是真理的动物,人类社会之所以能愈益合理化,也是因为我们关于理由、规范的追问与要求。

　　在真理面前,爱真理还是爱自己存在紧张关系,以真为理("认"真)

---

① Michael P. Lynch, *True to Life*: *Why Truth Matters*, Cambridge, MA: The MIT Press, 2004, p. 14.

② 李大强:《作为反馈机制的真理概念:兼论戴维森的真理理论》,《自然辩证法通讯》2005 年第 5 期。

于此显示出其作为认知规范的必要性乃至崇高性。据此,爱真理不是绑架真理,相反,对真理的爱意味着个体随时准备面对真理并不在自己一边的可能事实,服从真理,即便它不在自己手里。因此,爱真理不是爱自己,同时也不是爱别人,因此,爱真理与其实际内容及其所蕴含的损益无关,是一种关于真的纯粹形上信仰与追求。其实,一切爱都内含对自我的超越,或者说都是面向他者的意向性态度,唯其如此,它才是人性中的崇高理性与德性。规范的合理性是其得以成立的公共理由,而规范之效最终不能离开个体体认与践履之诚。

三、真之为社会交往规范

上一部分结尾由真理在谁手里切入对认知真的规范性要求,这实际上已然触及"求真"之外人际交往及社会制度层面"认"真的规范性维度。真之社会规范意义主要表现在语言层面,具体包括个体交往层面对诚实无欺的真诚要求,以及针对公权力的"叫真"诉求。

真作为游戏规则是语言交流得以正常进行的前提,跟一个你不知道他/她哪句话是真的人简直没法打交道。作为语言交往的前提,从交往效率的角度看,在人际关系上说真话社会成本最低,从而是符合所有人利益的。但是,这里所谓所有人的利益乃是从整体上和长远上说的,并且是一种平均利益,说谎的人试图索取的则是即时兑现的"过分"利益。从个体利益最大化的私人动机出发,"反其道而行之"对利益的短期超值套现来说是最为有利可图的,这也就是在个体层面欺骗之所以往往发生甚至必然发生的根本原因。当然,依康德的论证,欺骗因无法一以贯之地施行于自身而导致自我否定,违反道德的"可普遍化"原则,从而不可能是合理的行为准则。不过,不可普遍化并不构成对投机行为的有效约束,相反,无违反不规范。但是,我们在承认规范弱于规律的约束性的同时不必否认其正当性从而规范性资格,人与人之间彼此坦诚相对是人际交往的基本道德要求,欺骗从根本上败坏对话与交往的可能性,并且,恶意言语失真者的社会代价是语言失效,这是社会交往的净化机制。基于真在社会交往中的必要性,关于语言使用者之间的真诚意向乃至其言谈信息的真实性是我们关于人们之间言语交流的基本预期,这也就是戴维森所谓的"宽容原则"。

我们不但在个体语言交往方面预期和要求真,在社会公共领域,真同样是对公权力的合理预期与公民要求。一方面,真表现为信息披露的公开、透明原则,这对于政府公信力从而权威有重要的正面意义;另一方面,真表现为与公民言论自由保护相关的政策法规,在非科学的真理方面,事实需要雄辩,真理越辩越明,因此,保障言论自由即保障真理。

真之认知与言语规范意义并不像程炼认为的那样,只是类似于"家长"这样的便于概括陈述的唯名论式集合名词,缺乏实质性(形而上学)意义。① 在自然主义的实体本体论中不存在"真"这样的形而上学存在物并不等于其真的"乏善可陈"乃至"子虚乌有",在非自然主义视野中,形而上学世界并不只是由实体甚至首先不是由实体而是由形式/意义组成的。规范本质上即自然还原主义的"富余"(而非冗余),尽管在其缘起中我们总是能发现某种达尔文式的理由。② 作为古典哲学最后的代表人物,黑格尔强调"不仅把真实的东西或真理理解和表述为实体,而且同样理解和表述为主体"③已然指出了这一点。总之,真理(包括自由、正义)虽非实体性存在,但这并不妨碍其在人类生活中是具有实质性意义的存在并具有规范性价值。

规范兼有功能性与超越性两个维度。布兰顿说:"我们是受理由约束的,是服从于更好的理由所具有的特殊力量的人。这种力量就是一种规范性力量,一种理性的'应当'。理性之为理性,就在于受这些规范所

---

① 参见程炼《真理作为信念规范》,《世界哲学》2014 年第 2 期。
② 参见郑宇健《规范性:思想和意义之基》,中国人民大学出版社 2019 年版。
③ [德]黑格尔:《精神现象学》(上卷),贺麟、王玖兴译,商务印书馆 1979 年版,第 10 页。

约束或辖制，就在于服从于理由的权威。"①絮尔明确提出"真理是思想的核心规范"②，在此所给出的基本上是真之功能性规范理由，这是与人类生存息息相关的达尔文式理由，然而，正如我们在关于真理之爱的论述中已经指出的，求真、"认"真已然包含功能性维度之上的超越性维度。例如，说真话可能不利己——如得罪权势——而仍然直言不讳，这种超越名利或权力考虑的直言已超出社会规范的普遍要求——你可以要求人不说假话，但不能要求人为真理献身——进入崇高道义的维度，其所彰显的不只是真诚，更是道义承担与勇气，这让我们站到了真理内在自足价值的门槛上。

---

① 转引自韩东晖《人是规范性的动物：一种规范性哲学的说明》，《中国人民大学学报》2018 年第 5 期。

② Gila Sher，"Truth and Scientific Change," in *Journal of General Philosophy of Science*，48 (2017)，pp. 371 - 394.

第五章 为何真理

真理何为的重心是"为它之用"而非"自身之好",从而终究是工具性而非内在性的。相反,为何真理则是以真理为本位的形上之问。"真理事大"(truth matters),[1]意思是真理有其独立于其他任何考虑的自足价值,即便它"不保证成功,不一定有用"[2],甚至要求牺牲。

"真理何为"与"为何真理"之间是道、器之分,在"器"的层面上,真(知)理是个(有益的)好东西,而在"道"的层面上,真理乃自足地紧要的,它要求我们无条件的爱。真理本位归根到底是因为人是目的,在此,爱真理就是爱我们自己。孔子曰"朝闻道,夕死可矣",因为已然"成(道)了",尽善尽美。围绕真理与人之本真存在的本质关联,本书关于真理内在价值的探讨具体展开为"真以成人""真以成爱""活得更真实"三个环节。

---

① Michael Gelven, *What Happens to Us When We Think*: *Transformation and Reality*, Albany, NY: State University of New York Press, 2003, p. 69.

② 此为梁文道"看理想"App 节目"八分"的开篇词。

第一节　真以成人

在形上本体维度上，真理超越认知与处事方面与存在者打交道之益的意义，成为与人的存在之"道"息息相关之事，在此，"哲学之真理根植于此在之命运"[①]。以柏拉图式"对生活的最初向往"的古典哲学情怀，巴迪欧强调哲学"是和真正生活相关的存在经验"，明言"任何哲学……都是一种幸福的形而上学，否则它不值得一个小时的辛劳"[②]。一旦我们能在这一维度上提出与思考真理问题，通常认识论范畴下了无踪迹的崇高真理现象，具体而言人与此种真理的遭际、对它的态度，以及真理与人存在的实质性关联从而教化关系即刻涌现在我们的理论视野中。

一、兹有真理

前此我们在"真理概念"名下曾触及真假的本体可能与语言发生（详见本书第二章第二节），但真假观念只是真理的显在与表层意义，真理的本质或者说本质真理不只是为真的认知，而是"在世界中"人的存在意义之思。例如，海德格尔在思辨水平上"为天地立心"，求解"存在与时间"之真相与奥秘，但与人的存在相关的真理显然并非理论家的专利，不必具有宏大理论的样式，却在现实生活的方方面面有生动与深刻的呈现，于斯之际，当事者受到触动，忽有所思——有所感触、有所体认、有所领悟，在此，真理是生命经验的升华。

> 两个青春年少的朋友躺在繁星满天的山坡上。"世界多大！看着那些星星让我们知道自己是多么渺小和微不足道。我们的种种烦忧被放到了这样一个巨大的视野中，难道不是吗？"另一位点头，

---

① ［德］马丁·海德格尔：《形而上学的基本概念》，赵卫国译，商务印书馆 2017 年版，第 28 页。
② ［法］阿兰·巴迪欧：《真实幸福的形而上学》，刘云虹译，南京大学出版社 2023 年版，第 130、137 页。

在一段长长和友好的沉默后,他说话了,"然而,这里有我们思及宇宙之大,而正是这不知怎么地让**我们**是重要的,也许甚至超过巨大的广延本身。"①

这一场景中"少年"与"星空"所隐喻的是超脱日常琐碎进入形上境界,这跟陶潜于"采菊东篱"之际不经意间"见南山"同一道理。但"悠然"只是超越日常的一种可能,危难之际亦是触发真理之机。朋友于暗夜街头遭遇歹徒时向你呼救,此时生物本能告诉你远离危险,弃朋友而走,与此同时你心中发生"害怕危险"与"担心怯懦"的天人交战,这是一个直面自我的时刻,因为,你的行为最终涉及"我是谁"这样一个根本的问题,由此你被迫逼视"勇敢"的真理,在这里,勇气之激发与特定行为选择实在是知行不二。这里所说的真理与主客间距的克服即主客符合的认知之真(知)不同,主客二分在此自始就是不存在的。其实,人生中可以说时时处处都可能是面对真理的时刻,文学作品中往往出现此类真理经验的直接表达,所谓"世事洞明皆学问,人情练达即文章"。

生命经验虽然是直面真理的重要契机,但是,对世界与自我的发现不只是稍纵即逝的灵光一现,真理的真正"懂得"有待于思。真理之思有形而上学的性质,而人并非天生的形而上学动物,"对于真理的探寻只有当我们被限定于某种具体的情境之中"即"被某种强力驱迫"才可能发生。② 如果说由幼及长的成熟是每一个成年人必经的过程,进入形上领域的哲学思考要求人在精神上的二度成长,哲学学习在此显得尤为重要。思与学是孔子着意探讨过的事情,前者是自己想,后者则是从他人

① Michael Gelven, *What Happens to Us When We Think*: *Transformation and Reality*, Albany, NY: State University of New York Press, 2003, p.59. 本节文字多为哥文所书相关内容的转述。另, 李泽厚曾有类似的感慨: "人在那里是多么渺小, 但如果没有它, 那'自然'就真将是地老天荒、寂天寞地而毫无意义了。"(李泽厚:《世纪新梦》,安徽文艺出版社 1998 年版, 第 5 页。)

② [法]吉尔·德勒兹:《普鲁斯特与符号》,姜宇辉译,上海译文出版社 2008 年版,第 17—18 页。

处学,毕竟个体亲知总是有限的,"思而不学则殆",当然,事情的另一面是"学而不思则罔",二者不可偏废,但思比学更根本,因为,所学无非他人之思(的成果),且学的目的最终是(能)思。

真理与一般知识上的真(知)有一个重要的不同,后者是由无知到知从而总是新知,而真理往往意味着由表面如字面熟知到实际上的真见地,因此,哲学的源起是思想的困惑而非认知的匮乏。在此,真理之思指的是对前此习焉不察的东西去除遮蔽之后见其本来面目,甚至更重要的是真理与践履的知行合一,用伽达默尔的话说,"应用乃是理解本身的一个要素"①。美国于1787年制定的宪法当头即著名的词组"我们人民",但直到1865年南北战争结束,占美国人口14%的黑人才随着奴隶制的废除真正被视为属于"我们"的"人民",1776年"独立宣言"所宣称的"人生而平等"的真理才开始"行于地上"。在此,无从军履历的北军统帅林肯和他的将士们不但在战争中学习关于战争之道的残酷真理,并且在战争中知行合一地学习业经书写在字面上的"人民""平等"等字眼的真正意义。对《论语》开篇的"学而时习之"我们或许亦可作如是观。

以上关于真理的阐述涉及个体与人类两个层面,并且二者是相互依存、相互证成的。不论在哪一层面上,在此真理的本质特征都是面向未来从而具足创造性与生长性的。作为存在意义的敞开与通达,真理的可能性即存在的可能性,这是人类及其历史当然也包括科学技术日新又新的不竭之源。

二、学以成人

在本体存在的高度上考虑真理与关于真知的知识观点迥然不同。知识当然配享它自己的荣誉,人类的进化优势泰半在于认知,只有傻瓜

---

① [德]汉斯-格奥尔格·伽达默尔:《诠释学Ⅰ真理与方法》,洪汉鼎译,商务印书馆2007年版,第9页。

才宁肯无知。在功利观点上，"知识也许比真理更有益"①，但在价值尺度上，真理才是人最终和真正的**受用**。知识的价值——"含金量"——可以用金钱购买甚至被金钱所替代，真理不能！因此，人有为真理而献身，却没有人会因某一知识的缘故赴汤蹈火。在逻辑上，真理亦是知识成立的本体论根据而不是相反。总之，真理不是狭义上的真知，倒是像佛教中所说作为"正见"、"正念"与"正行"的"善知识"，亦即真谛。知识讲究学以致用，真理之要在学以成人，是人存在的本己之事。

动物基本上是**生而为己**：小鸭子生下来就能下水，鸟需要学飞，其实一方面不过只是静待肌肉骨骼自然生长发育，另一方面，振翅于彼固然是一种学习，但本质上只是激活本能的练习，这和猫、虎幼兽于嬉戏中熟练捕食"三板斧"是一回事，算不上严格意义的学习。反之，作为此在的人实质上却是天然不"在此"的，我们需要学着去存在，而去存在本质上即去学习。一方面是对人类历来所累积下来的知识财富的学习（study），人类在学校进行的知识性传承本质上与幼兽在自然课堂中的学习具有一定程度的相似性，另一方面，人另有存在维度上**学**(learn)**以成人**(to be human)的层面，这里所说的成（其为）人与通常所谓的成年人不是一个意思，是与人由少及壮、从校门迈入社会的社会化成熟平行的二度成长，②其意义是伽达默尔所说的"教化"，其"一般本质就是使自身成为一个普遍的精神性存在"③，这是此在去存在最本质与最深刻的维度。

真理的学习不是知识意义上而是形上本体意义上的，其课堂"在人

① Michael Gelven, *Truth and Existence*：*A Philosophical Inquiry*, University Park, PA：Pennsylvania State University Press ,1990,p. 29.

② 参见 Michael Gelven, *What Happens to Us When We Think*：*Transformation and Reality*, Albany, NY：State University of New York Press, 2003, p. 107。

③［德］汉斯-格奥尔格·伽达默尔：《诠释学Ⅰ真理与方法》，洪汉鼎译，商务印书馆 2007 年版，第 23 页。

间"①,是人生在世终身之事。真理不是知识,无可传授,必须亲历与见证。它往往在某种情境或机缘下与你相遇,需要你用心领会。依伽达默尔的说法,这是需要你"参与"的真理,同时是内在包含"应用"的真理。② 在后者的意义上,真理不是纯粹精神性的,而是落实在实事上和人的转变中,正如法律不只在条文里,需要落实在司法判决中。虽然如此,哲学学习和接触文学、艺术等却是人亲近真理的特有场域,它在心智层面刺激我们对真理的觉知,造就我们对真理的概念理解,比如通过海德格尔哲学获得观照人生的整体性眼光和"向死而生"的觉悟,形成关于人生本末、轻重的本真判断力。在这一意义上,存在真理虽非维生所必需,却事关人不虚此生的追求,如果哲学是爱智慧,这正是智慧所在。它在我们心中埋下思想的种子,让我们成为在存在上有追求的人,并且最终有助于我们成就"当我们回首往事的时候"意义具足的人生。

关于真理的一个真相是,其实"我们天生不想知道存在的真理"③,弗洛姆有作《逃避自由》,同理,人亦可能逃避真理,因为,真理非为人所设,作为存在真相的敞开,它可能是残酷的:人类直面世界善恶存在的代价是"失乐园",哈姆莱特在命运面前左右为难,病人往往不敢直面自身的绝症……特定境遇乃至危机往往成为触发真理之思的契机,激起我们直面真理的勇气。作为"可思议性"的根据,我们当然希望合理的就是现实的,至少在这个意义上,我们视真理为值得追求的目标。但真理的另一层甚至更根本的含义是其关于实在真相的敞开,而在这一意义上,真理未必都是令人向往的。孩子智慧发展中很重要的一步,是明白"家"与"社会"的区别,也就是说,知道世界不是围着他/她转的,而人类关于自身所在的世界的真理性认识是,世界不是伊甸园:男人如《圣经》所说必

---

① 这是高尔基自传三部曲第一部《童年》与第三部《我的大学》中间那一部——第二部的书名。
② 参见[德]汉斯-格奥尔格·伽达默尔:《诠释学 I 真理与方法》,洪汉鼎译,商务印书馆 2007 年版。
③ Michael Gelven, *What Happens to Us When We Think*: *Transformation and Reality*, Albany, NY: State University of New York Press, 2003, p. 55.

须汗流满面才能果腹,女人必须经受生产的痛苦。亚当、夏娃故事的寓意是,世界不是为我们而造,知善恶的本体论前提是有善恶。因此,真理于人不是单向度的"利好",而是哥文著作所提示的关于实在的欣悦、诱惑、危险与残酷并存的复杂面相的敞开,①用一个美学上的术语来表达,真理未必都那么优美,但是崇高,换言之,真理益人,却未必宜人。

与真知不同,真理最终必落脚于存在维度上人的转变,在此,真理意味着"我是谁以及我做什么不再是无所谓或不重要的",而"大胆接受我是谁以及我做什么事关紧要正是勇敢的本质意义"。②"接受我的命运是勇敢。坦承我的罪责是勇敢。但在对愉悦的欢欣,以及对在对美的诚服中所揭示的东西的顶礼中对我是谁的肯认也是勇敢。"③因此,真理与关于我们身份、角色的各种"什么"无必然的关系,不是我们可以简单获取的制胜法门,不承诺我们快意的人生,却在根本上与"我是谁"息息相关。让我们退缩的常常是这样的念头,假如我离开岗位,战斗真的会失败吗?我只不过是千百人中的一个;我的缺席不会有人注意,或至少无关紧要。"如果我们无关紧要,为什么要承担痛苦?"④在此,"接受我是谁即诵达对我是谁有意义的存在领会。如果我的确有其意义,那么,我被阻止退缩,我被迫使直面自己",因而,"我们活在真理中的一个方面,是承受我们的命运的勇气。"⑤

在思想的维度上,真理的无限性与人类理性的有限性构成永恒的张力,然而,"如果我们的确是有限的,真理的无限负担怎么可以加诸我们

---

① 参见 Michael Gelven, *Truth and Existence : A Philosophical Inquiry*, University Park, PA: Pennsylvania State University Press, 1990, part three: "The Faces of Truth".

② Michael Gelven, *Truth and Existence : A Philosophical Inquiry*, University Park, PA: Pennsylvania State University Press, 1990, p. 203.

③ Michael Gelven, *Truth and Existence : A Philosophical Inquiry*, University Park, PA: Pennsylvania State University Press, 1990, p. 203.

④ Michael Gelven, *Truth and Existence : A Philosophical Inquiry*, University Park, PA: Pennsylvania State University Press, 1990, P. 196.

⑤ Michael Gelven, *Truth and Existence : A Philosophical Inquiry*, University Park, PA: Pennsylvania State University Press, 1990, p. 198.

身上?"①在纯粹认知的层面上,无知的确可以免责,但在存在维度上,由于真理与存在内在的关联,真理是我们无可摆脱的义务,正如活着即做人。在此,"假如我们被拒绝赋予知识与确定性,然而与此同时被赋予直击真理的义务,这里勇气就是逻辑的必然。我们也许并不拥有必胜的武器,但我们被赐予承受失败的勇气,而被承受了的失败就是被击败的失败。"②这正是《庄子·杂篇·天下》中所谓"将求之不得也,虽枯槁不舍也",诚而已矣。

勇气之于真理实乃存在的勇气,它当然不保证真理,却是真理追求的不二法门。《理想国》中走出洞穴直面阳光的人是关于真理追求者的寓言,而他关于谋利者、卫国者与治国者及其所对应的"欲望""血气"和"灵魂"清楚地表明了真理与勇气的关系。谋利者亦即谋食者,其所对应的是从事物质生产与交换的常人,与谋利者局限于欲望的私人化生存不同,卫国者作为服公役者在存在境界上是高于谋利者的"士",在其之上的则是最高等级的治国者。士的特质是勇敢,治国者的品质是智慧,在此,勇敢不等于智慧,却是智慧亦即真理的先决条件。在真理问题上,我们虽可能如逐日的夸父无以竟其全功,但勇猛精进者无悔,追求真理的勇气本身是此在存在的真理。

学以成人的真理是存在意义之思,文学艺术是它的经验原型,哲学则是其理论形态。科学真知泽被众生,但其探究与众人无缘,亦不触及存在之根本。反之,存在真理是需由每个人自己亲身"学习"(learn)与"参与"践履的,其用在人(类)的转变。在此,受真理的召唤类似于登山者受险峰的召唤,既不是为了探寻珍宝,也不是为了征服什么,"欲穷千里目"在此不是关于望远镜的诗意想象,而是人对存在可能性的崇高追

① Michael Gelven, *Truth and Existence*: *A Philosophical Inquiry*, University Park, PA: Pennsylvania State University Press, 1990, p. 199.

② Michael Gelven, *Truth and Existence*: *A Philosophical Inquiry*, University Park, PA: Pennsylvania State University Press, 1990, p. 200.

求,由此彰显人超越动物本能与生存理性的真理性存在维度。

第二节 活在真实中(living in truth)

在上节关于真理与人本质关系的基本理解框架下,以下两节是现实生活场域中真理与人实际关系的具体展开,它将印证和充实前此关于此一主题的原则论述。

"活在真实中"这句通常归诸哈维尔名下的话,依昆德拉的说法最初出自卡夫卡。[1] 原文中 truth 一词在中文和不同语境下可以有不同的译法,但其基本含义,皆指因真理或依真理而存在。可见,人真理性的生存不是指活得有知识或合乎科学地活着,而是以真为指向意义具足的存在。有意义的存在涉及诸多价值,包括人格尊严、良心清白、亲密关系等等,通常较少为人注意的是,在这些义项的背后其实也涉及真,即如其所是的问题,各种价值一旦不真,意义尽失。

一、存在的真实性

诺奇克在《无政府、国家与乌托邦》和《人生哲学省思》中都曾提到过他称之为"体验机"的思想实验[2]:假设有这样一个高科技装置,[3]进入它的人可以获得任意的幸福经验,如享受美景美食、拥有完美爱情等高峰体验,甚至成为你想成为的任何成功人士(诗人、作家)乃至伟大的英雄,缔造伟大的国家,等等,除了这一切不是在真实世界中发生的之外,感觉

---

[1] 参见景凯旋《在经验与超验之间》,东方出版社 2018 年版,第 236 页。

[2] [美]罗伯特·诺奇克:《无政府、国家与乌托邦》,何怀宏等译,中国社会科学出版社 1991 年版,第 52—54 页;Robert Nozick, *The Examined Life*: *Philosophical Meditations*, New York: Simon & Schuster, 1989, pp. 104 - 105;另参见 Michael P. Lynch, *True to Life*: *Why Truth Matters*, Cambridge, MA: The MIT Press, 2004, p. 15。

[3] 其现实对应版是黄有光所推崇的"刺激大脑享乐中心",认为通过某种刺激大脑的装置以产生快感是增加快乐的一个效益"成本"比极高的投资。参见黄有光《快乐之道:个人与社会如何增加快乐》,复旦大学出版社 2013 年版。

上一切都跟真的一样,问题是,你愿意在这样一个装置中度过余生吗?绝大多数人乃至一切人的回答会是否定的,即便是那些在现实生活中饱尝不幸与贫困的人,他们/她们也只会希望在这个机器里待得比一般人时间长些,但他们最终仍然愿意"亲自"活在尽管乏善可陈的现实世界中。谁都想活得更快乐、更幸福,但前提是这是真实的,即是在真实世界中我们行为的实际结果,而不是在一个虚拟世界中替代性的满足。由于不能满足我们对真实感的要求,那些一般而言美好的东西将失去其价值。我们于此看到"真"与"美"的特定关系。

假设一个一生拥有具有充分见证的爱情的人临终时获知他/她所经历的一切其实是假的,这对他/她的人生来说显然是具有颠覆性的,尽管他/她所经历过的那些风花雪月或相濡以沫的记忆并未因此而被抹去。如果说"幸福机器"的例子太过"科幻",爱情关系中的某一方因某种内在的认知缺失而将对方错认为另一个人是一种更具现实感的情况①:由于认知方面的问题或受惑,其中一方在爱情中所付出的全部的爱不是针对他/她而是另一个人从而属于错爱,那么,一旦这一真相最终被揭晓,这段类似于莎士比亚《仲夏夜之梦》②中的那种阴差阳错式的爱情梦幻显然因其不真实而变质,失去其应有的意味。因为,心意本身是情意的核心要素,一旦其遭到破坏,则那些在实际层面上似乎如假包换的恩爱行事就因不真而变味。

接着再考察一个具有完全现实性的例子,通过药物或手术达成的美(整)容效果是否也存在真(假)问题? 其实,只要把"美容"二字换成通常间谍使用的"易容"(伪装术),③就可轻易发现,无论动机上有何差异,其

---

① "错认对象"是否构成对所付出爱的全面否定,又如一方错认另一方却是认真的,等等。这些进一步的考虑都有其各自的意义,但我们在此只能将此忽略,只聚焦于关于"真"与"爱"的特定思辨。

② 《仲夏夜之梦》的大致剧情是,"相思花"的汁液有令人无端生爱的魔力,于是,在小精灵的恶(善)作剧下,不同男女间在仲夏夜的森林中上演了一场匪夷所思、阴差阳错的爱情喜剧。

③ 二者之间仍然有善恶之分,但就真假论实质是一样的。

都涉及作伪。但这个问题的复杂性在于，美容与"涂脂抹粉"的不同是它对面容包括皮肤的实质性改变，即使在物理层面上也是那么真实，尤其是玻尿酸之类的生物技术的使用，最终实际上是"长"在脸上了，可是为什么我们仍然知道由此而来的美与天生丽质比仍然"美中不足"，换言之，这里所谓的假到底在哪里？直觉是"味道变了"，也就是意义不一样了。

上述三段情境均涉及真在其中的价值的问题，并且，真（实）被冒犯的程度由"幸福机器"到"错爱"，再到"整容"，呈逐级递减的状态，反过来说，三种事态的可接受度依次上升。很容易看出，所有这些问题中所涉及的假最终都与外部人为因素的刻意介入有关，这里的假准确说乃是伪（即人为），而我们所在意的则是天（然之）真或本（然之）真，古汉语中与此相对应的一个词是"直"：直者，诚也，由中（衷）之谓也。可是，在人类世界中，人为和仿真之事不是随处可见吗，小到味精、甜蜜素、塑料花乃至假肢、假牙，大到发动机的"马力"和"飞"机，都是对自然事物的摹拟与替代，但我们对此中的天然（真假）与否似乎就并不那么敏感或者说计较。

进一步分析，人为因素的要义在取（巧）效，就其效果言，幸福机器、错爱、美容、味精等均有巧夺天工、如假包换之效，一旦在这一层面上考虑问题就会发现，在诸如机械和味精等事物方面，我们所追求的纯粹就是效果，至于效果的"来历"或者说效果之"本"则可以搁置不计。在审美上，"脸"（或身材）的直接呈现即为感觉效果，但"脸"或"身"毕竟是"人"的一部分，甚至是相当重要的部分，我们对它们的关注就不再完全是效果性的，而是连带到人"本"身，从而对其真实感有一定的敏感和要求。至于爱，其直观呈现是情感反应和体验，但爱比起美更加深刻，因为其触及灵魂，与人的存在直接相关。柏拉图关于人的两个半球在爱中复归一体的隐喻表明，缺乏爱的人生是不完整的，只有在与他人灵肉合一的身心关系中，个体存在的价值才得到肯定，在他者中返回自身。当然，爱毕竟不是人生的全部，涵盖爱且在爱之上，幸福才是关于存在究竟至极

(ultimate)整全规定性的范畴，如果说，在完全无爱与真爱之间，伪装或错认的爱未尝不可以是退而求其次的现实选择，那么，幸福机器中的一生可以说是完全不可接受的，因为它虽有效果，却完全不是那么一回事！"这个机器最使人烦恼的一点，就是它在为我们度过我们的生命"①，在这一意义上，"进入这一机器是一种自杀"②，或者说是梦魇人生。我们希望自己的人生像梦一样美，但不希望它真的是一场梦，即便它在"实际"上跟真的在效果上毫无二致，甚至永远不必担心因梦醒而失落。

如果说有的假是存在实际危害的，例如，味精没有应有的营养，伪钞可能不能兑现从而货币功能失效，这里存在他者的欺骗动机对主体的侵害，然而，在上述"幸福机器"或因对方失误导致的错爱的例子中不是这样，似乎并不存在可辨识的效用损失，但它仍然"己所不欲"，这显然需要超出一般实际考虑之上的理性解释。诺齐克在《人生哲学省思》中指出，人生在弗洛伊德"快乐原则"之外的"第二现实原则"是"我们想要和看重的是与现实的实际连接"。③ 准此，人生除体验感受外，在根底上还需要有与现实的真正接触，它不止于经验可感的"实际"层面，还要求本体意义上的"真际"。如果说效果是人为且可替代的，存在则完全不是这样，它必然是在那里(da)的在(sein)之"亲在"(dasein)。我们之所以如此在意存在的真实性，其中很重要的一点，在于与他人的关系是自我存在不可或缺的一部分，而一个只活在自我感觉中的孤独自我恰恰让自我丧失存在感。一方面，人从生到死本质上都是一个人，并且"唯此为大"，在某种意义上，甚至整个世界都内化、收敛为一己存在，当个体生命终结，同时终结的是他/她的世界。但硬币的另一面是，人明白自己实际上当然

---

① [美]罗伯特·诺奇克：《无政府、国家与乌托邦》，何怀宏等译，中国社会科学出版社 1991 年版，第 54 页。

② [美]罗伯特·诺奇克：《无政府、国家与乌托邦》，何怀宏等译，中国社会科学出版社 1991 年版，第 53 页。

③ 参见 Robert Nozick, *The Examined Life: Philosophical Meditations*, New York: Simon & Schuster, 1989, p. 106。

不等于世界,希望与外部世界建立联结,包括在世界中打上自己的印记,从而证成个体存在的客观性与真实性,而人与人之间的友爱关系是突破孤独自我生命之"轻"最直接、最深刻的方式,正因如此,再逼真的快乐效果都会面对是否为真的质疑,在这里,真所折射的其实是我们在与自我之外的他者(人与事物)的联结中走出内在性,同时强化与证成内在自我的深刻要求。现在我们看得很清楚,上述场景中真伪相关度的增减所对应的是我们"在世界中的在"的强度和深度。

存在者层面上,物质之真最终归结为属性及其效果,认知之真关涉行为之效,就此而言,实用主义关于"真"与"(效)用"的思考切中肯綮。以用为本,真假系于效用,则"鸡精""马力"作为人工替代品虽有其效而无其实,但无关紧要。然而,在存在层面上,存在为本,效果为用,即使"幸福机器"可以制造"如假包换"的幸福感,但效果之"有"不能代替事情之"是",只要不是,整个事情的意义都变了,变成不是那么回事了。因此,这里的不"真"不是一般事实上是不是真的的意思,而是 to be or not to be 层次上的"是"与"不是", 个终生感受对方"如假包换"的爱意的人临终得知这一切其实是一个误会,这时他/她所经历的表面上是**认知觉醒**,但其所经历的本质上是存在论层面上因意义成疑导致的**价值崩溃**。因为,前此其所经历的爱感与真实存在的爱在认知层面上可以是无区别的,因此,其关于爱的感受在认知上并不存在"功能"缺失或误判。在此,不真不是经验层次上的误认,而是意义层面上的"不是",表面上意义是比事实更"虚"的东西,但在生命的整体框架中,意义比事实更真实,在形上本体层面上,真本身就是人的一种意义追求。

在存在论层次上,不"真"即不"是",且一无是处!这不但与真"如是(一)"的语义契合,尤其与前此我们关于海德格尔存在真理之为"是"本身之真的解读一气贯通,显示了意义真理的实质性所在。器物层面上甚至不乏真实性者在存在层面未必具足意义,因而在理性上不能满足我们的真实感,在存在上不具有真理性。顺便说一句,黄有光从福利经济学角度关于幸福机器"刺激大脑享乐中心"的设想将生活还原为感受,进而试图以人为的快乐感受替代实际生活,明显混淆了效果与意义、感受与存在,因而在根本上缺乏意义。此外,"幸福机器"背后隐含消费型的人生理解,而令人生充实而有意义的恰恰是生产性和付出性的行为,其最高形态是创造性。消费之实现即失落,边际效应递减,付出与创造无论成败,其意义永不磨灭,其行为主体可以无怨无悔。

在存在者层面上,存在即实体;在存在论层面上,存在的核心是意义。实体的表征为感知经验,存在的表征则为可理知的意义感,在当前讨论的语境中,即真实感。在这一维度上,意义超越经验,意义之真胜过经验之真。① 经验之真在技术上是可模拟的,美术上的高仿作品(赝品)理论上可以达到无可分辨的乱真程度,从而令真假失其意义,但意义却不容有假。这里的真英文为 real、authentic 而非单纯认知、逻辑意义上的 true。其实,乱真之所以非真,同样由于预设了真实。而"赝品的现实本性就是以指向真品的本质来抹杀自己的本质"②。与实在的接触在认知论上是客观真知的保证,而在存在论上则是人与世界、他人相关联的内在诉求,在内在体验之外,"我们想要和看重的是与现实的实际连接"③。与人跟物的"我""它"关系从而物化功利态度不同,人与人是"我"与"你",并且"人通过'你'而成为'我'"。④ 人既不想生活在孤岛上,更不想封闭在自身的孤独感受中,共在是此在存在的内在要求,正是在这一意义上,关系之真是人生内在至上的要求。由此观之,柏拉图关于人的"两个半球"之喻说的不只是爱情,其实是人。

真理的价值自足性奠基于意义与存在的一致性,因此,作为此在的我们对它的关切不因其自身之外的任何理由,我们对真实存在无条件的

---

① 参见翟振明"意义是如何超越经验的",载《将讲理进行到底》,中山大学出版社 2010 年版。
② 翟振明:《将讲理进行到底》,中山大学出版社 2010 年版,第 263 页。
③ Robert Nozick, *The Examined Life: Philosophical Meditations*, New York: Simon & Schuste, 1989, p. 106.
④ 参见[德]马丁·布伯《我与你》,陈维纲译,生活·读书·新知三联书店 2002 年版,第 24 页。

爱,即便它充满艰辛与荆棘仍然胜过"幸福机器",是出于我们自身存在之诚。与之相比,认知与谓述之真(知)只具有器物上的功能性而无自足的价值,我们不可能因其本身而在意这样的知。在这一意义上,我们爱真理不像爱钱,而像爱本身:爱不问理由,不计成败,不讲条件,但必须真。

二、真相与正义

我们不但在个体关系层面上有对存在实相与真际的执着,更在社会公共层面上有对真相的追求,这不单单是在法庭上"说出真相"的事实性要求,而是涉及广泛问题关于正义的普遍道义要求。

在法律实务中,真相所具有的是工具性价值,真相服务于正义,弄清事实真相是法官作出正义法律判决的必要条件,没有真相就没有正义,但真相不是目的,也不是正义的充分条件,真相不等于正义。在哲学的形上角度上,真相本身具有自我完足的抽象性价值,从而在某种意义上,真相即正义。在这方面,南非于结束白人殖民统治后所实施的"真相与和解"政策是一个很好的个案。

1994 年 4 月 27 日,南非举行了有史以来第一次民主大选。在此之前的数十年间,白人政权实施的种族隔离政策对黑人作为一个群体造成的系统性人权伤害可谓血迹斑斑、罄竹难书,转型正义是当时摆在南非人民面前的政治难题。对作为受害一方的南非黑人来说,他们不可能装作这一切从未发生,而对于作为加害者的白人,如果他们知道在政治转型后自己必将遭受严惩,那他们就不会支持和平谈判,这将严重阻碍政治转型与尔后的社会和谐。最终,以曼德拉为首的非国大秉持"没有宽恕就没有未来"[1]的政治主张作出重大政治妥协,承诺白人交出政权后不会有第二次世界大战后处理战犯的纽伦堡式审判,但也不是白人曾提出的无条件的既往不咎,而是成立以黑人大主教图图为首的"真相与和解

---

[1] 参见[南非]德斯蒙德·图图《没有宽恕就没有未来》,江红译,上海文艺出版社 2002 年版。

委员会",宣布对白人旧政权各级人员实行有条件特赦①,承诺只要当事人公开和全面招认与特赦相关的全部迫害事实,即免于刑事追究,且不承担民事赔偿责任(最后主要是由新的民主政府在财政能力能及的范围内作出象征性的经济补偿)。和解即妥协,但真相不容妥协。

南非转型过程中有条件的大赦有其现实政治、法律与道德考虑。在政治层面,基于南非长期以来族群分裂积重难返的现实,如果前政权人员不能得到体面的退场机会,和平转型势难发生,而且,即便实现了政权转移,带着沉重种族矛盾的新生国家很难走出泥潭,健康发展。在法律层面,由于在许多情况下受害者已遭毁尸灭迹,加害者是唯一知情人,如果不允诺宽恕,则有关失踪亲人的真相也许永远没法被知道,正义审判在大多数情况下事实上也很难实现。在这一意义上,迟到的正义包括惩罚对受害方来说未必比真相(包括其所昭示的道义价值)更重要。这一政治解决方案最终成就了和平转型的成功范例,曼德拉与最后一任白人首脑德克勒克于 1993 年被共同授予诺贝尔和平奖。

当然,政治现实不能自动为转型正义提供充分道义辩护,因为,所有基于现实的考虑都改变不了一个基本的事实,对罪犯的宽恕毕竟于正义有亏。在法理上,伴随真相而来的必须是正义的惩罚,而现在一切似乎止于真相,这在理论上对"真相与和解"的大是大非构成质疑。

在理想条件下,真相与惩罚而非宽恕应该是全面彰显正义的理想解决方案。但是,法律惩罚环节的缺失固然有损法理正义,但其对真相的前提性要求仍然守住了正义的基本道义底线,因为,加害者虽然免除了有形的惩处,但在道义上已然受到不容置疑的审判,从而是非善恶得以彰显。在这里我们看到作为无条件道义原则与对等利益规则的"正义的两面"。② 在前一层面上,由"真相与和解"直接引申出来的结论是**真相即**

---

① 除供认真相外,其行为必须是出于政治动机,当事人超出职务行为的恶行不在宽恕之列;以及手段与目的适配,即排除极端恶劣的兽行。

② 参见慈继伟《正义的两面》,生活·读书·新知三联书店 2001 年版,第 1—2 页。

正义，尽管在后一层面上，被害者与加害者之间的对等正义不但迟到，并且缺席，这意味着，某些损失是永远没法弥补的，这是命运的残酷。真相与和解所彰显的原则高于利害的考虑，从长远和社会的角度看是明智之举。

真相是残酷的，有时它恰恰被统治者用作维护自身利益的手段。1979—1980 年，福柯在法兰西学院开设的"对活人的治理"的课程中考察了"权力之行使与真理之展现"关系的五种方式，最后两种是所谓的"罗莎·卢森堡原理"与"索尔仁尼琴原理"。卢森堡原理集中论述"倘若每个人都知道底细，资本主义政权不可能维持 24 小时"；索尔仁尼琴则说，"如果说苏联社会主义政权能维持，原因恰好在于每个人都知道底细……正因为所发生的一切对每个人都是清楚明白的"，政治变化才未发生。两种正相反对的说法其实并不矛盾：揭示资本主义的不公不义令其因丧失合法性而丧失人心，从而难以为继，而问题的另一面是，一个政权不惮将其统治真相公开恰恰可以造成恐怖效应，在此，恐怖"不是一种隐瞒自己目的、动机和手段的治理技艺，相反，它乃是一种裸露的治理状态……下流的治理技艺"①。苏联以"古拉格群岛""不必要的残酷"的方式镇压异己正是如此。不过，这里要注意的是，此一统治术的要点是恐怖之相而不是真，在此，残酷的是事"相"而不是真本身，这是真与事实的根本区别。

康德指出，因果性等知性范畴是人为自然立法，而正义则是人为自己（包括彼此）立法，这意味着，在因果之外，人是要求理由或者"说法"的真理的动物，与此相对应，朗朗乾坤，青天白日，这世界应该是个有道理可讲的所在（哥文所谓世界之为"裁断庭"），而真就是关于是非对错的基本道理从而法度，在此，"活在真相中"所表达的是价值方面的坚守，强调善恶之间有不容混淆的界限，没有直道，何来恕道？罪责或可宽恕，真不容妥协！说出真相的加害者肉刑得免，但在人之为人的大是大非层面

①［法］米歇尔·福柯：《对活人的治理》，赵灿译，上海人民出版社 2020 年版，第 21—22 页。

上,他们/她们其实已经接受了正义的精神审判,人性有亏,存在残缺。在实质损害无可挽回的情况下,这其实是对受害者及其亲人最大的心理抚慰。当然,加害者的招供与悔过亦是其新生的开始。在此,不能导致法定正义的正义仍然不失为基本的正义,并且,不以实际利害为考虑更彰显真的独立性与崇高性。

这又回到事实与意义的问题,动物只生活在事实界中,人之为人在于有超越事实的形上意义追求。在不导致司法结果的情况下,真相似乎于事无补,远不如惩罚罪人来得实在,但在形上存在层面上,真是最高的正义:对加害者而言,主动供认真相永无翻案的可能,是更为严厉的精神处罚,受害一方,叫真或者"要个说法"甚至比追求惩罚更具道义性。在人类历史上,视原则和意义重于实际利害的民族文明程度更高、追求更高远、前程更远大。

三、"说真话的勇气"

人是社会性的存在,个体存在的真理性除涉及上述人际关系的真实外,还包括在公共空间中直言不讳、不违本心之真。"说真话"在存在层面处于与自由意志的本质关联中,这是人能"择(真)善固执"的形上根基。在社会层面,说真话如上一章所述是人际交往的规范要求,同时,不论是在人与人之间还是人与权力之间,直言真理是在公共领域捍卫真理的正义追求,这既要求服膺真理之诚,更要求捍卫真理的勇气。

在面对众人与权力两个层面,苏格拉底与伽利略分别可以看作是干犯"众怒"的哲学烈士与触怒(教廷)权力的科学烈士的样本。关于说真话,古希腊语中有一个专门描述它的词叫 parrhèsia,有人将之译为"诚言",另一种译法是"直言"。① 中文中"真"与"直"可以互训,但在义理上,

---

① 参见[法]米歇尔·福柯《说真话的勇气:治理自我与治理他者 II》,钱翰、陈晓径译,上海人民出版社 2016 年版,第 6 页;赵灿《诚言与关心自己:福柯对古代哲学的解释》,上海人民出版社 2017 年版。

真言可以说是直言,但直言未必皆为正确意义上的真言。在此,直言的要义不在认知之真,而在直言不讳,其最显著的特征是百无禁忌、不惮冒犯。福柯1983年在加州大学伯克利分校的演讲"无畏的言说"中指出,古希腊斯多葛派与伊壁鸠鲁派在说真话方面持不屑隐瞒与他者的分歧、"当仁不让"的直率态度,在此,直言不仅意味着"选择真理而非谎言或沉默",并且"选择坦率而非说服"。① "直言者冒着拆开、解散与对方关系的风险","无视说出这些东西将招致的一切后果"。② 在此显示出与求真之诚有别的捍卫真理的勇敢。

没有冒犯就没有直言,这一点在美国"单口喜剧"(Stand-up Comedy)③演员乔治·卡林(George Denis Patrick Carlin)如下的段子中得到生动、深刻的展示:

场景一 二人街头相遇

甲:戴维斯走了。

乙:戴维斯,我昨天还看见他了?!

甲:有个毛用啊,他还是死了啊,你看见他又不能让他癌症缓解,没准还让他加重了。哦,可能就是因为你他才死的,你良心怎么过得去!

场景二 某人安慰死者家属

甲:如果有什么需要我帮忙的,任何事,请只管开口!

乙:你能干啥,起死回生吗?你以为你在写新约?⋯⋯你知道

① 参见[美]布拉德·埃利奥特·斯通《主体性与真理》,载[美]狄安娜·泰勒编:《福柯:关键概念》,庞弘译,重庆大学出版社2019年版,第187页。

② [法]米歇尔·福柯:《说真话的勇气:治理自我与治理他者 II》,钱翰、陈晓径译,上海人民出版社2016年版,第11页。

③ 以下材料均来自中国单口喜剧演员周奇默在"看理想"平台上的"十大单口喜剧专场"音频节目,尤其是其中第二场关于乔治·卡林的"批判一切,从宗教到孩子"的介绍,谨此致谢与致敬!

如果以后再有人对你说这种话你该怎么办了吧？你可以说，好啊，你明天过来吧，然后"布置"从打扫车库到通马桶一大堆麻烦事⋯⋯今后看谁还有胆子再说"尽管开口"这种话。

这是搞笑，不必当真，现实生活中相信卡林本人也不是这么说话的。其背后的社会意义，是以艺术的形式挑战社会上人们接受真话的言论尺度，以此为冒犯性言论"脱敏"。试想苏格拉底如果是生活在对这样的段子喜闻乐见的一个社会中，他大概就不会因为犯众怒的言论而丧命。

在现实生活中，直言的反面是孔子称为"德之贼"的"乡愿"①，包括许多公共场合习见的四平八稳、冠冕堂皇的场面话。在这方面，南非小说家戈迪默（Nadine Gordimer）和日本小说家村上春树堪称直言的典范。前者于1980年在南非金山大学毕业典礼的公开致辞中一开场就说，"毕业典礼讲话通常都是告诉毕业生们如何生活，但是，我不能告诉你们这些。我们自己这一代人都没能把我们的国家建成一个争取社会公平的健全社会"②。此时距1994年南非种族隔离制度的结束尚有14年，戈迪默这一批判性言论显然要触怒当道，正因如此，其道义勇气令人敬佩。2009年，村上春树在接受以色列耶路撒冷文学奖时当着主人的面发表"在鸡蛋和高墙之间，我永远选择站在鸡蛋一边"的获奖演说，声称"作为以巧妙说谎为职业的"小说家，他虽无意冒犯主人，但"今天我不打算说谎"，明言"拥有绝对优势的军事力量并积极行使的国家"（以色列）当时在加沙地区的军事行动已导致"不止一千人在被封锁的城区丧生⋯⋯其中大多数是老人、儿童等手无寸铁的平民"，并明确表明自己站在巴勒斯坦人民一边的立场。在此，直言的真髓与其说是实事求是，不如说是直

① 子贡问曰："乡人皆好之，何如？"子曰："未可也。""乡人皆恶之，何如？"子曰："未可也。"（《论语·子路》）子曰："乡愿，德之贼也。"（《论语·阳货》）
② ［南非］纳丁·戈迪默：《在希望与历史之间》，汪小英译，洪宇校，漓江出版社2016年版，第123页。

言不讳。

必须指出的是,站在"鸡蛋"一边并不等于以为真理永远在弱者一边,这当然不可能是事实。但语言是弱势者抗衡强权的根本救济手段,如果说弱者往往陷于有苦道不出、有理说不清的困境,当权者的权力包括话语霸权使他们即使在无理的情况下都可以行其霸道,当万一他们所言恰好为真时也用不着我们为之背书,因此,选择站在"鸡蛋"一边不用担心真理被辜负!

无论主观动机如何,也不论是在人群中还是面对权力,真终究是对假的冒犯。《利维坦》的最后一句话是:"只要真理不违背任何人的利益或快乐,就是所有人都欢迎的。"①直截了当说出一个几何定理不是直言,没有人需要鼓起勇气说"3 是素数",说"政治正确"的话也许是巧言却非直言,只有说出别人不爱听但说者坚信为真的话方为直言之义。由于真与假势不两立,而真不必然都在众人或政权手中,这时,说真话不但不受当权者待见,即使在大众那里往往也是"不受听众欢迎的东西"。② 与后来在言行方面皆表现出反潮流勇气的斯多葛派和伊壁鸠鲁派相比,苏格拉底虽自称"牛虻",但其实行事很有策略并相当低调,与人讨论问题总是强调自己的无知,但哲学家与普通人在求真的能力甚至意愿上存在无以弥合的差距,冲突在所难免。在真理与政治权利与权力这一文一武两种权威之间更是天然存在某种"一山不容二虎"的紧张关系。因此,"没有危险,便不会有直言。"③尼采一针见血地指出:"绝大多数人生活在谎言中,不是因为他们不愿生活在真实中,而是因为还没有准备好承担

---

① 转引自[美]汉娜·阿伦特《真理与政治》,载《过去与未来之间》,王寅丽、张立立译,译林出版社 2011 年版,第 213 页。
② 参见布拉德·埃利奥特·斯通《主体性与真理》,载狄安娜·泰勒编《福柯:关键概念》,庞弘译,重庆大学出版社 2019 年版第 187 页。
③ [美]布拉德·埃利奥特·斯通:《主体性与真理》,载狄安娜·泰勒编《福柯:关键概念》,庞弘译,重庆大学出版社 2019 年版,第 186 页。

牺牲。"①

在"主体与真理"的关系上,笛卡尔以降,真理变成与主体品格无关的纯粹认知事宜,②为认识真理,认知主体要做的是切断感官与一切非认知因素的联系,将"自我净化为纯净的目光",以便看清真理。③ 福柯以其独特的知识考古学视角,揭示出古希腊哲学中长期湮灭无闻的斯多葛派与伊壁鸠鲁派以"珍惜你自己"为中心的主体性思想,由此发现,"在笛卡尔之前,一个人应当是纯洁的、有道德的,否则便不能知晓真理。"④这里所说的道德主要指道德勇气。在这方面,古希腊犬儒学派惊世骇俗的言行堪为典型。"犬儒主义的稳定特征就是直言的人"⑤,犬儒主义者之所以选择一种将对外部环境的依赖减少到最低的动物(犬)性生存方式,除了抵制自身欲望的诱惑外,另一层用意应该是斩除外缘,免除直言的后顾之忧。

直言的可贵在于稀缺,其反面往往是自欺。在奥斯威辛生还者埃利·威塞尔的《夜》中我们读到这样的文字,从纳粹死亡集中营逃出来的教堂执事莫谢试图向犹太人讲述他亲历的事实以警告危险,"年轻姑娘玛尔卡垂死挣扎了三天三夜,以及裁缝托比如何哀求让自己先于儿子们去送死……"。他苦苦哀求,"犹太人,你们必须听我说。这是我唯一的要求。我不要钱,也不要你们的同情,我只要你们听我说",

① [美]布拉德·埃利奥特·斯通:《主体性与真理》,载狄安娜·泰勒编《福柯:关键概念》,庞弘译,重庆大学出版社 2019 年版,第 195 页。尼采明确将真理与勇气、谬误与胆怯联系在一起。参见 [英]伯纳德·威廉斯《真理与真诚》,徐向东译,上海译文出版社 2013 年版,第 20 页。

② 或者至多如德性知识论那样对主体在认知方面提出诸如"审慎""反思"之类的理智德性要求,由于通常知识论所谓的知识基本是以自然科学为样本,追求真理的勇气即使偶尔提及也是相当边缘性的概念。

③ [法]米歇尔·福柯:《说真话的勇气:治理自我与治理他者 II》,钱翰、陈晓径译,上海人民出版社 2016 年版,第 105 页。

④ 参见[美]布拉德·埃利奥特·斯通《主体性与真理》,载狄安娜·泰勒编《福柯:关键概念》,庞弘译,重庆大学出版社 2019 年版,第 181 页。

⑤ [法]米歇尔·福柯:《说真话的勇气:治理自我与治理他者 II》,钱翰、陈晓径译,上海人民出版社 2016 年版,第 138 页。

然而，"人们不相信他讲的故事，甚至拒绝再听"。[①] 这里固然有纳粹骇人听闻的种族灭绝计划本身前所未闻的因素，但在缺乏想象力之外，这些犹太人的灵魂深处未尝不是缺乏直面真相的勇气，以自欺苟延残喘。这方面另一个典型事例是马丁·路德·金的经历。在 1955 年亚拉巴马州蒙哥马利市黑人为反对当时关于公共交通的种族隔离制度而发起"蒙哥马利巴士抵制运动"[②]，马丁·路德·金博士作为黑人民权运动领袖被捕入狱，他在《伯明翰狱中来信》中尖锐指出，如果他的白人牧师同行真的认为美国黑人应该拥有公民权利，他们应该直言，令其难过的是，这些在种族问题上与他持有实质上相同观点的教会领袖此时却缺乏道德勇气，以"不明智和不合时宜"为由不肯站出来为黑人抗议种族隔离的行动仗义执言。[③] 这不禁让笔者想起长期担任中宣部部长的陆定一于 20 世纪 80 年代末在厦门宾馆给我的大学同班同学写过的一幅字："实事求是不容易，需要最大的勇气。"

直言作为社会公共物品存在供应稀缺的状况，因为一般道德善行有直接的受益者，其"成本"是个人功利，而直言不但因涉及公义未必有明确的当下受益人并且还可能得罪人。并且，为善固然不求回报，但原则上永远存在被报答的可能性，而直言者的个体收益几乎为零，常常为负。所谓"公道自在人心"的一种解释是公道"只在"人心，并且往往还是在事过境迁后迟到的人心中。正因如此，执善固执的勇气较之"埋头苦干"或"助人为乐"其实在道德上更艰难从而更值得推崇。一个长期提倡"老黄

---

① 参见［美］埃利·威塞尔《夜》，袁筱一译，南海出版社 2014 年版，第 6—7 页。

② 事件的起因是，黑人妇女罗莎·帕克斯（Rosa Parks）在公共汽车上拒绝司机要她为白人乘客让座的要求，结果帕克斯遭到监禁，并被罚款 10 美元，由此引发蒙哥马利市黑人长达 381 天的抵制公共汽车运动，当时尚名不见经传的一名浸礼教牧师马丁·路德·金是这一运动的组织者。这场运动最终以 1956 年美国最高法院判决公共汽车上的种族隔离违宪告终。底特律市长基尔帕特里克评价帕克斯说："她通过坐下去而站了起来。"她因此被尊为"民权运动之母"。

③ 参见 Michael P. Lynch, *True to Life*: *Why Truth Matters*, Cambridge, MA: The MIT Press, 2004, p. 132.

牛"奉献精神而忽略"初生牛犊"勇敢精神的社会有欠公正与健全
(integrity)。

　　直言的真理是勇敢,勇敢的真理是自由。萨特说:"害怕真理就是害
怕自由。"①对主体而言,直言最深刻的根源存在于自由意志中,当一个人
拥有相信为真的内心信念时,如果没有足以令其改变信念的思想理由,
要让他/她说与其信念相反的话,或者仅仅是让其保持沉默,这不但侮辱
人的智商,更是违背其意(商)志的精神强暴(强奸民意),这对人的自由
与尊严是极大的伤害,至于具体所坚持的那个真的内容是什么反倒不是
第一位的。根据福柯所引证的古希腊欧里庇得斯的《腓尼基妇女》,失去
祖国的人"最大的一件事"是"他没有诚言","你活的是奴隶生活,一个人
不能说出心里的话来"。② 因为,失去祖国意味着失去自由民的权利成为
任人驱使的奴隶,在此,"丧失自尊即丧失价值感和生命意义"③。但是,
"自由诚可贵",坚守自由的勇敢却未必是人世常态。从根本上说,勇敢
不是简单的心理学范畴而是哲学范畴,它是以个体对自身存在——"我
是谁"——意义的形上自觉为前提的,只有当"对得起你自己"成为基本
的信念和存在态度,"我们是谁,才比我们的安全更要紧",④个体才有可
能为良知勇敢一试,余者"皆可抛"。反之,现实生活中的麻木与苟且往
往是由于对自我存在的价值缺乏自觉与信念。据说意大利著名女记者
法拉奇在她的名作《人》的结尾处说过这样的话:"我认为人类尊严最美

---

① Jean-Paul Sartre, *Truth and Existence*, Chicago, IL: The University of Chicago Press,
　　1989, p. 34.
② [古希腊]欧里庇得斯:《腓尼基妇女》,第384—400页,周作人译文;[法]米歇尔·福柯:《对
　　自我和他人的治理》(法文本)第148页,转引自赵灿《诚言与关心自己:福柯对古代哲学的解
　　释》,第33页。这里值得注意的是,古希腊人对自由的认知直接是基于现实生活中自由民与
　　奴隶的区别,中国也许恰恰由于无此制度,反而不产生自由问题。在此,"祖国"意味着自由
　　民权利的保障,失去祖国就失去意见表达的自由。
③ Avishai Margalit, *The Decent Society*, trans. by Naomi Goldblum, Cambridge, MA:
　　Harvard University Press, 1996, p . 273.
④ Michael Gelven, *What Happens to Us When We Think: Transformation and Reality*,
　　Albany, NY: State University of New York Press, 2003, p. 115.

好的纪念碑是伯罗奔尼撒半岛上的那个东西。它不是一个偶像,也不是一面旗帜,而是三个希腊字母:OXI。其意思是'不'。""为什么还要忍受痛苦,为什么要斗争……因为这是作为一个男人,一个女人,总之是作为一个人,而不是作为一只绵羊而生存的唯一方式。"①哈维尔指出,"在极权制度下坚持'生活在真理中',这是尽自由的根本责任"②。人不容强暴的意志与良知应该是人之所以崇尚真话、厌恶谎言最深刻的存在论基础,也是直言尽管稀缺,谎言终究永远无法战胜直言的终极保证。

第三节　活得更真实(being more real)

苏格拉底说,未经审视的人生没有价值,这透露出哲学省思与人类生活③的内在关联,真理之所以重要在于人是最终目的。上一节关于"幸福机器"的反思从反面揭示出真实感乃存在不可或缺的要件,本节从自我价值的实现,尤其是幸福在生命意义中的地位的角度做正面的分析与阐发。生命之真乃意义之真,活得更真实即自我存在真正价值与意义的更好实现。

一、直行与真我

长期以来,西方哲学重认识论和形而上学,中国哲学重人生实践从而伦理、修身问题是我们耳熟能详的事情,总体上说这或许并无大误,但具体言之,西方哲学中亦不乏与中国哲学同样的伦理关注,即便其具体思想进路未必同一。福柯晚年关于"主体自我治理"的研究在古代哲学"认识你自己"的主流之外钩沉出长期以来一直在西方哲学史中聊备一

---

① 此段文字是转引自他人。笔者在法拉奇《人》的中译本中没有找到这句话的出处,由于当时想着直接找原文,因此引述出处失记。之所以仍然在此引述,当然主要是因为其内容,也因为根据对法拉奇的阅读,直觉上应该是出自其手笔。

② 徐贲:《人以什么理由来记忆?》,吉林出版集团有限公司 2009 年版,第 195 页。

③ 参见[法]阿兰·巴迪欧《何为真正生活》,蓝江译,中国人民大学出版社 2019 年版。

格的犬儒主义①跟斯多葛学派中长期被遮蔽了的"关切你自己"的哲学线索,揭示出"从哲学的起源开始……原则上,哲学思考并不仅仅是一种话语形式,而且还是生活方式"②的另类传统。不论如何,在以人生为背景的哲学思考中,"对真理的现代的、严格意义上的认识论理解,使我们不再可能与真理建立起某种伦理联系。然而,这种与真理的伦理关系是古代哲学的核心,它的目标并非'知识',而是人类的繁荣"③。

在主知主义的理论哲学视野中,犬儒主义及斯多葛学派在理论上缺乏建树,这是因为他们的哲学旨趣本不在建构学说,而在身体力行地探索与活出合乎真理的哲学人生。颇能代表犬儒主义形象的是关于栖身木桶的第欧根尼与权倾天下的亚历山大大帝之间的那则轶事,当亚历山大以礼贤下士的姿态来到第欧根尼在广场边上的桶边问后者自己有什么可以帮到他时,后者以"不要挡住我的阳光"表达出"除了大自然的恩赐"不需要任何身外之物的生命态度。在这则轶事中我们最容易读出的藐视权势的政治含义其实并非犬儒主义的核心要义,犬儒如其名称所示追求的是以动物(狗)为榜样④的存在,此间的基本分野是自然性与社会性:动物依其本性,无所谓文明或社会约束。从犬儒主义者的轶事中我们亦可看到各种"厚颜无耻"的率性而为,如当众手淫、做爱,其特立独行的"行为艺术"本身表达出弃社会"名教"如敝屣的姿态。动物不拥有任何财物,犬儒的标准形象也是身无长物,第欧根尼有这样一则轶事,当他看到一个孩子用手掬水喝,他意识到"一个孩子在生活俭朴方面打败了

---

① 在此,犬儒的含义与中文语境中"缩头乌龟"的意思大相径庭,甚至恰成对反。
② [法]米歇尔·福柯:《说真话的勇气:治理自我与治理他者 II》,钱翰、陈晓径译,上海人民出版社 2016 年版,第 194 页。
③ [美]狄安娜·泰勒编:《福柯:关键概念》,庞弘译,重庆大学出版社 2019 年版,第 143 页。
④ 参见 [法]米歇尔·福柯《说真话的勇气:治理自我与治理他者 II》,钱翰、陈晓径译,上海人民出版社 2016 年版,第 201 页。与此类似的是与皮罗相关的轶事中那只于惊涛骇浪中如常饮食的猪。

我"①,并立刻把自己的碗扔了。其实,俭朴还只是表面,其背后应该包含对人类作为地球上唯一拥有财产和存在浪费行为②的物种的反思。此外,狗有"善于分辨"的嗅觉,且"扶友损敌",犬儒亦爱憎分明,无所顾忌。

犬儒对欲望与文明均持老子式"为道日损"的"减法"思维,他们视常人的欲望乃至各种社会规范为人生的冗余部分,从而认为只有抛开这些的极简生存方才为存在之本真,动物恰恰因在这方面无人类之弊而成为可资效仿的样板。按照福柯的归纳,"犬儒者把不掩饰的生活戏剧化为赤裸裸的无羞耻的生活。把独立的生活戏剧化为贫困的生活。把正直的生活戏剧化为动物性的形式。而且可以把自主的生活(平静有益的生活:对自己是平列的,自娱自乐,对他人有益)戏剧化为人们所说的战斗的生活、斗争的生活"③。合乎哲学的生存真理即"活出真实来",在此,"真的生活首先当然是一种无所隐蔽的生活",并且,"这种生活可以赤裸裸地面对一切光亮,面对一切人的注视"而无所愧疚,这里包含特有的道德思考。④ 不但如此,他们在无惧毁誉的同时希望感召与引领众生,这需要让真为人所共见,这就是为什么他们并不像为求自身解脱的僧人隐世苦修,而总是出现在大众视野中,并乐于展示其惊世骇俗的"行为艺术"。

犬儒与中国道家理想的"真人"颇有会通之处。庄子所谓"礼者,世俗之所为也;真者,所以受于天也……圣人法天贵真,不拘于俗"(《庄子·渔父》),表达出与儒家不同的反礼教主张,开后世魏晋名士"越名教,任自然"之先声。魏晋隐士如嵇康、刘伶辈不修边幅、诗酒忘机的行径与犬儒们的行为艺术亦颇为相似,不过,魏晋名士于乱世中逃避政治

---

① ［古希腊］第欧根尼:《名哲言行录》,第 6 页,转引自赵灿《诚言与关心自己:福柯对古代哲学的解释》,上海人民出版社 2017 年版,第 113 页。

② 浪费的标志是垃圾,动物不产生垃圾。参见赵鼎新《解释的层次与诠释圈》(哔哩哔哩)。

③ ［法］米歇尔·福柯:《说真话的勇气:治理自我与治理他者 II》,钱翰、陈晓径译,上海人民出版社 2016 年版,第 233 页。

④ 参见［法］米歇尔·福柯《说真话的勇气:治理自我与治理他者 II》,钱翰、陈晓径译,上海人民出版社 2016 年版,第 183 页。

以自保的这层因素在犬儒那里似乎并不存在。

犬儒派"哲学仿生学"的理念与实践依中国哲学的概念可以说得一"直"字。中文中"直"与"真"可以互训,但二者之间仍有不同,大致说来,直在不假矫饰的意义上不妨说即天真,但并不究竟。比如母爱无私亦大私,其对子女无原则的袒护固然得母之直,却未必明智,未尽父母之义。触龙说赵太后曰"父母之爱子,则为之计深远",这显然较一般母爱之直更得母爱之真谛。依孔子"质胜文则野"的观点,犬儒派的观念与行为固然有不同于伪君子的质直,但其对人生"返祖"式的理解不免偏狭和极端,未臻真君子"文质彬彬"之境,这应该也是他们后继乏人的根本原因。但撇开其不足为训的偏狭观念与怪诞行为,就"让真理在其生活中占据他的肉体",从而让自己成为真理活的"见证"而论,①他们在西方哲学"学术传统"之外所代表的哲学与生命一体的"生活传统"②不但有其思想史意义,对于今日科教体制下哲学愈益学院化,知不涉行、言不及行亦有现实的启示。当然,何为具足哲学思考的人生真义,这正是需要探讨的。

二、幸福与人生

生命之善通常被总括为幸福,正如认知之善是真,政治之善是正义。作为认知之善的真知只是在间接和有利于幸福的意义上与人生有关,然而,在存在论层面,人生之真有其幸福之外的独立意义。在真理之为"无蔽"的意义上,活得更真实意味着活得更明白、更真诚、更有意义。活得更真实与活得更幸福总体上说同属人生正向价值,但二者在价值排序上有高下之分。诺齐克说:"认为唯有幸福当紧的看法忽略了我们是谁的

① [法]米歇尔·福柯:《说真话的勇气:治理自我与治理他者 II》,钱翰、陈晓径译,上海人民出版社 2016 年版,第 144 页。
② [法]米歇尔·福柯:《说真话的勇气:治理自我与治理他者 II》,钱翰、陈晓径译,上海人民出版社 2016 年版,第 174 页。

问题。"①幸福的生活诚然也是某种真实的生存,但真实的生存大于生活幸福。弗兰克尔②告诉我们,集中营中无幸福,但仍然是人生,仍然有存在之真的问题。哥文明言,"你是谁"高于你的"幸福或不幸",③真际高于实际。

事实上幸福是一个不太容易说清楚的概念,但其困难之处与其他同样源于日常语言的哲学概念(如时间、自由)似乎还不大一样。关于时间与自由的常识理解与哲学界定之间往往存在间距与差异,并且哲学内部关于这类概念的理解往往也"一是难求",但幸福似乎天生是个字面上碰巧明明白白从而并不特别"哲学"的概念,这大概就是历来并无太多直接关于"幸福"专题化的哲学论述的缘故之一。幸福之所以难明主要在于一言难尽,因为幸福虽然必须是被感知到的,但它"并不是对生活际遇的一种感受,而是对我的生命本身的感受"④,它指"生命作为一个整体的样貌……生命之善或繁盛(flourishing),一个良好的生活"⑤。这使它无法被简单捕捉,对每一当下具有以整个生命为单位所要求的"盖棺论定"的延迟性。

在《留白:写在〈秋水堂论金瓶梅〉之后》一书序言的结尾处,田晓菲引述过中世纪西班牙学者、诗人伊贲·哈赞所作的《鸽子的颈环》中一则

---

① Robert Nozick, *The Examined Life*: *Philosophical Meditations*, New York: Simon & Schuste, 1989, p. 102.
② 弗兰克尔(V. Frankel)是名满世界的精神分析师,是意义治疗学派的创始人。他根据在纳粹奥斯威辛等集中营中的亲身经历所写的《活出生命的意义》等书对苦难之于存在的意义有深刻感人的描述与分析。
③ 这是你是谁对幸福或不幸的胜利。参见 Michael Gelven, *Truth and Existence*, *Truth and Existence*: *A Philosophical Inquiry*, University Park, PA: Pennsylvania State University Press, 1990, p. 89。
④ 黄敏:《维特根斯坦的〈逻辑哲学论〉:文本疏义》,华东师范大学出版社 2010 年版,第 535 页。
⑤ Michael P. Lynch, *True to Life*: *Why Truth Matters*, Cambridge, MA: The MIT Press, 2004, p. 137.

有关"幸福"的君臣对话①：

> 为君者(齐亚德)问众臣："谁的生活是最快乐、最幸福的?"
>
> 回答依次是："信徒们的领袖"及"陛下你自己"。
>
> 齐亚德不以为然，最后他自己这样说："一个善良的人，娶了一个善良的妻子，两个人不愁吃穿，他满足于她，她也满足于他；他不认识我，我也不认识他。"

的确是质朴动人、岁月静好的人生场景! 在此，幸福的三大要素是：物质上"不愁吃穿"，人际关系上情感有所寄托，社会层面"处江湖之远"——帝力于我何有哉——无外部强力干预的自由生存空间。以现代人的生存压力与帝王所承担的压力为背景，上述图景的确有令人向往的一面，但平心而论，如果幸福止于此似乎有点单调，或者说存在某种"精神匮乏"，②比如钱锺书会说"没有书"，③倒是其中不经意提及的"知足"(他满足于她，她也满足于他)的确道出了幸福的某种真谛。幸福感有一定的主观个体性，在这一意义上是存在幸福人格的，不幸的人总是不幸。④ 超出"自然而必要"⑤范围的欲望满足以及所引申出的精神层面的

---

① 田晓菲：《留白：写在〈秋水堂论金瓶梅〉之后》，天津人民出版社 2009 年版，第 7 页。无独有偶，巴迪欧对"通常对'幸福'的理解"有类似的描述，可资参照："一种平静的生活、无数日常的微小满足、一份有趣的工作、一份合适的薪水、一个健康的体魄、一对快乐的夫妻、某些令人长久铭记的假期、一群非常和蔼可亲的朋友、一座装备齐全的房子、一辆舒适的轿车、一只忠诚而惹人怜爱的宠物、几个可爱乖巧且学习成绩优异的孩子。"(〔法〕阿兰·巴迪欧：《真实幸福的形而上学》，刘云虹译，南京大学出版社 2023 年版，第 4 页。)

② 参见〔美〕丹尼尔·M.海布伦《幸福》，肖舒译，译林出版社 2020 年版，第 91 页。

③ 这是"文革"中身处干校的钱锺书在回答妻子杨绛所问"万一将来终老此乡如何"时的回答，"默存认真想了一下说：'没有书'"。(参见杨绛《干校六记》，生活·读书·新知三联书店 2012 年版，第 59 页)。

④ 从人本身来说，幸福的确是一种能力。正如诺齐克所说，"愉快的性情可能是幸福感觉的一种更为重要的决定因素"，"无论得到了什么东西都从来不感到满足的人不但具有不幸的气质特征，而且具有性格缺陷"。(Robert Nozick, *Examined Life*, New York: Simon & Schuster, 1989, pp. 114 - 115.)极而言之，不论外部环境和条件如何，抑郁症患者肯定不幸福。

⑤ 伊壁鸠鲁将欲望区分为"自然和必要"(衣食住行)、"自然但不必要"(精食美服……)和"既不自然又非必要"(权力、荣耀、奢华)。

攀比与炫耀,于真正的幸福相去甚远。

亚里士多德在《尼各马可伦理学》中提出"幸福就是合乎德性的实现活动"①的观点,按照他提出的灵魂的"欲望""血气""理性"三分法,幸福分别包括"享乐的""政治的""思辨的"三个层次。科赫将此阐释为幸福所具有的"情感的—享乐的""目的论—实践性""沉思的—理论的"的三个本质性层面,②在这种伞式概念下,幸福实际上是涵盖人生的整体之善。在现实理解中,幸福通常被打上一层快乐主义(Hedonism)的底色,亚里士多德也承认,"没有快乐,就没有幸福"。这从英文中幸福(happiness)本是形容词快乐(happy)的名词形式亦可见一斑。不过,应该指出的是,happiness 虽然通常被作为亚里士多德所用的希腊词Eudaimonia 的英译,但这种译法未能曲尽其义,因而有学者建议译作"human flourishing",意即人的繁荣,由此可见幸福的复杂含义。但无论如何,幸福毕竟是人生苦乐中正向一极的满足,因此,贫穷者不幸福,疾病缠身的人更不幸福,大多数人应该会同意叔本华的说法:一个健康的乞丐远比一个病恹恹的国王幸福。

欲望的满足是一般理解的幸福的基本元素,这既主要指物质生存层面温饱以上的消费水平,也包括精神层面他人承认乃至艳羡的方面,这就是从炫耀性消费到收藏家乃至文学家、理论家等等不同层级的心理满足。在此,幸福是包含比较的相对性概念,纵向水平上,正常年代中大部分人的正常人生在幸福指数上肯定高于乱世——奇怪的是,发达社会的幸福指数却未必高于欠发达社会。而在人际横向比较上,幸福意味着在物质与精神方面处于社会平均水平之上。

亚里士多德说:"我们追求幸福,而且幸福本身就是我们追求的目

---

① Aristotle, *Nicomachean Ethics*,1098b30,1095b13.
② A. F. 科赫:《论真理的结构及其在哲学各主题之关联中的位置》,《哲学研究》2018 年第 4 期。

的,别的任何目的都不存在,这在我们追求的众多事物中是唯一的。"①他这样说强调的是幸福的自足性及至善性,一旦拥有,夫复何求。我们在人生中为了各种目标做各种各样的事,其中许多目标是存在代偿方式即可以被赠予的。比如,各种物质条件乃至成功条件都是如此,唯独幸福既不是具体目标,亦非唾手可得,除个体努力之外,无以巧取亦不可让渡。在此,幸福虽如胜利在终点证成,但本质上必须是目的与过程的有机统一。也就是说,人生是否幸福不到生命终点难以定论,但本质上却不是最终一次性获取的锦标,其"实体"是一生而非一点,这里涉及幸福的"一时一事"与"一生一世"的不同视角。

康德认为,"幸福是我们一切偏好的满足,既在广度上就多样性而言,也在深度上就程度而言,还在绵延上就存续而言"②。在理论上,我们也许不难给出一个将我们的"一切偏好"一网打尽的幸福拼图,但要在现实中实现它,一生显然不够,因为,不同的幸福人生本身是不完全兼容的,除非我们可以有不同的人生,否则难以将我们关于幸福的理想追求一一付诸实施,更不要说实现。

幸福作为人生理想说到底无非苏格拉底所谓的"值得"(worth living),而"意义和价值……是并列和相互匹配的概念"③,在此,幸福的上位概念是意义,对幸福的追求实质上是一种意义追求。世俗层面对幸福的意义理解是快乐,前引哈赞版可以说就是幸福的世俗版本。快乐一方面是幸福的基本元素,另一方面恰恰是其低端实现形式,当维特根斯坦临终称自己"have a good life"时,他说的显然不是快乐,却是基于其所理解的人生意义尺度上的幸福。依《左传》立功、立德、立言之"三不朽"

---

① 转引自[法]弗雷德里克·勒诺瓦:《幸福,一次哲学之旅》,袁筱一译,南海出版公司 2015 年版,第 22 页。

② 转引自[法]弗雷德里克·勒诺瓦:《幸福,一次哲学之旅》,袁筱一译,南海出版公司 2015 年版,第 122 页。

③ Robert Nozick, *Examined Life: Philosophical Meditations*, New York: Simon & Schuster, 1989, p. 168.

的境界（《左传·襄公二十四年》），维特根斯坦至少满足立德和立言两个不朽的理由。就亚里士多德思辨之为最高幸福的标准看，这位 62 岁死于癌症，一生清贫，没有家庭的人有理由为自己良心清白、追求真理有成的一生感到满足。

意义总是在一个更大的脉络中被证成，从根本上说，"试图使人生获得意义的行为就是试图超越一个人的人生限度的行为"①。幸福作为意义追求，超越性是其内在的本质。基本生活欲望得不到满足的人生诚然可以说不幸福，但仅此而已，否则人与爱因斯坦所说的"心满意足的猪"之间所差几何？快乐是具体的，同时也是片段的，而幸福则是总体性与内蕴超越性的，后者表现为空间维度上的社会性取向与时间维度上的历史性取向。前者是从超越仅仅"对得起自己"的"我向性"满足到"对得起别人"及回馈社会的"它向性"人生追求，就此而论，助人为乐的"雷锋"们和一切以其创造性活动泽被当代与后世的人既是君子，亦是高尚幸福之人，历史性则是以超越小我自然生命的有限性投身到大我文化无限性的人性追求，付出性与创造性活动是人生意义追求的终极形式。在这一尺度下，"在我们去世之后幸存下来的事物就是我们的实在"②。此中包含由"向死而生"到"越死而在"的形上自觉，

从意义的观点看，幸福是人生意义的某种代名词但不是同义词。幸福依庄子的说法仍然是"有待"于外的。幸福在某种意义上其实是幸运，作为个体，我们只能做我们能做的，却未必都能得到我们想要的。一方面，命运的横逆会让可能的幸福甚至生命归零，化为泡影，不幸生于乱世之人无从考虑幸福，因此，固然人人都有追求幸福的权利，世界却并不承诺人以幸福的权利。③ 进而言之，即便不存在妨碍个人幸福的系统结构

---

① Robert Nozick, *Examined Life : Philosophical Meditations*, New York: Simon & Schuster, 1989, p. 166

② Robert Nozick, *Examined Life : Philosophical Meditations*, New York: Simon & Schuster, 1989, p. 132.

③ 参见［美］丹尼尔·M.海布伦：《幸福》，肖舒译，译林出版社 2020 年版，第 106 页。

性社会因素乃至个体明显的厄运,幸福也不像"仁"那样完全取决于我们自己的选择,"求仁,仁斯至矣"。爱情肯定是幸福的重要方面,但爱情的实现条件其实是相当苛刻的。像张爱玲说过的"于千万人之中遇见你所遇见的人,于千万年之中,时间的无涯的荒野里,没有早一步,也没有晚一步,刚巧赶上了",但"那也没有别的话可说"。① 因此,郑钧才会在他的歌里发出这样的感叹,"幸福总是可望而不可即"。

"前往幸福的道路和通向意义的旅途大相径庭。要找到幸福,一个人只需要活在此刻,只需要为此刻活着,而要找到意义——他的梦境、秘密和生活的意义,一个人必须寄居于过去,无论它多么黑暗,还需要为未来而活,不管它多么飘渺。"②幸福之可贵在于其为实现人生意义的基本方式,但幸福显然并非人生意义具足的唯一方式,尤其是未必是意义完足的至善方式。诺奇克在《人生哲学省思》中就明确反对将幸福当作人生唯一之善的世俗观点,认为这未免"太小家子气"。"这样的想法把我们想象成一个个空置的容器,等待快乐、积极情感乃至丰富多样的内心生活来填满,却忘记了我们作为能幸福的主体本身是怎么回事。"③诺奇克将"做人"即人的自我实现置于"幸福"之上,在论"幸福"的章节之后进而提出"活得更真实"(being more real)的论题,将关于幸福的伦理思辨提高到存在论的维度。这对弗兰克尔(Viktor Frankl)扬弃弗洛伊德关于人性的"快乐意志"与阿德勒的"权力意志"而提出的人的"意义意志"有重要的启发。④ 在此,快乐意志基本对应于幸福,权力意志则对应于追求卓越(成功),人对幸福与成功二者的追求不过是人意义追求的不同方式,归根到底,二者均为追求意义的意志所涵摄却不能穷尽意义,在人之

---

① 《张爱玲散文全编》,来凤仪编,浙江文艺出版社 1992 年版,第 85 页。
② [美]贾德·鲁本菲尔德:《谋杀的解析》,李继宏译,上海译文出版社 2006 年版,第 3 页。
③ Robert Nozick, *Examined Life: Philosophical Meditations*, New York: Simon & Schuster, 1989, p. 102.
④ [奥]维克多·弗兰克尔:《追求意义的意志》,司群英、郭本禹译,中国人民大学出版社 2015 年版,第 1 页。

存在层面上,意义追求较之幸福追求更广阔也更深刻,在此,"活得更真实"的本质是"活出意义来"。

　　幸福或成功代表人生追求的正面价值,而人生更深刻的价值有时反倒体现在面对苦难的态度中。如果生活如戏,幸福、成功只是其喜剧版本,悲剧则是人生更深刻的版本。这不只是在只有战胜苦难才会有真正的幸福的附加意义上,而是在痛苦、罪疚、死亡之为人生底色的意义上说的。人生多艰,在我们无法改变的命运困境中,背负起苦难而不被苦难压倒是此际成就人生意义的唯一方式。将人生理解为追求意义不但是因为意义本身可以将幸福涵盖其中,更重要的是,如果人生意义完全系于幸福,那不幸的人生是否不值得活或者没有价值? 集中营里的人生无幸福可言,却有不容置疑的意义。不幸的人生依然是一种人生,并且因幸福的缺失甚至可能激发出超常的意义,"从某种意义上讲,当发现一种受难的意义……受难就不是受难了"[1]。"君子固穷",唯"小人穷斯滥矣"。弗兰克尔以集中营囚徒、死刑待决者及老年失侣者的现实事例[2]指明,逆境乃至困境中的人生仍有其意义在。他还指出,"陀思妥耶夫斯基说过,我只害怕一件事——我怕我配不上自己所受的痛苦。"[3]甚至在例如为爱受苦的情境中,苦难恰恰证成意义:对于痛失爱人的真爱者来说,他们/她们几乎是下意识地不愿意立即从悲痛中走出来,这不但是因为事实上不能也不忍忘记,还因为自愿承受痛苦才对得起逝者,在某种意义上也是自我"对得起"或者"证明"自己感情的方式。当然,生者要活下去终究必须走出痛苦,但记忆作为"甜蜜的痛苦"的替代保存下来。

　　总之,有意义的人生也可以是幸福的,但幸福与意义有时或许不可

---

① ［奥］维克多·弗兰克尔:《追寻生命的意义》,何忠强、杨凤池译,新华出版社 2003 年版,第115 页。

② 参见 ［奥］维克多·弗兰克尔《追寻生命的意义》与《追求意义的意志》。

③ ［奥］维克多·弗兰克:《活出意义来》,吕娜译,华夏出版社 2010 年版,第 80 页。作者在书中没有给出出处,百度上有个"匿名用户"自称"读过陀思妥耶夫斯基大部分的小说和书信集,未曾看到相似的句子",该用户指出这种说法可查的出处就是弗兰克的《活出意义来》。

兼得,例如,伟大恰恰在于牺牲一己幸福。总之,在生命而非单纯生活的维度上,**意义超越幸福**。超越幸福不是否定幸福,这里或许可以区分人生意义实现的大众版本与精英模式,对于许多谋生尚且不易的劳苦大众,幸福已然是人生极致,但在概念上我们仍然应该说,意义实现比幸福更广大更深刻。幸福永远若有所失,有意义的人生则意义具足。有人说,"我太热爱生活,以至于它仅仅是幸福的还不够。"①一个更美好的社会应该是一个为人们追求更有意义的生活提供制度保障的社会,这应该是马克思心目中能实现"所有人的自由发展"的共产主义社会吧。

三、活得正确与活得真实

活得正确包括智性与德性两个方面,这里主要讨论后者。就前者而言,人生需要真信念即正确知识的引导,它涉及从健康的生活方式(包括科学的饮食、作息与锻炼)到正确的职业规划、婚姻选择、科学理财与时间安排,等等,科学人生观在更深层次上还包括对自我的正确认知。通常我们都知道自己所相信的是什么、想要什么、感知到什么以及感觉是什么,但这一类的知属于自在之知,与真正理性自为意义的自知(self-knowledge)不一样,后者属于自我意识(self-aware)的范畴,它意味着明白你自己到底要的是什么。② 比如,金钱本来是服务于生活的,可是,当弄钱、存钱由必要成为必须、由手段异化成目的,这显然偏离了真实的幸福,堕入佛教所谓人生三大业障之"贪"与"痴"。

道德作为社会行为规范③涉及利益损益(义利)背景下人(other-regard)、我(self-regard)关系的处理,如果说幸福最终落脚于"对得起自

---

① [法]弗雷德里克·勒诺瓦:《幸福,一次哲学之旅》,袁筱一译,南海出版公司 2015 年版,第 11 页。

② 参见 Michael P. Lynch, *True to Life*:*Why Truth Matters*, Cambridge, MA: The MIT Press, 2004, p. 121。

③ 这显然不是道德概念的完整理解,而是老子所谓大道隐,有仁义(道德)意义的规范伦理含义。

己"，伦理道德则强调"对得起别人"，其实，"自己"亦是"别人"。以"不损人"为道德上的"正当"的底线，"损人利己"与"损己利人"分别构成道德谱系上"不正当"（缺德）与"高尚"两极。

以利害得失为轴的道德规范明了简单，但并不究竟，除了它"迎合的是利益"外，更重要的是，"规范本身不是生活的意义"。[①] 在人生而不单纯是行为规范的层面上，道德的本质是关于"值得生活的生活"的问题，[②]在社会管理层面上，一个言行谨守规范的人是个好公民，而在人生值得的意义上，以循规蹈矩为第一要务的人生未必充分，换言之，"道德我"未必是"真我"的全部乃至唯一内容，在此，尼采对他所谓基督教"奴隶道德"的批判显示出其对后者的强调。按照黑格尔《精神现象学》中的历史主义观点，个体与社会的关系有一个由原初个体与社会主客混沌未分到自我意识觉醒后主客分立的过程，其在意识发展上表现为由最初个人依附社会的"高贵意识"到尔后个体与社会分裂的"卑贱意识"。在《哲学史讲演录》中我们看到，这一转变的关键人物之一正是苏格拉底，此际，"个人的意识作为独立的意识，与普遍的精神分离开来了，变成自为的了"[③]。

强调伦理道德超出一般规范意义的存在维度并不是否定前者作为良好社会从而良好人生必要条件的重要性，更不是为不道德的人生观张目，活出真我与活得道德在特定现实场景中可能引发抉择难题，但原则上并不必然冲突，在此，"个人主义"与自我中心的"利己主义"之间存在清晰的道德界限。前者的实质是"每一个人主义"而非"我一个人主义"，在此，"你"是另一个"我"，因此，"如果我不为自己，谁会为我呢？可如果我仅仅为我自己，我算是什么人？"[④]在更具超越性的人生审视中，人须如

---

① 赵汀阳：《人之常情》，辽宁人民出版社 1998 年版，第 8、19 页。
② 赵汀阳：《人之常情》，辽宁人民出版社 1998 年版，第 17 页。
③ ［德］黑格尔：《哲学史讲演录》（第二卷），贺麟、王太庆译，商务印书馆 1981 年版，第 106 页。
④ Robert Nozick, *Examined Life*：*Philosophical Meditations*，New York：Simon & Schuster，1989，p. 156，.

影片《一代宗师》中所言,"见自己,见天地,见众生"。

总之,拘泥于"伦理正确"的人生有可能是单调无趣的,其中隐含"我们出生时是原创,怎么死的时候却成了拷贝"的讽刺,①这不但是个体的悲剧,也是社会的悲剧。但释放自我、活得更丰富并不直接等于更近乎存在之真,它一方面可能意味着如犬儒学派所示生命的趋动物性,完全缺乏廉耻与节制,在此,**返璞**与**返祖**之间只有一间之隔;另一方面也可能意味着不仁不义利己主义的"真小人"。依照儒家孔子的概念,人内在真性情的自然表露为"直",它须以"礼"相规范,后者用荀子的话说叫作"伪",即以人为的后天修养约束乃至矫正人性中本有的可能之恶,忠于自我与服膺规范须保持必要的平衡。孔子"质胜文则野,文胜质则史,文质彬彬,然后君子"(《论语·雍也》),说的就是这个道理。顺便说一句,在满足与牺牲之间,反倒是在后者而非前者中我们真正看到生命的光辉。

诺齐克的《人生哲学省思》是当代哲学中少有的"思考生活、思考人生"的著作("活得更真实"就是出自该书第十二章的标题),其中"实在"是"最基本的范畴"。② 超越单一伦理视角,"活得更真实"涉及"实存"(actuality)与"实在"(reality)间"实际"与"真际"的区别。在浅表层面上,凡客观存在者本然地就是真的,假只发生在主观领域如认识和话语中,但在更深刻的层面上,事实上存在着的并不等于本质上真实的,在后一层面上,有的事物可能比别的事物具有更大的实在性,在此,"我们的实在存在于我们追求和恪守的价值之中,存在于我们体现这些价值的生动性、强度和完整性之中"③,与我们相比,苏格拉底、释迦牟尼或庄子活得更真实。

---

① 〔英〕莱昂内尔·特里林:《诚与真》,刘佳林译,江苏教育出版社 2006 年版,"代译序"第 3 页。

② Robert Nozick, *Examined Life*: *Philosophical Meditations*, New York: Simon & Schuster, 1989, p. 137.

③ Robert Nozick, *Examined Life*: *Philosophical Meditations*, New York: Simon & Schuster, 1989, p. 132. 顺便指出,和常见用法不同,他将真朋友表述为 real friend 而非 true friend。

　　与对事物的因果规律的逻辑与经验把握不同,生活世界中盛行叙述,故事(story telling)是人类在一逝不返的时间之流中建构与理解意义(sense making),是基本的文化方式。① 麦金太尔说:"人在他的虚构中,也在他的行为和实践中,本质上都是一个说故事的动物"②。在故事性的视野中,存在的真实性意味着写出意义充实与丰富的生命叙事,在此,"我们真的想要放入正斜率的是我们的人生叙事,而不是它具有的幸福的数量。"③意义呈现与理解的基本方式是将某一片段置于恰当的整体中,即在当下时空中"将自己所经历的事件作为今后被述说的故事的一部分来看待"④,这也就是海德格尔所谓"向死而生"所蕴涵的由结尾处返视人生整体的超验时间性视角。

　　历史哲学家明克(Louis Mink)曾经说,"故事都是人说的,生活中没有故事"⑤。生活当然是活出来的而不是说出来的,可是,听、说故事的人跟生活实践中的人本是同一个人,并且,每个人作为自己故事的主角永远是从听各种故事开始的,在此,故事叙述与存在的故事性之间存在着利科曾经说过的相互模仿的关系。在某种意义上,人生就是从一个被抛入的开端到一个由主体选择与客观情势共同决定的结局的过程,这也许是一个合意的故事,也可能是不如意乃至令人悔之莫及的故事。无论如

---

① 参见周建漳《试论历史存在的故事性》,《史学理论研究》2010 年第 1 期;周建漳《历史哲学》(北京大学出版社 2015 年版),"第八章　历史叙述"。
② [美]阿拉斯代尔·麦金太尔:《德性之后》,龚群、戴扬毅等译,中国社会科学出版社 1995 年版,第 272 页。
③ Robert Nozick, *Examined Life*: *Philosophical Meditations*, New York: Simon & Schuster, 1989, p. 101.
④ Nancy F. Partner, "Making Up Lost Time: Writing on the Writing of History", in Brian Fay, Philip Pomper and Richard T. Vann (eds), *History and Theory*: *Contemporary Readings*, Oxford: Blackwell Publishers, 1998, p. 68.
⑤ 1970 年明克(Louis Mink)在《作为理解模式的史学与小说》一文中提出:"故事不是被经历的而是被说出来的。"(Story is not lived, but told.)Louis Mink, "History and Fiction as Modes of Comprehension", in Brian Fay, Philip Pomper and Richard T. Vann (eds.), *History and Theory*: *Contemporary Readings*, Oxford: Blackwell Publishers, 1998, p. 135.

何,"真理展开,正如故事的展开"①。

我们听到、看到的别人的故事与我们自己的故事间存在着或明显或微妙的关系,有必要指出的是,这里所说的故事未必只是指前此真实发生的,往往可能是虚构的,决定故事成败乃至意义的不是事实层面的真假,而是其对存在意义的敞开真谛的揭示与隐喻。故事不证明却敞开。与科学命题相比,故事即意义的真理性不是由一个个知识性的真句子拼接而成的,完全可能有全部由真句子组成但没有为我们"打开"任何意义的"假故事"。② 反之,如在安徒生的童话故事《豌豆公主》中,第一句话③所示就是关于谁是"真公主"的探索。故事暗示,事实上的公主未必合乎公主之义,通过一个能感觉七层床垫之下一粒豌豆之微的故事,听众(读者)获得关于公主是怎样一种美丽与高贵的生物的潜移默化的精妙、有趣理解。从科学或常识上看,豌豆公主异乎常人的"特异功能"既未必可能亦不无可笑之处,但它实质上却是一个关于品性高洁之人的深刻隐喻:高贵不在权势,而在于对人间"不平"(豌豆之硌)之事的高度敏感。这样的一种灵魂对人世间的不公不义不可能麻木不仁,④这正是现实中具有高贵品质的人的根本特征,也是米兰·昆德拉所说的小说在认识上的道义:"文学作品将'生活世界'置于不灭的光照之下……小说之'存在'的唯一'理由',在于发现那些只能为小说所发现的东西。如果一部小说未能发现任何迄今未知的有关生存的点滴,它就缺乏道义。认识是小说唯一的道义。"⑤

人生故事不存在"创作指南",每个人都必须也有权利创造自己独一

---

① Michael Gelven, *Truth and Existence : A Philosophical Inquiry*, University Park, PA: Pennsylvania State University Press ,1990,pp. 137 – 138.

② 参见 Michael Gelven, *Truth and Existence : A Philosophical Inquiry*, University Park, PA: Pennsylvania State University Press ,1990,p. 125,p. 126。

③ 从前有个王子想要娶个公主,但她得真是个公主。

④ "仁"的字义之一是"感通",其反义词是"麻木"(麻痹)。

⑤ [法]米兰·昆德拉:《小说的艺术》,唐晓渡译,作家出版社 1993 年版,第 4 页。

无二的故事，但是，如何理解诸如希特勒"我的奋斗"这样的反面故事？诺奇克认为，对更高与更深层次意义的追求是"排除在邪恶方向上不断增加的实在"的可能途径。① 因此，应该"给予以光明为行首的这一整行——它的矩阵元素包括真、善、美以及神圣性——特别大的分量"②。这就引进了故事的"读者"与"批评家"的维度，即公义的尺度，在此，人之存在不但要面对自我良知即"见自己"，还需"见众生、见天地"。

"真"不完全等于"直"，活得更真实当然不只是活得更率性，活在欲望中，因为其中蕴含"对不起他人"的可能性，并且也可能对不起自己一逝不返的人生。一切满足归根到底是缺乏整全价值的，其消费性特征与人的创造性相悖，并且注定跑不过边际效应递减从而"欲壑难填"。关于人生的整全视野以及人的自我实现的理解是内含在海德格尔"向死而在"及此在之"能在"哲学思辨中的人生真谛，"活得更真实"的本质是不辜负人之为人之"所是"也就是在真理中的生存。

---

① Robert Nozick, *Examined Life : Philosophical Meditations*, New York: Simon & Schuster, 1989, p. 140.
② Robert Nozick, *Examined Life : Philosophical Meditations*, New York: Simon & Schuster, 1989, p. 210.

第六章 真理的两面

如果说前此我们的目光都聚焦于真理之中并且事实上是一种仰视的角度,那么,在本书最后一章中,我们有必要以一种外部性的目光审视真理,包括平视或者说正视真理所招致的批评或者说其可能隐含的问题。我们的思考大体在两个方向上展开:其一,将"真理"放在一个更大的视野中加以审视,避免对其价值一叶障目的理解;其二,对真理问题上事实存在的一些模糊认识及合理质疑给出恰当的分析与思考。这些审视与思考最终并不指向对真理本身或真理之于我们的价值的颠覆,却有利于我们在一个恰当的视野中对真理的价值与限制给出更为客观持平的观点。

第一节 真理至上与真理之上①

"真理至上"反映出真理在我们心目中的崇高地位,这一至上性如希腊哲学所示代表的是最终目标的意思,是就一切其他东西最终都服务于

---

① "之上"意为"之外",并不是在其之上更高价值的意思。用"之上"是与"至上"对仗与凑韵的考虑。

此而言的。这与竞技体育以胜负为最终目标是一个道理。罗尔斯认为"真理是思想体系的首要价值",这里所说的首要价值可以做至上性解。他对真理价值的肯定是相对于思想而言的,与之对举并作为其《正义论》主要观点的是"正义是社会制度的首要价值"①。因此,真理至上性是就思想领域而言的,在其之外的领域(如社会领域)另有其首要价值。

罗尔斯于申言真理之为思想领域的首要价值之后说,"一种理论,无论它多么精致和简洁,只要它不真实,就必须加以拒绝或修正"②。这就好像说,竞技比赛不论"成绩"如何,只要作弊(违规、兴奋剂等)其结果就一律无效。这里所给出的理由实即逻辑上的必要条件,也就是说,知识欲成立"无真必不然",这里明显看到真理与真的概念张力。③ 在知识的三要素中,真只是知识必要而不充分的条件,只有在真理之为真知的完整意义上,真理之为知识的充要条件以及真理的根本价值才可以成立。换言之,真理而非真才是思想认识的最终目的与最高价值追求。

在认识论层面,正如字面所示,"真理"较"真"多出个"理",这不是单纯的咬文嚼字,其背后是特定的知识论见解。张东荪在 20 世纪 40 年代就指出,知识不是描摹对象,而是创造性地将混沌经验条理化,因此,知识的本义既不在求真也不在求实,"而是在求条理、求秩序"④。因为,在知识中正如英国科学哲学家沃特斯金(John W. N. Watkins)所说需求的乃是关于现象的"说明性理论",⑤认识最终是为了解释世界,解释力而

---

① [美]约翰·罗尔斯:《正义论》,何怀宏、何包钢、廖申白译,中国社会科学出版社 1988 年版,第 1 页。
② [美]约翰·罗尔斯:《正义论》,何怀宏、何包钢、廖申白译,中国社会科学出版社 1988 年版,第 1 页。
③ 罗尔斯对这一张力似乎并无清楚认知,因此,其首要价值说似乎又可以作必要条件解,据此,抽象的真在认知上的价值就要打折扣。再者,其与之相提并论的正义观念似乎也不只是个形式化抽象概念。
④ 张东荪:《知识与文化》,商务印书馆 1946 年版,第 87 页。转引自张耀南《张东荪知识论研究》,台湾:中华发展基金管理委员会、中华文化事业有限公司 1995 年版,第 28 页。
⑤ [英]约翰·沃特金斯:《科学与怀疑论》,范瑞平、邱仁宗译,上海译文出版社 1991 年版,第 7 页

非真才是认识的要务。有效解释必然是真的,真被融摄在解释中。命题的真实性与意义的深刻性可以说是认识中两个具有同等重要性的要素,"雪是白的"作为真命题简明直白,虽然其肤浅性并不妨碍其为真,然而,真理显然不应该是肤浅的,正如真理不是琐细无意义的真。苏联著名文艺理论家、符号学家巴赫金(M. M. Bakhtin)关于认识的哲学思考是,"这里的标准,不是认识的准确性,而是契入的深度"①。伽达默尔明确将真与意义对置考虑,批评我们在满足真的"最精确的"可证实性的同时却"常常未能讲出真正重要的东西"②。从解释的角度看,好的知识除了满足真这个条件,独创性、深刻性、启发性、简洁性甚至是知识评价中应该更受重视的要素。真之外这些知识的指标性要素未必在同一理论中同时得到满足,但知识在真之外至少应该包括以上例示的某一认识品质,才能够满足知识成立的充分条件的要求。

在真理性解释而非单纯真的意义上,真理在认识上的至上性其实就是一个知识上全德价值的概念。现在的问题是,将视野放宽至认知以外,真理显然不再具有其在认知中所具有的崇高地位。在更广阔的视野中,真理在人类价值系统中处于什么地位,这一问题具体来说就是真理在真善美三大价值中的排序与理由。

依康德"三大批判"的理论主题,真善美在康德哲学中是由低到高依次排列的,这实际上也合乎三者在一般人心目中的价值排序。真善美三者关系的具体展开超出本文范围和笔者的能力,这里只能提一些初步的看法。在笔者看来,三者的高低排位可以由认识、伦理和审美领域主体自由度渐次提高的角度获得理解。在认识中,人受到外部世界最直接与基本的制约,在此,认识之真本质上对应于世界之实,而伦理作为文化事实虽然亦受到社会历史条件的制约,从而亦需满足客观性要求,但这时

① [苏联]M. M.巴赫金:《文本·对话与人文》,河北教育出版社 1998 年版,第 1 页。
② [德]汉斯-格奥尔格·伽达默尔:《诠释学Ⅱ真理与方法》,洪汉鼎译,商务印书馆 2007 年版,第 59 页。

的客观性毕竟是主体场域内的主体间性,如果说在认识领域中是主体感性与知性认知能力对于知识予以形式结构性的影响,道德领域可以说完全是人为自己立法,从内容到形式均属于人类主体的历史性创造。至于美,在经验与认知视角上看最虚而不实,在实践中最缺乏实用性,却是人类心灵最自由的创造。

真善美三者彼此交织,真本身也是一种善,并且如济慈的名言"真理是美的",但真而不善或者说对真知的滥用并非不可能,真的亦不必然是美的,在这一意义上,善构成真的制约,美比真更可爱。反过来说,善和美亦不可悖于真,不过终究超越真。因此,即便是在超越狭义之真的广泛、实质意义上,真理亦不是人类的唯一追求,对于个人与社会都是如此。人立于地,诚于心而顶于天,这或许就是真善美高低的某种直观呈现吧。

哥文讨论过"母亲"的意思是为了子女可以牺牲自我甚至到了违背日常良知的地步,这是关于母亲的真理,当我们知道某人的言行是出于母子关系时,一切都明白而无须再加解释。但是,这并不意味着母亲袒护孩子的行为在道义上是无条件的善,相反,一个大义灭亲的母亲是比通常意义上的母亲高尚从而更合格的母亲。同理,孔子称子为父隐为"直",即尽显人伦之真,但这同样并不意味着对此不存在道德评判的余地,就此而言,亲隐之直作为人伦之真未尽道义之善,遑论人性之美,用孔子自己的概念说,直体现的只是人性本然之"质"(朴),在其上还需要礼义之"文"以化(化性起伪)之:"质胜文则野,文胜质则史,文质彬彬,然后君子"(《论语·雍也》)。关于这一问题的深入理解与阐述的第一步就是像"真"和"真理"一样对"善"和"美"概念的辨析与界定,这显然已经不是这本书的事了。

第二节　真理的永真性与有限性

永真性分别涉及真理之为真和真理之为具体真知两个维度。在类似柏拉图关于"美"的理念的概念维度上,真与假永恒对立,真理永远为真,也就是说,真的假不了。然而,在具体认知层面上,任何真知均不具有概念中那种百分之百的真,这是人类认识有限性的必然反映。在现实理论场景中,导致对真理的质疑的两个认识论来源都发生在科学哲学中,它们分别是波普关于科学理论的"证伪说"与库恩关于科学革命背景下不同科学范式的"不可通约说"。在知识论范围内,真知与科学是同义词,关于真理的理解即关于科学的理解。

波普"证伪说"本身是作为科学与非科学理论的划界标准提出来的,如宗教与哲学。其跳出各种理论的真理性主张,在方法论的层次上提出,凡不能被证伪的学说都不属于科学,反之,科学则是可证伪的。波普这一学说在知识论内涵上与逻辑经验主义并无二致,其新颖有力之处是,不可证伪同时蕴含不可能证真,由此即可推出凡可证真者即非科学的结论。他的这一结论让人眼前一亮,原来"总是有理"的东西跟"总是无理"的东西是一枚硬币的两面,其釜底抽薪式论证的逻辑效果不是可以通过对宗教等学说真理性主张的直接反驳所能达到的。

波普以可证伪性为科学与非科学的划界标准固然有其明快犀利之处,可是,其关于科学即可证伪的主张在理论上标新立异的同时却为真理怀疑论埋下伏笔,事实上也是经不起推敲的。

证伪说吸引人的是"伪",但其要义却在"证",即经验可实证性,真伪都是证的结果。波普给出的关于科学可证伪性的有名的例子是澳大利亚黑天鹅的发现,这令人们长期持有的天鹅皆白——正如"雪是白的"——的信念证明为假。黑天鹅对天鹅皆白硬碰硬的否证虽然明快有力,在理论上并不究竟。类似黑天鹅这类例子的背后其实是归纳不充分性的逻辑,"黑"天鹅的存在并不说明"白"天鹅为假,它只是外延上不周延而已。波普的挑战如果有教益的话只是在于提醒我们慎用全称判断,一切科学句子实际都隐含"迄今为止"的条件短语,由此说明的是具体科学真理的有条件性,而非"伪"所含的不真实性的意思。从方法论的角度看,举例不能代替论证,由具体个例同样推不出普遍结论。黑天鹅作为反例让旧有关于白天鹅的信念露出破绽,但黑天鹅的出现并未改变大部分天鹅是白色的固有事实与相关信念之真。此外,还有一些经验信念(如"雪是白的")似乎不存在反例,如此说来,到底是证实还是证伪才是科学的本质特征?

除经验命题外,关于科学理论所谓可证伪性很典型的例子是相对论物理学对经典物理学的超越,包括对后者隐含的时空绝对性思想前提的扬弃,这也是库恩所谓不同科学范式间不可通约说的著名例子和理据。但这里所揭示的并非两种理论之真伪,而是一切理论都是在一定参照系内成立的,其中牛顿与爱因斯坦理论分别在宏观低速运动和微观高速运动背景下成立,这和欧氏几何与非欧几何同时成立是一样的道理。由于我们不可能具有上帝式的全知视角,人类科学或迟或早要触及其囿限,并不存在哪个被证明为假的问题。试想,如果科学理论的宿命是不断被证伪,那跟猴子掰苞米有什么区别,科学进步何以可能,教科书中经典物理学的内容难道不是应该作为伪科学被剔除?准确地说,科学发展对旧有真信念的挑战并不是证伪性的,而是揭示性的,"真理一旦建立,就永远可用"[1],虽然科学真理总是在一定参照系下成立的。

正确解读之下,波普观点的要义是可证实性,证伪只是作为其反面可能性存在的,逻辑上,如果没有证实,又何来证伪。或曰,曾经信以为真的信念最终被证明为假,这里存在思想的粗疏与混淆。在人类认识史上,真正被证明为错误的东西不是没有,但那是迷信而不是科学。例如,人类早期曾长期相信某些没有根据的东西,如认为生病是中邪,可以通过巫术对治之;我们以为眼见为实,相信太阳东升西落,由此推出"地心说";等等。前者随着医学发展被证明是子虚乌有之事,后者的真伪则依参照系而定。如在以地球为中心的参照系中,"日心说"和"地心说"实际

---

[1] [美]亚历克斯·林:《解读艺术:巴迪欧》,重庆大学出版社 2021 年版,第 19 页。

上都不妨碍地球人按照太阳位置判断时间与方向,用实用主义的说法,这里不存在实质的区别(makes no difference)。当然,从地外视角以及航天发射的角度考虑问题,太阳绕着地球转不是事实,然而,如果以宇宙为参照,无际时空下何来"中心"? 总之,巫术之类从一开始就是假的,这和在科学新知面前暴露出局限性的理论是不容混淆的两回事。否则,假是被揭穿的伪真,而真仿佛只是暂时未被揭穿的假,真假之间的实质区别将荡然无存。

波普关于科学的证伪主义纲领蕴涵其本人未必同意的关于科学的虚无主义结论。依照这一逻辑,新的科学发现对旧有理论的超越被粗率解读为后者被证实为假,那真理与谬误间除时间先后外将不存在实质性差别,于是,真理成了只是暂时未被揭穿的谬误,将可证伪加诸科学理论事实上导致对于科学真理的后现代怀疑主义乃至虚无主义观点,是将洗澡水连澡盆一块扔。事实上,科学的发展总是令先有理论露出破绽,显露出其特有的理论局限性,包括无力解释新现象的理论不周延性,但是,比如传统几何学外非欧几何的出现,相对论对牛顿力学时空观的改写,都没有改变欧几里得几何以及牛顿物理学本身的真理性,只是揭示了各自适用领域与范围的不同而已,这些最终只是科学即真理内部的问题,并不存在真伪排斥关系。真理是永恒的,凡是曾经科学地即有切实根据地被持有的信念或理论永远不可能被证明为假,换言之,在人类认识中,一旦成真,永远为真,虽然是有限的真。有限的真不是假,真的假不了,正如假的真不了。

波普证伪说的合理意义在于为科学知识不断推陈出新给出了理论空间,告诉我们在探索真理的道路上我们永远不会面对马克思讥讽过的在终极真理面前除了瞠目结舌外无事可做的局面,我们迄今所知的所有真理随着人类探索的无穷发展尽管可能被改写,然而,让我们放心的好消息是,任何在特定范围与前提下曾经被证实为真的信念永远为真而不可能为假,真伪之间有不可逾越的、不会随时间改变的根本界限。真理的永真性令我们思想有靠,相反,"证伪"之说是误导性的,由之引申出的真理怀疑论主张最终是不成立的。顺便指出,哲学形而上学及宗教学说之不能证实乃是因为它们各自试图提出的是全称普遍性理论,但因此也没有被证明为假。作为非严格意义的科学,它们对人类思想的意义不是知识性的,而是启示性和教化性的。

第三节 真理的唯一性与"唯一真理观"

标题中"唯一真理观"的提法出自陈嘉映教授的《走出唯一真理观》,"真理唯一性"则是笔者针对此论述提出的观点。在这两个语序不同的词组中,虽然"真理"本身是更重要的概念,但"唯一"却是上述词组中的关键词,即便它们最终都是关于真理的。由于自然语言天然的模糊性(obscurity)尤其是含混性(ambiguity),"唯一真理观"与"真理唯一性"抽象言之可以只是词序颠倒的同义表达,但也可以字面相似实质有别,这正是我们特意拈出"真理唯一性"概念所欲表达的意思。

"唯一"在字义上乃排他性(exclusive)之"一",其否定性表达是"不二",陈嘉映著作的英文书名 *Out of the Exclusive Truth* 即用此义。但是,"唯一"的另一可能解读或实现形式是整全性(inclusive)"一网打尽"的"一",这显然是不同意义上的"一"。从陈嘉映在该书中的论述来看,其"唯一真理观"所指主要是整全性的真理,即"唯一的真理体系",他说,"有不同的道",并且"重要的问题不是找到唯一的道"。① 如果是这样的话,out 似乎应该是作为 Inclusive Truth 的整全真理。这一看上去绕口的语词辨析有其理论上的必要性,因为,排他或是整全在理论上可能分别涉及真理与谬误(排他)和真理与真理(整全)的关系。在后一层面上,如今主流的意见是,不同的道之上并不存在排序严格、彼此融贯的黑格尔式大写整全真理,但是,由于"唯一的道"未必一定是此一意义之道,也

---

① 陈嘉映:《走出唯一真理观》,上海文艺出版社 2020 年版,第 25 页。

可以是指相关问题的唯一正解，在真假不两立的意义上，真理显然是排他的"一"，此即"真理的唯一性"或者说真理不二，因为，"此亦一是非，彼亦一是非"则"无是非"！

陈嘉映指出，"唯一真理观"身上有基督教"一神论"的影子，以及科学"一真论"（仿"一神论"，姑如此称之）的影响，他将后者概括为"要么只有科学能提供真理，要么其他真理也都像科学真理那样是唯一的"，对这两种主张，"我都不同意"。① 这些话乍看之下似乎清楚明白，但仔细辨析之下意义并不清晰。从陈嘉映关于唯一真理观与一神论的类比看，"只有科学能提供真理"可以理解为某种科学主义的一元真理观，即不承认科学之外人文历史领域的"其他真理"，这其实不值一驳。科学只是一种真理而非唯一真理，这也是本书始终坚持的观点。但如果是在认识自然的领域内，在真理与谬误、科学与迷信对立的语境下，科学是排他唯一的真应当无人可以反驳。依照罗素的说法，"一切确切的知识……都属于科学"②。今天甚至连那些伪科学也都要打着科学的旗号招摇撞骗。据此，真理只有一个，错误原则上多于一，直至无穷。真理的唯一性与排他性在逻辑上相互蕴涵，这意味着认识的收敛性从而一致性。如果上述论证是成立的，那么，唯一性是真理的内在逻辑品格，真理不唯一的唯一解释是无真理。

以上分析表明，"唯一真理观"只是对一揽子整全真理观的质疑而言是有意义的，在各种真理的"诸神之争"中似乎的确并不存在总揽一切的全知上帝，但是，这并不意味着在"神魔之争"中真理不在场，"真理唯一性"正是在后一语境下唯一合理乃至正义的立场。对两个"唯一"间隐微而关键区别的失察应是以"质疑宏大叙事"著称的后现代真理观的失足之处。陈嘉映在质疑整全的一的前提下主张"放弃唯一性，坚持真理

---

① 参见陈嘉映《走出唯一真理观》，上海文艺出版社 2020 年版，第 24、25 页。
② ［英］罗素：《西方哲学史》（上卷），何兆武、李约瑟译，商务印书馆 1981 年版，第 11 页。

性"①,但在概念上清楚辨析"唯一性"从而真假不两立的意义上,只有**坚持(真理的)唯一性**,才能**坚持真理性**。赵汀阳则认为,"真理失去唯一性就失去了权威性"②。

　　陈嘉映关于唯一真理言说明确的理论样本是民主。他说自己年轻时"对民主无限憧憬",现在仍然"始终向往民主",但"不再信从唯一真理",不再认为民主是历史的"必然目标",他还说对"民主是不是人类政治制度的最后归宿,我也不再那么肯定了"。③ 一句话,民主或许不再是唯一真理。民主作为关于平等的制度安排当然不是整全性意义上的唯一真理,离开自由和法治,民主事实上"孤掌难鸣"。但是,根据前此概念分析的结果,民主在与专制对峙的意义上无疑具足排他的真理唯一性,在这一点上,揆诸以上所引文字,其观点不甚明确,或者说存在给出不同解读的可能性。不过,如果结合陈嘉映在紧接其后的文字中针对福山"历史终结论"对"自由主义似乎完胜"的质疑,则问题似乎不在于民主抑或自由是否具足整全性真理资格,换言之,其唯一真理观所指在囊括式(inclusive)的整全真理之外又有排他性真理的意味。加上接下来他认定民主的生命力"远不像过去那么强大",从而设想"会不会有一种新的政治形式或多种政治形式代替民主"这样的看法,④我们由之不难得出其质疑民主之为真理的"唯一性"的推论。因此,我们将此作为下文讨论的出发点。

　　就人心向背论,据说如今民主已经没有公开的敌人,但关于民主本身的不同理解乃至批评则不绝于耳,证诸现实,坊间关于民主"政绩"不彰并非空穴来风的批评所在多有,因本书主题所限,同时,因为刘瑜在"看理想"App"比较政治学 30 讲""第二章　民主转型"中关于"民主崩

① 陈嘉映:《走出唯一真理观》,上海文艺出版社 2020 年版,第 33 页。
② 赵汀阳:《第一哲学的支点》,生活·读书·新知三联书店 2013 年版,第 28 页。
③ 参见陈嘉映《走出唯一真理观》,上海文艺出版社 2020 年版,第 26 页。
④ 参见陈嘉映《走出唯一真理观》,上海文艺出版社 2020 年版,第 26、27 页。

溃"与"民主韧性"等有笔者完全认同且无法说得更为翔实有力的分析，故在此毋庸辞费。与本节论题直接相关的是，关于民主种种"责之切"的善意忧虑的症结在于聚焦不清之下的求全责备，例如，民主是否必然导致经济繁荣？民主转型带来的政治、经济动荡等历史阵痛是不是民主本身的内在缺陷？其实，如果民主不是关于社会制度的一揽子解决方案，目前所见（包括以上所引）对民主的质疑不免有外在反思之嫌，不足以当作衡量民主真理性的有效实质性标准。以关于整全真理的乌托邦想象对怼民主在逻辑上属于求全责备的反向"稻草人谬误"，由此质疑民主特定的真理性在理论上言不及义。

在清晰聚焦的前提下，民主除了对于专制的否定意义外，其所代表的正面政治价值是平等。政治平等不但体现在选票的制度设计上，本质上亦是民主"主权在民"与专制"主权在官"的根本区别所在。在完整的制度安排层面上，民主当然不是垄断性的唯一真理，但在保障公民政治平等这一目标取向上显然是不二之选，在这一层面上，尽管世界上的确"有不同的道"，但无碍民主仍然是关于政治平等"唯一的道"。另外，平等本身诚然非唯一的道，在此之外人类尚有其他同样根本的价值追求，但平等却是任何一个合理制度及任何一种良好生活不可或缺的前提，这不但是理性地可证成的，并且是最能"回应我们的苦难""非如此不可"[1]的道义诉求。总之，不论就平等本身的价值还是民主与平等的关系看，民主都是不可或缺的真理，从而无疑"就是人类的目标"之一和其中一种"最后归宿"，这应该没有什么"不那么肯定"的。[2]

民主当然不是整全意义上"唯一的真理"，即便是在政治层面上，民主显然不能覆盖自由，在排序上也不是天然优先的"第一真理"。但是，黑格尔《逻辑学》式集各种真理于一体的"正反合"哲学体系诚然是难以

---

① 周保松：《政治的道德：从自由主义的观点看》（修订版），香港：香港中文大学出版社 2014 年版，第 xxiii 页。

② 陈嘉映：《走出唯一真理观》，上海文艺出版社 2020 年版，第 26 页。

成立的,陈嘉映认为,"你要是坚持说,哲学要的就是唯一的真理体系,那我不得不说,哲学已经死了。"①但应该看到的是,各种真理并不需要以整全真理为自身真理性的前提。其实,科学中又何尝存在过这样的真理体系?② 爱因斯坦晚年试图统合全部物理力的"统一场论"理想迄今没有实现,遑论综合各门科学的统一真理王国? 但是,整全真理体系的缺失并不构成对科学事业发展的实质性障碍,不同学科间除局部的学科整合之外,物理学家、化学家乃至生物学家之间相安无事,各自努力,在实际问题的解决上各擅胜场。正如克劳德(George Crowder)在《自由主义与价值多元论》一书中论证的那样,坚持价值多元论与自由之为人类基本价值两种立场之间可以兼容。

摒弃关于真理的上帝式整全幻觉蕴含多元论立场。多元主义承认"各项基本价值无法用一把共通的尺来度量,也无法在一个立场中兼顾"③,但并不认可所有价值之间无是非可言的相对主义和虚无主义,而是坚持"理由"与说理的必要性。我们必须"维护说某个东西不只是不一样,它就是错的权利"④。例如,"荷马时代和 18 世纪那不勒斯相比是野蛮的","一个没有《伊利亚特》的世界可能在整体上是更好的世界,因为它更充分地体现了根本的人类价值",虽然"它依然是缺少《伊利亚特》的世界,后者以一种独特的方式同样表达了深层的人类价值"。⑤ 这也是我们拈出"真理唯一性"的重要考虑。以为一切都依不同文化语境而定,"只存在从特殊立场出发做出的特殊价值判断","相关立场都无可争辩

---

① 陈嘉映:《走出唯一真理观》,上海文艺出版社 2020 年版,第 25 页。
② 值得注意的是,陈嘉映在说到科学与人文社会问题时"一个"和"一套"标准答案之间微妙的用语差异。
③ 钱永祥:《动情的理性:政治哲学作为道德实践》,台北:联经出版公司 2014 年版,第 267 页。
④ [美]约翰·D. 卡普托:《真理》,贝小戎译,上海文艺出版社 2016 年版,第 9 页。
⑤ [英]乔治·克劳德:《自由与多元论:以赛亚·伯林思想研究》,应奇、惠春寿、李哲罕译,上海译文出版社 2018 年版,第 140 页。

地是专断的"①是荒谬的,虽然它有时披上"政治正确"的文化外衣。合理的多元论立场与普遍主义之间是可以兼容的。② 如果因并非唯一独大真理的理由质疑民主(平等)的真理性,那么,最终一切真理都将依此理由被"各个击破"。

埃科所著《玫瑰的名字》中方济各修士威廉说过大意如此的话:也许深爱人类的人所负有之任务,就是让人嘲笑真理,使真理可笑。因为唯一的真理在于使我们自己由追求真理的狂热中解脱。在"启蒙梦醒"的后现代语境下,此一思潮的极致是我们今天甚至有了"后真理"③这样的词,如今人们愈益警惕一元论,倡导多元论。但是,"一元论不是专制主义的充分条件"④,一切都在进化,今天,对价值多元的抽象肯定与实行专制不但可能并行不悖,甚至是某种反普遍主义的说辞:"表面上特殊主义非自由政体并不否认(集体层面的)价值多元论,但它却在个体层面事实上剥夺了其臣民作为个人信奉价值多元论的权利"⑤,这无疑是虚伪的。因此,多元论不应成为相对主义乃至虚无主义的理论口实,此外,真理与真理是朋友,多元真理之间并不存在真理与谬误之间势不两立的关系。科赫注意到,"哲学家只要尝试把他们的洞见打造成一个完备的体系,他们就会在自己的理论中引进矛盾。"⑥但对真理的融贯一致性追求毕竟是人类思想的内在冲动,它像地平线,虽然我们永远不会达到它,但它却为

---

① [英]乔治·克劳德:《自由与多元论:以赛亚·伯林思想研究》,应奇、惠春寿、李哲罕译,上海译文出版社 2018 年版,第 133 页。

② 这涉及与相对主义、特殊主义相对的普遍主义立场。陈嘉映文章中有标题"六、走出普遍主义";钱永祥《动情的理性》第八章专门讨论了"主体如何面对他者:普遍主义的三种类型",强调不同主体间建立在"说理"这一普遍原则下的"承认",对此有兴趣者可以参考。

③ 人们在提及这个词时往往选用"后真相"(post-truth),对"真理"的爱惜之心可见一斑,但在特定理论语境中,"后真理"亦是当然之选。

④ [英]乔治·克劳德:《自由与多元论:以赛亚·伯林思想研究》,应奇、惠春寿、李哲罕译,上海译文出版社 2018 年版,第 147 页。

⑤ 郑宇健:《规范性:思想和意义之基》,中国人民大学出版社 2019 年版,第 107 页。

⑥ [德]安东·科赫:《真理、时间与自由:一个哲学理论的导论》,陈勇、梁赤斌译,人民出版社 2016 年版,第 102—103 页。

我们指引方向。因此，"我们必须毫不气馁地让自己的理论变得更加完备……我们值得用不怎么完备的理论先将其他空隙闭合起来"①。就民主而论，最终要做的是"一往无前地去追求更多的民主这样一个规控性原则"②。针对关于民主的质疑，卡普托援引德里达喜欢说的"即将到来的民主"，指出民主之为真理"是仍在变成真的过程"，而"希望真理真的成真的我们要承担我们的责任，必须要去完成真理"③。诚哉斯言！

第四节　真理的正义性与独断性

如果说后现代思潮如利奥塔所言乃"质疑大叙事"，真理在大叙事中必居其一且排名相当靠前。基于上节的讨论，就真理的大叙事即以所有真理一网打尽式的唯一真理自居而言是应该质疑的，而由此怀疑真理本身（包括其确凿性）则失之肤浅与粗疏，而这恰好是后现代主义者中那些真理怀疑论者的观点。例如，鲍德里亚（J. Baudrillard）就这样说，"事实上，理论的秘密在于真理是不存在的"④。真理怀疑论者提出来质疑真理的理由与真理是语言建构的"话语效果"，真理相对不同认知视角、服务于不同利益群体，以及"真理主张只是权力游戏的产物"等各种说法。⑤ 在认知层面上针对真理的一般怀疑论主张在此不予讨论，如果不存在真理那么也就不存在谬误，这一反智虚无主义完全不可接受，亦不值一驳。但正所谓"无风不起浪"，后现代主义关于真理与权力的关系以及真理内含的独断乃至压迫性的质疑提出的是一个值得严肃对待的

---

① ［德］安东·科赫：《真理、时间与自由：一个哲学理论的导论》，陈勇、梁赤斌译，人民出版社2016年版，第102—103页。

② ［德］安东·科赫：《真理、时间与自由：一个哲学理论的导论》，陈勇、梁赤斌译，人民出版社2016年版，第102页。

③ 约翰·D. 卡普托：《真理》，贝小戎译，上海文艺出版社2016年版，第103、104页。

④ S. Lotringer, J. Baudrillard, "Forgetting Baudrillard," in *Social Text*, No. 15, 1986, pp. 140 – 144

⑤ 参见［美］波林·罗斯诺《后现代主义与社会科学》，张国清译，上海译文出版社1998年版，"第五章　理论的理论和真理的恐怖主义"。

问题。

首先还是从真理的正义性入手,对真理的这一正面肯定同时亦真理的基要价值所在。在真理之为真(知)的认知性层面,真作为认知包括实然正确性与应然恰当性两层意思,前者最终由实践成功这一进化优势确证,而认知正确性则是规范恰当性的正当理由。在认识层面上,真代表超越个体主观性的客观公正性,却尚不足以言正义性。

真理的正义性乃是在超越单纯认知之真完足真理的层面上说的,例如上节所探讨的民主之为人类关于政治平等追求的不二正道。在这一意义上,**真理是认知的正义,正义是政治的真理**。真理的道义性表明,它不是简单的主观对客观、认识对实在的契合,当然也不是单纯主体性的表现,而是主客观的融合,即既无违客观实在,又体现普遍人性的精神成就,此中存在着合规律性与合目的性,体现人作为学习者、服从者和主宰者的统一。这是真理而非真的正义性之所在。

不论是在认知一致性还是在道义崇高性的维度上,真理均具足内在权威性,而真"说一不二"的排他性品格的确蕴含独断论的倾向,从而有可能为权力所利用,构成唯我独尊、党同伐异的权力意志。在一般观念上,真理与权力分别代表良知与压迫,前者是被压迫者反抗权力的精神武器。福柯的高明之处在于清醒观察到权力拥有者掠取真理代表者身份的严峻现实,即权力假借真理为自己获取正当性权威,由此揭示权力与真理话语之间同样可能存在某种隐秘的"共犯结构"。因此,"如果一个政治体系声称它掌握了真理,那可是最危险的",它会"把奴隶式的沉默强加于人"。① 出于对真理权力效应的忌惮与激愤情绪,后现代思想家德里达等以为,解构真理权威对政治权力有釜底抽薪的作用,希望"它使得极权主义成为不可能"②。但是,这种自以为对症下药的主张实乃病急

---

① 参见[法]米歇尔·福柯《权力的眼睛》,严锋译,上海译文出版社 1997 年版,第 148 页。
② [美]波林·罗斯诺:《后现代主义与社会科学》,张国清译,上海译文出版社 1998 年版,第 133 页。

乱投医，为了避开极权而抛弃真理是完全不足取的昏招。至于"真理只是对官僚主义有用，也就是对压迫有用"①的论调显然以偏概全。倒是福柯注意到问题复杂的一面，"一个政治集团，如果对真理漠不关心，就会前后矛盾，言行不一"②。由于权力的核心是统治而非真理，当权者只是借真理之名行压制之实，因而，权力拥有者在缺乏制度约束的情况下势必用机会主义的态度对待真理，当真理不在其手中时，以谎言冒称真理遂无底线。

权力与真理的关系的要害是"真理在谁手中"。在这一层面上，真理超越单纯认识上的"是非"关系落脚于现实世界中的"成败"乃至"祸福"。然而，真理本来是不以权势为转移的，其无偏私性在于真理不可能永远在某一方手里，这是真理自带的针对独断的解毒剂。在此，专制不必与真理绝缘，专制的要害是垄断真理的话语权，然而，真理的排他性并不必然蕴涵权力的独断性，正义（正确）不独断则无权威（权力），权威单极化则坏正义。因此，我们不必因担心后者而一并抛弃前者，所谓"如果知识是确切的则专制就是必要的"③是只知其一、不知其二，关键是牢记真理不可能且不应该永远在谁手里，于是，坚持真理与反对专断并行不悖。说到底，完足意义的真理永远在多数人手里，不过，这里所谓的多数不是由数量呈现的偶然事实，而是在本质和长远意义上的"公意"，这正是其人类性从而内在正义性之所在。

---

① ［法］阿兰·罗伯-格里耶：《重现的镜子》，杜莉、杨令飞译，北岳文艺出版社 1993 年版，第 5 页。
② ［法］米歇尔·福柯：《权力的眼睛》，严锋译，上海译文出版社 1997 年版，第 148 页。
③ 此语见之于前引刘瑜"看理想 App"上"可能性的艺术：比较政治学 30 讲"之"第二章　民主转型"。

结　语　当我们谈论真理的时候……

　　行文至此,本书对真理"之词"与真理"其事"进行了出入英美哲学、欧陆哲学,以及穿越哲学与生活世界两界的通盘考察与分析、论证。在这一意义上,关于真理是什么,不论好坏,俱见于全书论述。在此,笔者试图对本书前此囿于论述框架行文上语焉不详或未曾提及的关于真理的理解与内容作一次全面的梳理与铺陈。

　　真理不是既有存在物的通名,同一真理之名所指代的并非单一事项,按照巴迪欧的说法,"在任何一种哲学中,我都能辨认出我称之为'真理'的东西。它可以被命名为'善''精神''活力''本体'"①,真理作为"类性"概念不是一,而是多,而"哲学是对诸多真理的把握"②。我们借卡佛《当我们谈论爱情时我们在谈论什么》书名的中文译文表明关于真理的语境化理解。

　　在哲学的理论语境下,传统实质主义真理论与当代语言哲学真之理论都预设了关于真和真理的某种前理解,是在此基础上关于这一真理理

---

① 〔法〕阿兰·巴迪欧:《真实幸福的形而上学》,刘云虹译,南京大学出版社 2023 年版,第128 页。
② 〔法〕阿兰·巴迪欧:《哲学宣言》,蓝江译,南京大学出版社 2014 年版,第 99 页。

解的进一步理论解释与分析，海德格尔则直面真理自身之"本是"，其现象学视野中的"解蔽"对于认识论与语言论视野具有逻辑在先的本体论地位。作为形上维度上此在与世界意义的双向澄明与敞开，真理是广义认知范畴。与狭义知识的单纯智性特征不同，意义真理是有感的具身性理解，在"道成肉身"的意义上，此一真理即"理解即存在"。

在知识的意义上，我们知道某一真答案，可是，在存在层面，"我们遭遇真理"①。与真理相遇是存在论事件，此际，真理之光照进人生，让我们在因缘际会下洞见人与世界的真际。坂本五郎关于朝鲜瓷器自然、平淡之质"李朝之美，只是站着"②的领会；张爱玲笔下《色·戒》中的王佳芝在预设的刺杀汉奸现场，千钧一发之际心下"轰然一声，若有所失"，"这个人是真爱我的"的领会③；等等。这些都是照见事物与人性真际的真理发生的时刻。当其时，前此未曾措意的事态、意味突然被联结在一起，"一个事态被呈现"，令人"在那一刻突然对某个真理获得了认知的完全与通透"④，心悦诚服。解蔽作为非受控的客观事件出人意表，我们于此遭遇"显露的真理"⑤，"不可预料，无法掌握"⑥。这正是其客观性之所在与明证。顺便指出，与英美哲学只是关于真理的理论论述不同，欧陆哲学真理言说乃是**真理哲学**与**哲学真理**的统一。存在真理在美国哲学家哥文笔下有深刻与丰富的呈现：夏夜星空下两个孩子于"仰观宇宙之大"反忖自身的渺小和微不足道之际，对在这样一个巨大的视野中有我们思及其事从而"这不知怎么地让**我们**是重要的"的领会；《威尼斯商人》中波希霞

---

① Michael Gelven, *Truth and Existence：A Philosophical Inquiry*, University Park, PA：Pennsylvania State University Press , 1990, p. 109.

② ［日］坂本五郎：《一声千两》，吴罗娟等译，湖北美术出版社 2005 年版，第 182—183 页。

③ 参见《张爱玲文集》，安徽文艺出版社 1996 年版，第 155 页。

④ ［法］夏尔·佩潘：《当美拯救我们》，唐铎译，南海出版社 2015 年版，第 23 页。

⑤ ［美］罗伯特·索科拉夫斯基：《现象学导论》，高秉江、张建华译，武汉大学出版社 2009 年版，第 156 页。

⑥ ［美］罗伯特·索科拉夫斯基：《现象学导论》，高秉江、张建华译，武汉大学出版社 2009 年版，第 163 页。

在与看似并不般配的巴珊尼的关系中对"爱"的学习；林肯在美国内战中对宪法中"我们人民"真谛的学习与践履。① 这些案例不但让我们对海德格尔解蔽真理的内涵有中肯、生动的理解，同时也是对海德格尔"接着讲"的理论的实质性推进。

在《真理与存在》②等著作中，哥文对真理理论有系统的论述。从真理的终极性特征入手，他拈出欣悦（pleasure）、命运（fate）、罪责（guilty）和美（beauty）这四种存在现象，而"遭遇终极就是在真理中的意思"③。其终极性在于，我们沉浸、输诚于"欣悦"与"美"，此际它们不是工具性的而是自成目的的。面对"命运"的打击，人的第一反应往往是"为什么是我？"④，但命运不可思议，没有道理，且必须承受。至于"罪责"，它不等于"罪恶"，如果一个人不能被责备，那意味着他/她作为人无关紧要，与动物无异。在这一意义上，人之为人就是可问责（to be is to be guilty）。与此相对应，哥文还探讨了人生中"苦难"、"自由"、"宽恕"及"幸福"的存在意蕴，其思辨胜义纷呈，这里无法备述，仅举他对"苦难"的片段分析以窥一斑。一个新婚不足一年的丧夫者陷入巨大的悲痛，因为她对对方的爱是如此巨大。但是，如果你问她想不想从这种悲伤中尽快解脱，她会犹豫；如果喝一种类似"孟婆汤"的东西可以将过往全部忘记，对这一"痛苦解决方案"她多半会拒绝。虽然她眼下的确在忍受难言之苦，却拒绝轻易结束它，因为那意味着淡化对方之逝的意义以及亵渎自己爱的真实性，在此，痛苦是爱的应有之义，不肯为之牺牲的爱不足以为爱。这给出的未必是知识性、满足真假二值性的真命题，却是存在意义之朗现与人生真谛之见地。

---

① 这里所说的均见于 *What Happens to Us When We Think* 一书。
② 笔者已将 *Truth and Existence：A Philosophical Inquiry* 和 *What Happens to Us When We Think* 两书译出，湖北崇文书局已于 2024 年上半年推出中译本。
③ Michael Gelven, *Truth and Existence ：A Philosophical Inquiry*, University Park，PA：Pennsylvania State University Press ，1990，p. 105.
④ 哥文有本以命运为主题的书，书名就叫《为什么是我？》(*Why Me？*)。

　　以上从人之为真理"探索者"的角度切入终极性真理，但这并不意味着真理只是主体存在经验的结晶，问题是，"如果真理要是重要的，世界必须是怎么样的?"①在与康德相似但相反的方向上，世界乃是解蔽真理如何可能的实在论前提，此在遭遇真理的方式与世界之为真理的根源互为表里。首先，"世界必须被考虑为有一个历史"，而"说世界是历史性的是说在世之在通过作为故事的终极之敞开而被做成可理知的"②，在此，"真理之为故事"是对海德格尔真理之为"解蔽"的创造性阐发。其次，世界不是单纯空间性的处所，而是我们精神的归属之地，即寄托我们乡愁和展开我们命运故事的"家园"。再次，世界是有公理和正义的处所（裁判庭），其令真理重要的存在性意义是其所扮演的给予我们的存在以某种成功或失败意义的角色。最后，"世界最终作为真理的根据的意义是它召唤"或者说诱惑，它不是认知性的，"真理完全不是满足我们的好奇心"，作为通常意义上"不务正业"的思辨，仅当存在着诱惑，对哲学或者真理的追求才具足合理性，在浮士德、卡门乃至夏娃的故事中我们见证的正是这样的诱惑。

　　真理本质上可以依无蔽来理解，但无蔽并非真理的唯一规定性，在不同语境和不同语言用法中，真理具有远为丰富的义涵。第一，真理在我们心目中意味着在现实中有生命力从而终将实现之事，在这一意义上，"说某物是真的，就是说它有一个未来"③，准此，"真理是努力成为真的过程。民主的真理——这无疑不是一个随机的例子——就是它的努力成为真的，不断地变得民主"④。此即真理之为事件的一面。第二，在社会公共议题论争中，我们"摆事实、讲道"，在真理的旗帜下展开"叫

---

① Michael Gelven，*Truth and Existence：A Philosophical Inquiry*，University Park，PA：Pennsylvania State University Press，1990，p. 119.

② Michael Gelven，*Truth and Existence：A Philosophical Inquiry*，University Park，PA：Pennsylvania State University Press，1990，p. 119.

③ ［美］约翰·D. 卡普托：《真理》，贝小戎译，上海文艺出版社 2016 年版，第 74 页。

④ ［美］约翰·D. 卡普托：《真理》，贝小戎译，上海文艺出版社 2016 年版，第 57 页。

真"语言博弈(详见本书第四章第二节),在此真理代表正义,也是"道理",而我们之所以诉诸真理而非其他,其中蕴涵关于真理有道理(reasonable)、可信(trustful)、可靠(reliable),尤其是有力量(powerful)的理解,这也是真区别于善(可亲)或美(可爱)的地方。总之,当我们将目光从"真理是什么"转向"当我们说真理的时候",真理呈现并不单一的面目,其中蕴含着生发新的学术议题、新的哲学思考的可能性。

回到关于真理的通观性理解,概括起来,首先,在一般认知语境下,真理意味着关于具体问题的正确解答,由此事功具足,在广义理解层面上,真理是超越性"事情本身"真际的呈现,我们由此"学以成人","活得更真实"。在这一理论图景中,真理不是只有一个圆心的圆,而是由事实真理和意义真理两个内核共同勾画的理性"椭圆"。其次,在实践理性维度上,基于其理性本质的内在权威性,真理是人类生活世界基本的思想制度,是在认识与社会公共层面判定正误及正邪的规范性"理由",由此蕴含正义性。最后,在精神价值层面,真理是具有独特自足意义的终极价值所在,由此彰显人超越性的求真、认真、叫真和为真理而存在的自由意志。可以看到,这是一个由进化优势物质理由到精神、物质参半的规范理由,最后臻于纯精神的价值上升序列,其中事功上最基本的排序最低,排序愈高者愈近人性,此与裴多菲诗句中"生命""爱情""自由"的上升阶梯一脉相承,同一精神。总之,真理**内为光明,外为法度,止为价值**,这是我们对"何为真理"、"真理何为"以及"为何真理"三大问题的最终回答,由此统摄关于真理的多维通观理解。

在本书中,我们由真理之为"词"渐次进入真理"这回事",而在"事情本身"的层面上,真理之事对真理之言具有基本的逻辑在先性,对于真理这样的人文社会现象来说,其本质从来都在"行之而成"从而"谓之而然"的流变过程中。生活世界中真理的实情是真理理论的源头活水,英美哲学真理观只是科学革命的理论反映,欧陆哲学关于存在真理的思考亦与时代氛围与潮流有关。只要人类存在一天,真理本身就如卡普托所言,永远在"行进中"。① 在时间性视域中,真理本身也是向未来开放的,从而必定实质地包含着其曾经不是什么的多样性维度,这是笔者对本书在习见传统学术话语之外引进"真理语用"、"活在真理中"以及"说真话的勇气"等论题现实合理性的理解。在这方面,作为"希望思考生活、思考人生的重要问题"的分析哲学家诺齐克的《人生哲学省思》具有无愧其专业声誉的理论性和深刻性,②他关于"将美添加到真和善之上的做法不仅显得是该清单的一种延续,而且也是它的实现"③的论断鼓舞人心。无独有偶,威廉斯的《真理与真诚》是拓宽传统真理理论言路的又一范例。假如如此理解与言说的真理最终在学术史上站稳脚跟,这些通常不入现有哲学理论法眼的边缘话语未尝不会是未来哲学研究的常规主题。

　　言至此处,终当有止。《周易》分别以"既济"与"未济"为六十四卦最后两卦的编排,有深意存焉,对于这本以真理为题的小书来说,真理亦在既济与未济之间。虽然由于在阅读与思考中不断发现真理问题新的面向与论点——对法国哲学家巴迪欧哲学与真理观的接触是最新一例,自2021年初稿写成后的这三年多时间中修改、调整不断,总是希望能补强原作,但无尽的思考终归要落实为明知有限的言说,当此之际,止乎其当止是应当的。

---

① 参见〔美〕约翰·D.卡普托:《真理》,贝小戎译,上海文艺出版社 2016 年版,序言"行进中的真理"。
② 参见〔美〕罗伯特.诺齐克《经过省察的人生——哲学省思录》,严忠志、欧阳亚丽译,商务印书馆 2007 年版,第 1 页、第二十六章。
③ 参见〔美〕罗伯特.诺齐克《经过省察的人生——哲学省思录》,严忠志、欧阳亚丽译,商务印书馆 2007 年版,第 1 页、第二十六章。

主要参考文献

一、外文文献

[1] Barry Allen. *Truth in Philosophy*. Cambridge, MA: Harvard University Press, 1995

[2] Brice R. Wachterhauser. *Hermeneutics and Truth*. Evanston, IL: Northwestern University Press, 1991

[3] Daniel O. Dahlstrom. *Heidegger's Concept of Truth*. Cambridge: Cambridge University Press, 1994

[4] Donald Davison. *Inquiries into Truth and Interpretation*, Oxford: Clarendon Press, 1984

[5] Hansen Chad. Chinese Language, Chinese Philosophy, and "Truth". *Journal of Asian Studies*, No. 3, May, 1985

[6] James J. Dicenso. *Hermeneutics and the Disclosure of Truth: A Study in the Work of Heidegger, Gadamer, and Ricoeur*. Charlottersville, VA: University Press of Virginia, 1990

[7] José Medina & David Wood(eds.). *Truth: Engagements Across Philosophical Traditions*. Oxford: Blackwell Publishing, 2005

[8] Michael Gelven. *Truth and Existence：A Philosophical Inquiry*. University Park，PA：Pennsylvania State University Press，1990

[9] Michael Gelven. *What Happens to Us When We Think：Transformation and Reality*. Albany，NY：State University of New York Press，2003

[10] Michael Glanzberg (ed.). *The Oxford Handbook of Truth*. New York：Oxford University Press，2018.

[11] Micheal P. Lynch (ed.). *The Nature of Truth：Classic and Contemporary Perspective*. Cambridge，MA：The MIT Press，2001

[12] Micheal P. Lynch. *True to Life：Why Truth Matters*. Cambridge，MA：The MIT Press，2004

[13] Michel Foucault. *Power / Knowledge：Selected Interviews & Other Writings，1972-1977*. ed. by Conlin Gordon. New York：Harvester Press，1980

[14] Paul Sartre. *Truth and Existence*. Chicago，IL：The University of Chicago Press，1992

[15] Richard Campbell. *The Concept of Truth*. New York：Palgrave Macmillan，2011

[16] Richard L. Kirkham. *Theories of Truth：A Critical Introduction*. Cambridge，MA：The MIT Press，1992

[17] Robert Nozick. *The Examined Life：Philosophical Meditations*. New York：Simon and Schuster，1989

[18] S. Blackburn，K. Simmons (eds.). *Truth*. New York：Oxford University Press，1999

[19] Wolfgang Künne. *Conceptions of Truth*. Oxford：Clarendon Press，2003

二、中文译著

[1] A. P. 马蒂尼奇编. 语言哲学. 牟博，杨音莱，韩林合译. 北京：商务印书馆，2004

[2] 安东·科赫. 真理、时间与自由：一个哲学理论的导论. 陈勇，梁亦斌译. 北京：人民出版社，2016

[3] 伯纳德·威廉斯. 真理与真诚. 徐向东译. 上海：上海译文出版社，2013

[4] 弗兰克·安柯斯密特. 历史表现中的意义、真理和指称. 周建漳译. 南京：译林出

版社,2015

[5] 汉斯-格奥尔格·伽达默尔. 伽达默尔集. 上、下. 孙周兴选编,上海:上海三联书店,1996

[6] 汉斯-格奥尔格·伽达默尔. 诠释学 I、II 真理与方法.洪汉鼎译. 北京:商务印书馆,2007

[7] 克劳斯·黑尔德. 世界现象学.孙周兴编. 倪梁康等译. 北京:生活·读书·新知三联书店,2003

[8] 罗伯特·索科拉夫斯基. 现象学导论. 武汉:武汉大学出版社,2009

[9] 马丁·海德格尔. 存在与时间. 陈嘉映,王庆节译. 熊伟校. 陈嘉映修订.北京:生活·读书·新知三联书店,2012

[10] 马丁·海德格尔. 论真理的本质:柏拉图的洞喻和《泰阿泰德》讲疏. 赵卫国译. 北京:华夏出版社,2008

[11] 马塞尔·德蒂安. 希腊古风时期的真理大师. 王芳译. 北京:华夏出版社,2015

[12] 米歇尔·福柯. 说真话的勇气:治理自我与治理他者 II. 钱翰,陈晓径译. 上海:上海人民出版社,2016

[13] 纳尔逊·古德曼. 构造世界的多种方式. 姬志闯译. 伯泉校. 上海:上海译文出版社,2008

[14] 托马斯·希恩. 理解海德格尔:范式的转变. 邓定译. 南京:译林出版社,2022

[15] W. V. 奎因. 真之追求. 王路译. 北京:生活·读书·新知三联书店,1999

[16] 约翰·D.卡普托. 真理. 贝小戎译. 上海:上海文艺出版社,2016

三、中文专著

[1] 陈嘉映. 语言哲学. 北京:北京大学出版社,2003

[2] 黄敏. 意义与意向性. 北京:中国社会科学出版社,2022

[3] 黄裕生. 真理与自由:康德哲学的存在论阐释. 南京:江苏人民出版社,2002

[4] 李晨阳. 道与西方的相遇:中西比较哲学重要问题研究. 北京:中国人民大学出版社,2005

[5] 王路. 语言与世界. 北京:北京大学出版社,2016

[6] 赵汀阳. 第一哲学的支点. 北京:生活·读书·新知三联书店,2013

跋　我与"真理"

　　奥多·马阔德(Odo Marquard)在《捍卫偶然性》(*In Defense of the Accidental*)中说,"人生在世,往往机缘甚于选择"(what we human beings are is always more our accidents than our choice),大致如此! 但仔细想来,在时间之流中,机缘与选择间其实未必那么因果分明,特定的机缘在特定场域发生,而特定场域也许正是特定选择的结果。我近年游离前此关注较多的历史哲学而"真理缠身",其机缘是读到王路教授讨论"Truth"译名及其概念理解的文章,而这与当年高考志愿哲学系的选择关系虽远,当然亦联系甚明。在"内史"层面上,回过头来看真理其实是自己不免信马由缰式学思兴趣的聚焦点,检点迄今所发的文章,2001年以来直接以真理为题的文章已有十数篇。在更深的层次上,这又与自己一直以来对哲学与科学、人文与自然思考中的方法论关注有关。这又牵扯到另一机缘。我于2005—2006年在伊利诺伊大学香槟校区(UIUC,听说后来的中国留学生将其音读为"又爱又喜")作弗里曼项目访问学者(Freeman Fellows),也不记得是在项目安排的哪一次周末集体出游的芝加哥之行时在芝大附近旧书店Powell's Book购得麦克·哥文(Michael Gelven)的一本《真理与存在》(*Truth and Existence*)。回国后很长一段时间里它就静静地躺在书架上,直到有一天我"相见恨晚"地"一见倾心"。在我现在的研究中,这本书给我的启发可以说是没有哪本书可以比拟的,而回头想想,我与这本书的缘分真是万里之外一线牵,尤其是考虑到这本书及其作者的知名度,如果不是多年前在书店的邂逅,估计我与它终生不遇是极为可能的。事实上,以我之孤陋,到现在为止我都没有在国内任何文献中见到过有人提及这本书。说到这,得对弗里曼基金(Freeman Foundation)和伊利诺伊大学东亚与太平洋中心(EAPC)先后两任主任 Dr. Yu、Dr. Abelmann 和项目具体负责人 Dr. Wheeler 和中心秘书 Emily 等人衷心说声谢谢!

说起来,"真理"一词第一次正式出现在我视野中为时甚早,具体回忆起来应该是 1973 年,我当兵的第一年。当时到我们一营调研的团政治处一范姓副主任大概出于某种提携之意,让我做好准备给连里讲一次真理问题。当时我根据自己所知和所能有的"备课"参考书《经验主义还是教条主义》以及当时流行的苏联人尤金的那本《哲学辞典》"备课"一番,但他走后连里头最终也没有组织这一相关"理论宣讲"活动,这事也就不了了之。但谁知道呢,也许"真理"那时就成了我眼中处于潜伏期的"麦粒肿"。1978 年考入厦门大学哲学系时适逢思想解放运动潮流下的"真理标准"大讨论,系里学生铅印小报《哲海弄潮》的创刊号上有我一篇以洪成得老师强调的"真理检验中的实践总和"观点为主旨的习作,这可以算是它一次小小的"发作"吧。

机缘之事不可思议,而最终修成何果,那就凭个人道行了。我虽在"文革"后一路赶上高等教育的末班车,但先天不足之下后天种种亦乏善可陈。今"年与时驰",然未尝"意与日去",欲效夫子"乐以忘忧"之训,亦本着胡平君"笨鸟不必先飞,但要后停"的壮语,数年间以伏枥之姿,译、著并作,不亦乐乎。也许还可以一说的是,我于退休后在一种较为从容的状态下浸淫学术,于学问之道始窥门径,借后记之便申说一二,聊为学记。在文稿的往复推敲、修改中我体会较深的是,中肯之论往往言简意赅,在因果上,"意赅"方能"言简","文"之"一语中的"与武之"一击致命"同一道理,所谓"要言不烦"是也。非如此,单从写作技艺的角度如鲁迅那样"竭力将可有可无的字,句,段删去"①还是不够的。不过,就为学从而为文的态度论,作者于自己有感处往往容易辞费,殊不知这反而会导致读者理解上的焦点模糊,其实,句子越简直越明白,在这一意义上,鲁迅关于割爱的说法确是见道之言。但另一方面,写作上的"要言不烦"却以思考上的"不厌其烦"为前提,将心中想法直泻纸面不但容易使行文累赘,更糟糕的是自说自话。研究中灵光一现的思绪是十分可贵的,但学术上更重要的是最好提出能说服同行的理据和论证,这需要心思上的细致繁复,考验作者的耐心。本书中许多文字都有这样一个由不厌其烦到要言不烦的写作和修改过程,当然最终在这两个方面肯定仍然不能令人满意。

诗人里尔克说过这样的话:不写又不会死,诚然。但最近偶然读到博尔赫斯"我写作,是为了让光阴的流逝使我安心"②的话,深为叹服。其实,写不写与死无关,却与死后不无关系。张爱玲曾几次写过大意如下的话:我们的前辈默默地躺在我们的血液中,等我们死的时候他(她)们再死一次。③ 在我的前一本书写作与出版之间,母亲于 2013 年走了,而当我着手写这本书的时候,父亲亦已于今年(2020 年)2 月离开了我们。人早晚都是要走的,而物(如树、书)往往走在人后,当书有一天被谁从书库或书架上解救出来,作者于是再活一次。

在这本书里我最希望复活的人是 Michael Gelven(1937—2018)。他的《真理与存在》(*Truth and Existence*)及《于思之际,何所发生》(*What Happens to Us When We Think*)我均已译竣,并由湖北崇文书局于 2024 年一并推出。

---

① 鲁迅:《答北斗杂志社问——创作要怎样才会好》,《北斗》1932 年第 2 卷第 1 期。
② 《博尔赫斯短篇小说集》,上海译文出版社 1983 年版,第 5 页。
③ 参见陈子善《张爱玲的文学世界》,新星出版社 2013 年版,第 8 页。

"纯粹哲学丛书"书目